어나더레벨

ANOTHER LEVEL

훈련할 것인가, 후회할 것인가

어나더레벨

두 갈래 길

강민호 지음

인생책

"애벌레에게 끝인 것이
나비에게는 시작이다."
_ 베르나르 베르베르, 『기억』 중

두 갈래 길

뿌연 담배 연기,

사람들의 함성,

광기 어린 눈빛,

검은색 사인펜…

　누군가 저에게 어린 시절 부모님과 가장 기억에 남는 장면에 대해 질문한 적이 있습니다. 그 말을 듣자마자 저의 머릿속은 다른 생각이 끼어들 틈이 없었습니다. 저항할 틈도 없이 몇 가지 장면이 자연스럽게 떠올랐기 때문입니다. 마치 이 질문에 대비해 미리 짜놓은 각본이 있는 것처럼 말입니다.

　우리 가족은 주말이면 어김없이 나들이를 가야만 했습니다. 그곳에는 항상 사람이 많았습니다. 실내는 담배 연기가 자욱했습니다. 사람들은 대부분 한 권의 책과 검은색 사인펜을 손에 쥐고 있었습니다. 인생의 해답을 갈구하듯 치열하게 문제를 푸는 것으로 보였습니다. 사람들은 한 시간마다 자신이 푼 문제의 정답을 확인할 수 있었습니다. 그때마다 사람들은 각자 내놓은 답에 따라 크게 소리 지르고 욕하고 환희에 찬 포효를 했습니다.

경마장은 그런 곳이었습니다. 적어도 저의 기억 속에는 그렇습니다. 그곳은 정답보다 오답이 많은 곳이었습니다. 아버지도 그랬습니다. 어떤 때는 정답을 맞히는 행운도 있었습니다. 그때마다 저는 잠시 기분이 좋아진 아버지에게 천 원, 이천 원씩 용돈을 받았습니다. 그 돈으로 음료수와 과자를 사 먹으면서 시간을 때웠습니다. 그게 그곳에서 제가 할 수 있는 유일한 놀이였습니다. 그저 혼자 음료수와 과자를 들고 경마장 주위를 배회하며 그날 경주가 끝나기만을 기다렸습니다.

나들이를 마치고 집으로 돌아가는 발걸음은 열에 아홉 번 무거웠습니다. 그때마다 아버지는 "오늘은 운이 좋지 않았다."라고 말씀하셨습니다. 그러면서 다음번에는 돈을 딸 수 있다고 확신하셨습니다. 아마도 정말 운이 나빴다고 생각하시는 것 같았습니다.

그런데 운수 좋은 날은 오지 않았습니다. 물론 종종 돈을 따는 경우도 있었지만, 그다음 주말이 되면 더 큰 돈을 잃는 일이 반복되었습니다. 시간이 지날수록 아버지가 말씀하신 운은 우리 편이 아니었습니다. 우리 집은 점점 가난해져갔습니다. 그리고 결국 완전히 무너졌습니다. 더 이상 오늘을 버틸 힘도, 내일을 기대할 한 줌의 희망마저 깨끗하게 사라졌습니다. 당시 15살이었던 저는 생계를 위해 돈을 벌어야 했습니다. 무슨 일이든 시켜만 준다면 절실하게 해야만 했습니다.

그렇게 30년 가까운 시간이 훌쩍 지났습니다. 지나온 시간을 어떻게 말로 다 표현할 수 있을까요? 이루 말할 수 없는 사연이 쌓이다 보니 십 대 소년이었던 아이는 어느덧 사십 대 중년이 되었습니다.

이제 저는 두 아이의 아버지가 되었습니다. 그리고 운이 좋게도 경제적으로나 정서적으로 풍요로운 가정을 꾸렸습니다. 여느 가정이 그렇듯 주말이면 아이들과 나들이를 가곤 하죠. 매 순간 감사하고 행복한 일상이 이어졌습니다. 그러던 어느 날, 한 번은 호랑이를 직접 보고 싶다는 딸을 위해 서울대공원 동물원으로 향했습니다. 그런데 운전하고 거의 도착했을 무렵 마지막 두 갈래 길에 푯말 하나가 보였습니다.

왼쪽 길은 〈경마장〉, 오른쪽 길은 〈동물원〉이라는 안내 표지판이었습니다. 순간 가슴이 철커덩 내려앉는 듯했습니다. 이날 저는 경마장 바로 옆에 동물원이 있었다는 사실을 처음 알게 되었습니다. 무려 30년의 세월이 지나서야 말입니다. 혹시나 하는 마음으로 동물원에 대한 기억을 떠올려보려고 노력해 봤습니다. 그런데 아무리 생각해도 아버지와 동물원에서 함께한 추억은 떠오르지 않았습니다. 기억나는 거라곤 뿌연 담배 연기, 사람들의 함성, 광기 어린 눈빛, 검은색 사인펜… 그리고 빨리 경마가 끝나길 기다리는 남자아이의 모습뿐이었습니다.

'그때 아버지가 오른쪽 길을 선택했다면 어땠을까?'

동물원에서 아이와 시간을 보내는 내내 머릿속에서는 어린 시절에 대한 생각이 떠나지 않았습니다. 문득 왼쪽 길을 선택했던 아버지에 대한 연민의 마음이 들었습니다. 원망과 미움이 없었던 것은 아니지만 연민을 선택하기로 했습니다. 이렇게 생각을 정리하고 나니 마음 한켠으로 다행이라고 생각했습니다.

그 순간 옆에서 활짝 웃고 있는 아이의 눈망울이 보였습니다. 저는 사랑하는 아이의 손을 잡고 동물원을 걷고 있었습니다. 신이 난 아이는 정확하지 않은 발음으로 노래를 흥얼거렸습니다. 저는 왼쪽 길이 아닌 오른쪽 길로 향하는 삶을 선택했다는 사실을 실감했습니다. 아이의 눈망울과 노랫소리를 통해 알 수 있었습니다. 비록 경험하지 못한 길이었지만 그 길이 더 나은 길이라는 것만큼은 확신할 수 있었습니다.

때로 왼쪽 길에서 자란 아이가
오른쪽 길로 가는 아버지가 되기도 합니다.

세상의 상식과 견해는 대체로 옳지만, 그 예상은 종종 빗나갑니다. 모든 인간과 그 삶에는 저마다 어디로 튈지 모를 다채로움이 있습니다. 이로 인해 삶은 보편적 상식에 따라 흘러가지 않습니다. 우리에겐 보편성을 초월하는 잠재력과 이를 극복할 창조적 의지가 있기 때문입니다.

언제부터인지 모르지만 저는 반면교사反面教師라는 말이 마음에 들었습니다. 반면교사란 다른 사람의 실패와 실수를 거울삼아 배우고 성장하는 것입니다. 당장 눈앞에 펼쳐지는 삶이 좋은 것이든 나쁜 것이든 상관없습니다. 우리가 겪어내는 모든 세월은 성숙한 삶을 위한 초석이 됩니다. 물론 감사와 기쁨으로 얻는 깨달음이라면 더욱 유익할 것입니다. 하지만 결핍과 불안, 좌절과 고통 속에도 스승은 있습니다.

> "도덕과 훈련이 없다면
> 행운이 가져다준 결과를 감당하기 어렵다."
> _ 아리스토텔레스

제가 지나온 삶의 왼쪽 길목에는 단기적 쾌락을 좇는 선택의 마지막 결론이 놓여 있었습니다. 덕분에 순간적인 쾌락과 욕망보다는 절제와 인내를 추구해야 한다는 사실을 깨달았습니다. 또한 삶의 왼쪽 길목에는 신이 존재하지 않는다는 것을 알게 되었습니다. 신은 결코 스스로 돕지 않는 자에게 먼저 손을 내미는 일 따위는 하지 않기 때문입니다.

그 덕분에 신은 언제 어디서나 있는 것이 아니라 먼저 스스로의 힘으로 자기 자신을 일으키려는 노력 안에 존재함을 배웠습니다. 결국 연습과 훈련의 고통이 있는 오른쪽 길로 가야 한다는 사실을 알게 된 것입니다. 그리고 그 길에 지속 가능한 쾌락과 진정한 자유의 답이 있다는 깨우침도 있었습니다.

하루에도 수십 번, 우리는 두 갈래 길을 앞에 두고 선택의 순간을 마주합니다. 이때 두 갈래 길은 우리가 가지고 있는 삶의 의지와 철학을 시험합니다. 어느 길을 선택해야 하는지 꼭 그 길을 직접 가봐야 알 수 있는 것은 아닙니다. 비록 쉽지 않은 선택이지만 우리는 순간적 쾌락과 만족이 있는 왼쪽 길이 아니라 연습과 훈련의 고통이 있는 오른쪽 길로 가야 합니다. 지속 가능한 쾌락과 일상의 안온함을 담보하는 유일한 길이 절제와 인내가 있는 바로 그곳에 있기 때문입니다.

책을 읽는 모든 독자의 마음에는 사랑이 있습니다. 자기 자신을 사랑하지 않는 사람이 책을 읽는 수고를 감행하는 것은 어려운 일이기 때문입니다. 따라서 세상에 존재하는 모든 독자는 두 갈래 길의 오른편에 서 있는 사람입니다. 이것은 우리에게 특별한 능력이 있거나 특수한 상황이 있기 때문이 아닙니다. 단지 우리 안에 사랑이 있기 때문에 가능한 일입니다. 바로 자기 자신을 아끼고 사랑하는 마음 말입니다.

이 책은 삶을 사랑하는 방법에 관한 이야기입니다. 제 삶에 남겨진 흉터가 쓸모를 찾길 바라는 마음으로 이야기를 시작합니다. 물론 모두에게 맞는 답은 아닐 겁니다. 하지만 지금까지 직접 경험하고 느낀 사실만을 옮기려고 노력했습니다. 특히 그럴듯한 멋진 말로 삶을 함부로 포장하지 않기 위해 주의를 기울였습니다.

두 갈래 길 앞에 선 당신에게
작은 용기와 희망이 될 수 있길 바랍니다.

목차

1장_ 마인드셋 Mindset : 왜 누구나 성공하지 못하는가?

2장_ 메타인지 Meta-cognition : 무엇이 우리 삶을 위험에 빠뜨리는가?

결국 치열했던 삶의 순간만 살아남는다

"네 생애에서 가장 빛나는 날은 성공한 날이 아니라 비탄과 절망 속에서 생과 한번 부딪쳐 보겠다는 느낌이 솟아오른 때다."_ 귀스타브 플로베르

"행복한 삶이 무엇이라고 생각하시나요?"

이 질문을 받게 되면 우리는 자연스럽게 삶에 대한 고민을 시작합니다. 그리고 스스로에게 다시 묻곤 합니다.

'그러게, 행복한 삶이란 무엇일까?'

아마 행복한 삶에 관한 물음에 적절한 답변을 내놓기 위해서는 필연적으로 각자 자신의 삶을 떠올리게 될 것입니다. 지난 시간 자신이 겪어왔던 경험과 감정들을 되짚어 보겠죠. 이때 삶을 회상하면서 떠오르는 장면은 무엇인가요? 아마 각자 다른 시간과 경험을 거쳐온 만큼 회상의 장면과 감회도 모두 다를 것입니다. 하

지만 이 모든 삶의 회상에는 공통점이 있습니다.

만약 우리가 지난날 과거에서 의미 있는 시간과 경험을 떠올린다면 가장 먼저 떠오르는 것은 무엇일까요? 즐겁고 행복한 기억도 있겠지만 가장 강렬하게 떠오르는 것은 아마 어렵고 힘들었던 시절일 겁니다. 저 역시 마찬가지입니다. 잠시 생각을 해보니 가장 힘들고 어려웠던 시절의 기억이 떠올랐습니다.

결국 기억 속에 생생하게 살아있는 장면은 편안하게 하루를 보내고 별다른 걱정 없이 지낸 보통의 날들이 아니라 어떻게든 살아남기 위해 고군분투孤軍奮鬪하는 시절의 장면이었습니다. 시기와 장소, 상황에 따라 고군분투의 내용은 달랐지만 치열하게 버티고 노력했던 기억, 당시에 느꼈던 감정과 기분은 지금까지도 놀라울 정도로 생생합니다.

여러분도 마찬가지일 겁니다. 어려움을 극복하려고 노력했던 기억, 비록 가진 것도 능력도 부족했지만 뭐든 잘 해보고 싶은 마음에 실수를 반복했던 경험, 그런 와중에 배운 것도 깨달은 점도 많았던 그때가 생각날 것입니다. 삶과 치열하게 싸우며 하나씩 쌓아온 시간만이 살아남아 있는 것이죠.

우리가 지금까지 경험했던 여행을 회상해 볼까요? 아무런 차질

없이 계획대로 편안하게 진행된 여행에 대해 얼마나 많은 이야기를 덧붙일 수 있을까요? 오히려 계획과 일정이 틀어지고 대중교통을 잘못 타거나 예상치 못한 사건에 휘말려 길을 잃고 헤맨 여행이 있다면 어땠을까요? 그 우연한 고생의 연속이었던 여행은 우리 감정과 기억 속에 깊이 박힌 여행으로 남게 됩니다.

> **"20년 뒤, 당신은 했던 일보다**
> **하지 않았던 일 때문에 더 실망할 것이다.**
> **그러니 밧줄을 풀고 안전한 항구를 떠나라.**
> **탐험하라, 꿈꾸라, 발견하라."**
> **_마크 트웨인**

회상할 만한 삶의 여정을 만들어가는 일도 이와 비슷하지 않을까요? 자신만의 길을 찾아가는 사람은 끊임없이 길을 잃고 헤매며 방황합니다. 한참 동안 수많은 길을 헤매고 나면 그제야 조금씩 방향감각도 생기게 됩니다. 방향을 알고 나면 그동안 경험하지 못한 낯선 길도 마냥 두렵지 않게 되죠. 지난 경험의 편린을 맞춰보면 삶의 여정 속에서 새로운 길을 찾는 방법은 먼저 길을 잃어보는 것이라는 결론에 닿게 됩니다. 낯선 곳에서 길을 잃고 방황하는 인간만이 진정한 자신의 길을 찾게 되는 것입니다.

우리는 이렇게 길을 잃고 방황해 본, 고군분투의 경험과 기억을 풍부하게 이야기할 수 있는 사람을 '어른'이라고 부릅니다. 아이들은 결코 길을 잃거나 헤매지 않습니다. 그들의 보호자가 안전한 길, 편안한 장소와 환경을 제공하기 때문입니다. 하지만 아이들은 안전한 길과 장소를 벗어나는 순간 위험에 처하게 됩니다. 그들은 아직 정해진 장소를 벗어나 스스로 길을 찾고 탐험할 준비가 되지 않았기 때문입니다. 그렇다고 언제까지 보호자에게 의존할 수는 없는 노릇입니다. 우리는 알고 있습니다.

언젠가는 안전한 길, 편안한 장소와 환경을
벗어나야 한다는 사실.

자신만의 길을 찾기 위해서는
먼저 길을 잃고 헤매야 한다는 사실.

그제야 비로소 진정한 어른이
될 수 있다는 사실.

하지만 우리는 자연스러운 삶의 궤적을 가로막는 수많은 장막으로 둘러싸여 있습니다. 순간적 쾌락, 일시적 안정, 잠깐의 편안함과 같이 당장 눈 앞을 가리는 견고한 장막을 열어젖히는 일은 쉽지 않습니다. 그러나 그 어떤 인간도 반드시 평생에 딱 한 번은 세상에서 가장 지혜로워지는 순간을 맞이합니다. 그것은 바로 삶이라는 여행의 마지막 순간입니다.

누구나 여행의 끝자락에 서면 비로소 알게 됩니다. 이때 머릿속에 떠오르는 것은 그동안의 시간과 경험 그리고 이를 함께한 사람들입니다. 더불어 그 속에서 겪었던 도전과 시행착오, 수많은 좌절과 실패 속에서도 이를 극복하고자 했던 고군분투의 시간은 강렬하고 뜨거웠던 여정으로 회상됩니다.

우리가 삶에서 맞이할 수 있는 가장 지혜로운 순간을 상상했을 때, 이때 떠오르는 진실의 궤적을 좇는 삶을 살아간다면 그 삶은 풍성한 삶이 됩니다. 삶의 모든 것이 살아남는 것은 아닙니다. 삶의 의미로 살아남지 못한 잉여의 시간은 이내 사라집니다. 오직 우리가 기억하고 회상할 만한 사건, 즉 고군분투한 시간과 경험만이 삶 속에서 살아남게 되죠.

> **"어떤 사람들은 25세에 이미 죽어 버리는데
> 장례식은 75세에 치른다."**
> _ 벤자민 프랭클린

누군가는 100년의 시간을 살고도 1년의 삶을 살아갑니다. 100년의 삶 중에 기억하고 회상할 만한 삶의 순간이 1년 밖에 없다면, 100년이 아닌 1년만큼의 몫이 온전한 그의 삶으로 남습니다. 반면에 30년을 살아도 기억하고 회상할 만한 삶의 순간을 10년 살아낸 사람이 있다면, 그는 10년만큼의 시간을 그의 삶으로 살아낸 것입니다.

이렇게 자신의 구체적 경험과 체험을 통한 시간만이 생생하게 살아남습니다. 그리고 그 시간은 삶의 의미가 되어 내일을 살아갈 힘이 됩니다. 결국 의미를 축적한 시간, 사라지지 않을 삶의 장면을 끊임없이 만들어가는 사람은 성공적인 삶을 살았다고 불리게 됩니다.

이제 행복의 비밀이 밝혀졌습니다. 그저 아침에 눈을 뜨자마자 우리에게 주어진 기적 같은 하루를 감사한 마음으로 고군분투하면 됩니다. 지금 이 순간 최선을 다해 살아내는 것입니다. 5년, 10년 후 미래의 내가 오늘의 〈나〉를 기억하고 회상할 수밖에 없는 '지금'을 사는 것입니다. 이때 우리는 삶이 선사하는 미지의 영역 가운데 빛나고 있는 자기만의 별을 발견할 수 있게 됩니다.

행복한 삶이란 기억할 만한 하루를 사는 것입니다. 오늘 하루 노력하고 최선을 다하면 그뿐입니다. 바로 그 시간이 훗날 '내 생애 가장 빛나는 날'로 기억될 것입니다.

오늘 하루 힘들었나요?
오늘 하루 무언가 실수하고 실패했나요?
오늘 하루 마음대로 되는 일이 하나도 없었나요?

정말 고생하셨습니다.
하지만 괜찮습니다.

오히려 기뻐해야 할 일입니다.

고군분투한 삶은 잊을 수 없는 여행의 추억과 같이 회상될 것입니다. 시간이 한참 지난 뒤, 〈나〉는 오늘을 기억하며 삶의 의미를 되짚어볼 것이 분명하기 때문입니다. 그리고 언젠가는 자기 삶에서 가장 큰 지혜를 발휘하는 순간이 올 것입니다. 그때 가족들과 마지막 인사를 나누고 마지막에는 이렇게 혼잣말하며 작별하게 되겠죠.

"나, 참 잘 살았구나…"

1장

마인드셋
Mindset

왜 누구나 성공하지 못하는가?

1. 21세기 최악의 가스라이팅

"당신이 인생의 주인공이기 때문이다. 그 사실을 잊지 마라. 지금까지 당신이 만들어온 의식적 그리고 무의식적 선택으로 인해 지금의 당신이 있는 것이다."_ 바바라 홀

아주 오래전부터 인간이 가지고 있는 잠재의식에는, 인간이 원하는 모든 것을 이룰 수 있는 힘이 깃들어 있다는 주장이 있었습니다. 그중에서도 특히 나폴레온 힐, 조셉 머피, 밥 프록터와 같은 사람들은 잠재의식의 힘에 대해 강한 믿음을 가지고 있었습니다. 많은 사람이 흔히 알고 있는 '끌어당김의 법칙'도 그중의 하나입니다.

"간절히 원하면 이루어진다.
생생하게 꿈꾸면 이루어진다."

우리나라에는 론다 번의 〈시크릿〉이라는 책을 통해 본격적으로 잠재의식의 힘을 이용해 원하는 것을 얻을 수 있다는 '끌어당

김의 법칙'이 알려지기 시작했습니다. 끌어당김의 법칙을 실천하는 방법은 의외로 단순합니다. 자신의 목표나 원하는 미래의 모습을 소리 내서 말하거나 종이에 쓰는 행위를 통해 이를 진짜로 이룰 수 있다는 겁니다.

그런데 정말 그럴까요? 혹시 아직 이것을 경험하지 못한 분들은 오늘부터 매일 원하는 것을 종이에 수백 번 쓰고 반복해서 말하는 것을 실천해 보면 그 결과를 알 수 있을 것입니다. 예견하면 별다른 변화는 기대하지 않는 것이 좋습니다. 그럼에도 불구하고 끌어당김의 법칙은 그것을 실행하는 방법이 워낙 단순하고 쉽다 보니, 이런 편안함에 혹하고 넘어가는 사람들이 많은 것 같습니다. 하지만 어느 정도 삶의 우여곡절을 겪은 사람들이라면 이렇게 쉽고 편한 길이 안내하는 공허한 결말을 어렵지 않게 예측할 수 있을 것입니다.

한 개인이 자신에 대해 기대하고 획득할 수 있는 잠재적 가치는 한계가 존재하지 않습니다. 하지만 실질적으로 제한되어 있습니다. 왜냐하면 원하는 것을 이루는데 필요한 잠재적 능력은 누구에게나 충분히 주어졌지만, 그 힘을 능동적으로 발휘할 의지는 일부의 사람들만 사용하기 때문입니다.

따라서 의지의 부재가 능력의 발현을 제한하는 것입니다. 이런 이유로 대부분의 사람은 능력을 계발할 '의지력의 부재'를 자신이 가지고 있는 '잠재력의 한계'로 잘못 인식하는 경향에 빠지게 됩니다. 결론적으로 자본주의가 표상하는 욕망을 좇지만 정작 실존적 삶의 의지는 적극적으로 표현하지 않는 것입니다.

우리 안에 감추어진 잠재력의 힘은 편안함과 익숙함을 향한 능동적 저항을 통해 발현될 수 있습니다. 여기에 쉽고 빠른 길은 없습니다. 그저 바른길이 가장 빠른 길입니다. 그리고 바른길은 적당한 꼼수로 열리지 않습니다. 우리가 어려움과 역경에 처했을 때 우리를 구해줄 수 있는 묘수가 항상 정수 안에 있듯 말입니다.

그 때문에 당장 눈앞에서 쉽고 편안함을 표방하는 것들은 대부분 나쁜 최후와 연결됩니다. 반대로 고통과 어려움을 극복함으로써 얻을 수 있는 것들은 좋은 결말을 향하죠. 빠른 길이 아니라 바른길, 꼼수가 아닌 정수에 답이 있다는 것입니다.

손쉽고 빠르게 얻을 수 있는 모든 것들을 의심해야 합니다. 거기에는 달콤한 속임수가 있습니다. 끌어당김의 법칙이 속임수라는 이야기가 아닙니다. 사실 끌어당김의 법칙에는 과학적 원리가 숨어있습니다. 이를 이해하는 것이 핵심입니다. 그러나 누군가 당신에게 "종이에 100번 쓰기, 소리 내서 반복해 말하기를 매일 실천하면 원하는 모든 것을 얻을 수 있다."라고 말한다면 이것은 당신의 삶의 의지를 시험하는 분명한 속임수입니다.

하지만 일부 사람들은 이를 맹신하고 여기에 열광합니다. 맹목적으로 목표를 종이에 쓰고 열정적으로 원하는 것을 입으로 중얼거리며 공허한 외침을 반복합니다. 그렇다면 어떻게 해야 잠재의식을 통해 현재를 변화시키는 힘으로 사용할 수 있을까요? 끌어당김의 법칙, 그 근본적인 작동 원리는 무엇일까요? 언어학자인 조지 레이코프는 말합니다.

"코끼리는 생각하지 마!"

그가 코끼리 이야기를 꺼내는 이유가 있습니다. 이것이 바로 '프레이밍'이라는 것입니다. 그리고 여기에 우리의 보편적 의식이 작동하는 작은 단서가 있습니다. 자, 이제 여러분께 질문을 하나 던져보겠습니다.

"코끼리는 생각하지 마."

이 문장을 보는 순간 어떤 생각이 드셨나요? 정말 코끼리를 생각하지 않으셨나요? 그러면 이건 어떤가요? 이제부터 진짜 코끼리 생각을 하지 않도록 노력해 보는 겁니다. 시도해 보셨나요? 아마 생각하지 않으려고 노력할수록 더 많은 코끼리가 머릿속에 가득하게 될 것입니다. 우리 뇌는 코끼리를 거부할 능력이 없습니다. "코끼리는 생각하지 마."라는 문장을 보는 순간 본능적으로 코끼리를 생각할 수밖에 없게 됩니다. 코끼리라는 단어를 피하려는 생각이 오히려 코끼리에 대한 심상을 강화하게 만드는 것입니다. 따라서 코끼리를 생각하지 않으려고 노력하면 할수록 더 강렬하게 코끼리에 빠져들게 되는 것이죠.

지금 우리가 이야기하는 끌어당김의 법칙도 이것과 마찬가지입니다. 이것을 〈프레이밍〉이라고 합니다.

만약 누군가 "나는 가난하게 살지 않을 거야."라고 생각하는 순간 생각의 방향은 어디를 향하게 될까요? 바로 가난을 향하게 됩니다. 그리고 무의식적으로 가난이라는 프레임으로 세상을 바라보게 되는 것이죠. 그렇게 되면 그 문장을 생각할 때마다 가난은 그 사람의 행동 방식과 시스템의 준거점이 되는 겁니다. 때문에 가난을 벗어나고 싶다면 "가난하게 살지 않을 거야." 대신에 "부자가 될 거야."라는 언어의 프레임으로 출발해야 최소한 방향이라도 비슷해진다는 것입니다.

하지만 이것만으로는 구체성이 부족합니다. "부자가 될 거야."라는 말 대신 부자가 하는 생각과 행동을 구체적인 동사로 설명하면 좀 더 선명하게 생각할 수 있겠죠. 예를 들어 "나는 앞으로 1년 동안 매일 새벽 5시에 일어나 2시간 동안 책을 읽고 블로그에 글을 쓸 거야. 그 결과 나는 책을 출간하고 베스트셀러 작가가 될 거야." 이런 식으로 숫자와 동사, 행동과 결과를 섞어서 말입니다.

좀 더 쉬운 예로 들어볼까요? 만약 오랜 기간 사귀던 연인과 헤어졌습니다. 이별을 통보받은 상황이라고 가정해 보는 겁니다. 빨리 이런 이별의 아픔에서 벗어나고 싶다면 어떻게 해야 할까요? 이별의 슬픈 감정을 잊기 위해 노력해야 할까요? 아닙니다. 이별의 아픔에서 벗어나야겠다는 생각 자체가 이별의 아픔을 증폭시킵니다.

이제 감이 좀 잡히시나요? 이별의 아픔에서 벗어나려거든 자신이 피하고 싶은 생각과 행동에 먹이를 줘선 안 됩니다. 왜냐하면 그 생각과 행동은 자신의 의도와 다르게 프레이밍이 되고, 정체성이 되고, 무의식이 되기 때문입니다. 무의식은 의식을 지배합니다. 그런데 무의식은 한 가지 특징이 있습니다. 우리의 무의식은 "무엇을 하지 않는다."와 같은 부정형 문장을 이해하지 못합니다.

우리가 무의식을 향해 어떤 생각과 행동을 "하지 않겠다."라고 외치면, 무의식은 이것을 무시하고 "한다."라고 인식합니다. 만약 실제로 피하고 싶은 목표, 피하고 싶은 생각, 피하고 싶은 행동을 자기암시를 통해 무의식으로 옮기면 어떻게 될까요? 결과는 우리의 의도와 반대로 나타나게 됩니다. 왜냐하면 피하고자 했던 목표와 생각, 행동의 심상이 오히려 이를 향하게 만드는 명분이 되기 때문입니다.

가난을 벗어나고 싶다면 가난을 벗어나는 방법이 아니라, 부자가 되는 방법을 생각해야 한다고 했었죠? 이를 다른 부분에 적용해도 마찬가지입니다. 만약 술을 끊고 싶다면 술을 끊어야겠다는 생각을 하면 안 됩니다. 왜냐하면 그 순간 술을 마시고 싶은 생각이 더 나게 될 테니까요. 먼저 술을 같이 마시는 친구와의 만남을 끊고, 그 시간을 대체할 새로운 운동이나 취미를 시작하는 방법으로 생각의 틀을 바꿔줘야 합니다. 자신이 피하고 싶은 방향이 아닌 향하고자 하는 방향의 관점으로 바라보는 것입니다.

더 나아가 이제부터는 프레이밍을 통해 마음대로 자기 자신의 정체성을 속여보는 겁니다. 뇌를 속이고 착각하게 만드는 방법으로 끌어당김의 법칙에 대한 기술을 익혀보는 것입니다. 이것은 신비한 주문, 미신 같은 것이 아닙니다. 오랜 시간 동안 수많은 연구와 실험으로 검증된 과학의 영역이니 걱정하실 필요는 없습니다.

'플라시보 효과'라고 들어보셨나요? 소위 위약, 가짜 약 효과라고 합니다. 배가 아픈 사람에게 비타민을 주면서 이를 복통약이라고 알려주면 실제로 통증이 완화되는 효과가 있다는 것입니다. 그리고 이런 효과는 약을 복용하는 사람이 약을 처방하는 의사에 대한 신뢰도가 높을 때 더 높게 나타납니다.

그런데 이런 차원의 효과를 넘어서는 연구 결과*들이 있습니다. 실제 무릎관절 수술이 필요한 환자를 대상으로 실험했습니다. 이들에게 실제로는 수술을 하지 않고, 무릎에는 수술의 흔적만 남기고 수술했다는 거짓 정보를 줬습니다. 결과는 어땠을까요? 놀랍게도 실제로 무릎에 아무런 조치를 취하지 않았음에도 더 이상 무릎에 통증을 느끼지 않았습니다. 심지어 실제 수술을 한 환자들과 별다른 차이가 없을 정도로 효과가 있었다는 것입니다.

* 댄 애리얼리, 『상식 밖의 경제학』 중

이와 비슷한 개념에 또 다른 연구 결과*가 있습니다. 심리학자 바르크, 첸, 버로우스는 학생들을 두 개의 그룹으로 나누어 각각 두 개의 강의실에 분산 배치했습니다. 한 그룹은 노인들의 삶과 행동 제약에 대한 보고서를 쓰게 하고, 다른 한 그룹은 젊은 사람들의 삶과 스포츠 활동에 관한 내용을 쓰게 했습니다. 실험 대상자들은 보고서를 제출한 후 강의실을 떠났습니다.

이때 참가자들이 몰랐던 사실이 한 가지 있었는데요. 바로 진짜 실험은 그때부터 시작된다는 것이었습니다. 연구자들은 실험이 끝나고 강의실 밖으로 걸어 나가는 학생들의 자세를 촬영했습니다. 그 결과, 노인들에 대한 보고문을 쓴 참가자들은 걸을 때 마치 노인처럼 천천히 느리게 움직였지만, 젊은 층에 대한 보고문을 쓴 참가자들은 아주 열정적이고 활기찬 태도를 보여주었습니다. 그런데 자신의 행동 변화를 눈치챈 참가자는 아무도 없었습니다.

* 한스 게오르크 호이젤, 『뇌 욕망의 비밀을 풀다』 중

이런 연구 결과가 시사하는 것이 있습니다. 우리의 생각과 행동은, 우리가 의식하지 못하는 사이에 형성된 믿음과 주변 환경의 작은 변화에도 큰 영향을 받는다는 것입니다. 그러므로 나와 주변 사람들이 무심코 내뱉는 말과 행동은 실제 자신이 인식할 수 있는 영향력의 범주 이상으로 매우 중요한 의미를 가집니다. 스스로는 영향을 주고받는다는 생각조차 들지 않지만 지금 나를 둘러싼 세상의 모든 말과 행동이 무의식에 영향을 미치고 특정한 심상을 만들게 된다는 것입니다.

> **"우선 무엇이 되고자 하는가를 자신에게 말하라.**
> **그리고 해야 할 일을 하라."**
> **_ 에픽테토스**

이런 지식을 실제 생활에 곧바로 적용해 보면 어떨까요? 보통

은 사람들이 자신의 정체성을 자신의 과거와 현재 상태로 정의합니다. 만약 실제 연봉이 3천만 원인 회사원은 "나는 연봉 3천만 원을 받는 평범한 직장인 입니다."라는 언어로 자신을 규정할 것입니다. 그러면 자연스럽게 그 사람은 연봉 3천만 원을 받는 직장인의 모습을 떠올리고 그에 걸맞은 말과 행동, 심상을 그려나가게 됩니다.

그런데 이것을 한번 바꿔볼까요? "나는 연봉 3억 원을 받는 CEO 입니다." 이렇게 자신의 정체성 형성의 준거점을 과거와 현재 상태가 아닌 내가 원하는 현재와 미래의 상태로 규정해 보는 것입니다. 그러면 어떤 일이 벌어지게 될까요? 먼저 자신의 정체성을 이런 식으로 바꿔서 규정하는 순간, 신기하게도 스스로 설정한 정체성에 부합하는 방향으로 생각과 행동이 변화하기 시작합니다. 우리가 가장 쉽게 이해할 수 있는 말이 있죠. "자리가 사람을 만든다."라는 말이 이럴 때 효과를 발휘하는 것입니다.

우리 뇌는 가상과 실제를 구분하지 못합니다. 이 사실을 이용해 적극적으로 내가 원하는 나의 모습을 구체적으로 상상하고 그 상상에 믿음을 부여하는 겁니다. 실제로 엘리트 운동선수들의 훈련 과정에는 마인드 트레이닝이라는 훈련 기법이 있습니다. 구체적인 상상과 믿음을 통해 훈련의 효과를 얻는 것입니다. 왜냐하면 상상하는 것만으로도 실제 운동과 훈련의 효과가 있다는 것은 이미 수많은 연구와 실험을 통해 입증되었기 때문입니다.

우리는 뇌가 가지고 있는 시스템의 취약점을 파고들어 우리가 원하는 것을 얻을 수 있습니다. 따라서 이제는 순서를 바꿔보는 겁니다. 이 뇌라는 녀석을 적극적으로 조작하고 속이는 것입니다. 만약 "열심히 훈련하면 부자가 될 수 있다."라는 명제가 있다면 원인과 결과의 순서를 반대로 바꿔보는 것입니다. 과거를 기준으로 현재의 나를 정의하는 것이 아니라, 미래에 내가 원하는 나의 모습을 기준으로 현재의 나를 정의하는 것입니다.

"나는 부자다. 따라서 모든 부자가 그렇듯 열심히 훈련한다." 이렇게 순서를 바꾸는 것이죠. 여기서 '훈련'을 '독서', '글쓰기', '운동', '명상', '절제'라는 단어로 바꾸어도 좋습니다. 핵심은 자신이 이미 부자가 된 것처럼 생각하고 행동하라는 겁니다. 그러면 부자가 된다는 것입니다.

"어떤 메시지와 환경에 노출되어 있는가?"

이것이 바로 끌어당김의 법칙에서 가장 중요한 핵심입니다. 어떤 메시지와 환경에 노출되느냐에 따라 생각과 행동이 달라집니다. 만약 돈을 벌고 싶다면 돈을 버는 사람, 즉 부자들의 언어와 행동, 환경에 의도적으로 자신을 노출시키고 그들을 철저하게 모방해야 한다는 것입니다. 스스로를 부자라는 영향력의 영역에서 벗어나지 않도록 의도적으로 자신을 그 환경에 노출시키는 것이죠.

> "확신을 가져라.
> 아니 확신에 차 있는 것처럼 행동해라.
> 그러면 차츰 진짜 확신이 생기게 된다."
> _ 빈센트 반 고흐

무의식은 의식을 지배합니다. 하지만 무의식은 의식의 설정값에 따라 프로그래밍 될 수 있습니다. 이때 생각과 행동은 자연스럽게 프로그래밍 설정값을 따르게 됩니다. 지금 이 순간에도 나를 스치는 모든 말과 글, 나와 마주하는 모든 사람은 결국 〈나〉라는 존재의 정체성이 됩니다. 따라서 자신이 놓이게 되는 위치와 장소, 사람과 사물 등의 환경을 능동적으로 선택하는 것은 마치 자신의 운명을 결정하는 것과 같습니다.

마찬가지로 끌어당김의 법칙에서 자신이 원하는 것을 매일 종이에 적고 입으로 소리 내 말하는 것은 능동적으로 환경을 선택하는 것과 같은 효과가 있습니다. 바람직한 것들에 대한 메시지(환경)에 자신을 반복적으로 노출시키는 것입니다. 하지만 본질적인 개념과 원리를 이해하지 못하고 그저 원하는 것을 기계적으로 반복해서 쓰고 말하고 있다면 이것은 시간 낭비에 불과합니다.

현재 상태를 내가 원하는 상태로 변화시키고 바꾸는 일은 분명히 가능합니다. 중요한 것은 의식적 환경설정을 통해 무의식적으로 내재화된 '프레이밍'입니다. 그리고 프레이밍 기술의 핵심은 '적극적으로 생생하게 착각하는 것'입니다. 마치 그 일이 실제로 일어난 것처럼 자연스럽게 믿는 것입니다. 뇌를 속인다고 했었죠? 종이에 반복해서 쓰고 입으로 끊임없이 소리 내 말하는 것도 그 과정의 일환이었습니다. 뇌를 속이기 위해서 말입니다. 그래야만 우리가 원하는 정체성의 옷을 입고 그 옷에 맞는 생각과 행동을 하게 될 테니까요. 그 결과로 원하는 것을 얻게 되는 것입니다.

그런데 한 가지 문제가 있습니다. 우리가 적극적으로 뇌를 속이고 생생하게 상상하려면 꼭 필요한 것이 있습니다. 만약 어떠한 사업을 하려는 사람이 자신이 하고자 하는 분야에서 '해야 할 일'과 그 일에 대한 '세부적인 내용'을 정확히 모른다면 과연 구체적인 상상이 가능할까요? 무엇이든 대상에 대해 정확히 알아야 제대로 원하고 상상할 수 있지 않을까요? 자신이 원하는 대상에 대한 지식과 경험 없이 막연히 그것을 원하기만 한다면 그 욕망은 허무하고 무기력한 탐욕에 불과할 것입니다.

적극적으로 생생한 상상을 하기 위해서는 구체적인 상상의 재료가 필요합니다. 그것은 바로 책입니다. 당장이라도 책 한 권이면 구체적이고 생생한 상상의 재료를 얻을 수 있게 되는 것입니다. 원하는 삶, 부와 성취를 이룬 사람들이 책을 읽는 이유가 바로 여기 있습니다. 구체적인 상상의 단서와 지식을 얻기 위해 책을 읽는 행동을 적극적으로 '선택'하는 것입니다.

원하는 것을 100번 쓰고 반복하여 말하는 것도 좋습니다. 하지만 더 중요한 것은 자신이 원하는 것에 대해 충분히 공부하고 학습하며, 이를 이루기 위한 연습과 훈련을 반복하는 것입니다. 이렇게 책을 읽고 공부하는 학습과 훈련이 거듭될수록 상상은 점점 더 촘촘히 직조되고, 행동은 훨씬 더 분명하고 뚜렷한 방향성을 띠게 됩니다. 이쯤 되면 이제부터 자신이 원하는 정체성을 먼저 소유해 보는 겁니다. 내가 원하는 미래의 모습을 상상하고 적극적으로 착각하고 구체적으로 떠올려보는 것이죠.

어느 순간 갑자기 한 번에 '쿵' 하고 떨어지는 성공은 없습니다. 잠재의식의 힘, 끌어당김의 법칙도 마찬가지입니다. 이것은 원하는 것을 쉽고 빠르게 얻을 수 있는 마법의 주문이 아닙니다. 본질은 지금 우리가 원하는 것을 이룰 수 있는 힘이 이미 우리 안에 존재한다는 것입니다. 단지 우리가 원하는 그것을 선택하기만 하면 되는 것이죠.

그렇다면 원하는 것을 이룰 수 있는 힘이 이미 내 안에 있다는 사실을 어떻게 인식할 수 있을까요? 그 답이 여기 있습니다. "우리는 행복한 사람일 때, 행복한 사람으로 존재할 수 있게 됩니다." 그리고 행복을 얻는 방법은 간단합니다. 그것을 그저 선택하기만 하면 됩니다.

> **"세상을 해석할 때는 조심하라.**
> **해석한 그대로 되기 때문이다."**
> _ 에릭 헬러

만약 거리에서 우리에게 길을 묻는 행인이 있다면 '나는 행복한 사람이다'라는 생각을 가지고 있는 사람은 친절한 태도로 길을 안내해 줄 겁니다. 그리고 그 친절한 행동이 다시 '나는 친절한 사람'이라는 정체성으로 이어지고 이것은 결국 '나는 행복한 사람'이라는 결론에 도달하게 만듭니다. 불행한 사람은 그 역순으로 불행한 사람이 되는 것입니다. 즉 불행한 사람은 불친절하게 되고, 그 불친절함은 불행의 정체성을 확인시켜 주는 먹잇감이 되는 거죠.

무엇보다 중요한 것은 지금 이 순간 '나는 행복한 사람'이라고 스스로 선언하는 것입니다. 먼저 행복한 사람이 되고 나서, 그 행복한 사람의 생각과 행동을 하다 보면 진짜 행복한 사람이 되는 것입니다. 지금까지 이야기했듯, 우리에게는 이미 우리가 상상할 수 있는 모든 결말의 조건이 주어졌습니다. 단지 그 잠재력의 힘을 어떤 방식으로 사용하게 될지는 자신의 믿음과 신념에 따라 스스로 선택할 뿐입니다.

> "자신이 불행하다고 믿는 사람은 불행해지고,
> 자신이 행복하다고 믿는 사람은 행복해집니다."

혹시 여러분은 어떤 선택을 하시겠습니까?
저는 선택했습니다.

> "나는 행복한 사람입니다."

2. 어떻게 원하는 것을 이룰 수 있는가?

"삶을 사는 데는 단 두 가지 방법이 있다. 하나는 기적이 전혀 없다고 여기는 것이고 또 다른 하나는 모든 것이 기적이라고 여기는 방식이다."_ 알베르트 아인슈타인

앞서 잠재의식과 끌어당김의 법칙의 본질이 종이에 100번 쓰고 입으로 소리 내 말하는 것이 아니라고 했습니다. 이어서 이번에는 잠재의식과 끌어당김을 실제 현실에 적용하기 위한 사고방식과 구체적인 방법에 대해 말해보려고 합니다. 이제 우리는 끌어당김의 법칙의 본질이 프레이밍이라는 인지 심리학을 기반으로 하고 있다는 사실을 숙지하고 있습니다.

이것은 결코 주문을 외우기만 하면 삶을 변화시킬 수 있는 마법, 우주의 기운 같은 신비한 현상이 아닙니다. 따라서 원하는 것을 얻기 위해 필요한 과정과 원리를 이해하고 이를 효과적으로 삶에 적용하면, 우리는 우리가 추구하는 삶의 변화와 성취를 이룰 수 있을 것입니다.

무언가를 욕망하고 원하는 것, 그리고 이를 얻기 위해 행동하고 변화를 선택하는 주체는 온전히 나 자신입니다. 삶은 우리에게 어떠한 요구도 하지 않습니다. 삶이 우리를 선택하는 것이 아니라 우리가 삶을 선택하는 것일 뿐입니다. 삶이 알 수 없는 어떤 운명을 던져주는 것이 아니라 우리가 어떤 운명을 향해 스스로를 내던지고 있는 것이죠.

우리는 삶의 주체자임과 동시에 행위자입니다. 그러므로 우리는 우리가 원하는 삶을 적극적으로 선택하고 연습과 훈련을 통해 그 선택을 옳은 결정으로 만들어가야 할 책임과 의무가 있습니다. 바로 여기에 잠재력의 문을 여는 열쇠가 있습니다. 그렇다면 잠재력을 현실에서 실현하려고 할 때 필요한 열쇠는 무엇일까요?

원하는 것을 이루는 것의 핵심은 '원하는 것'이 아니라 그것을 얻기 위해 '행동하는 것'입니다. 아무리 간절하게 원하고 상상해도 그것은 생각에 불과합니다. 생각은 행동이 아닙니다. 행동이 없다면 결코 원하는 것을 얻을 수 없습니다. 따라서 이제부터 필요한 것은 단순히 원하는 것을 생각하고 상상하는 단계를 넘어서는 것입니다. 나 자신에 대한 믿음과 확신으로 형성된 잠재의식의 힘을 구체적인 행동의 연료로 삼는 것이죠.

바로 여기에 적용할 수 있는 실행의 법칙이 있습니다. 먼저 우리 앞에 놓인 장애물이 하나 있습니다. 그것은 바로 내가 원하는 것과 실제 행동하는 것 사이의 격차입니다. 한 가지 예를 들어볼까요? 같이 상상해 보면 좋을 것 같습니다. 많은 분들이 대학입시를 경험하셨을 겁니다. 그런데 소위 말하는 좋은 대학에 가려면 어떻게 해야 할까요? 당연히 열심히 공부해야 되겠죠? 이 사실을 모르는 사람이 있을까요?

그런데 대부분 명문대 입학을 원하면서도 그만큼 열심히 공부하지는 않습니다. 그 이유는 무엇일까요? 저는 이것을 자신이 원하는 것과 실제로 행동하는 것 사이에 발생하는 '격차'라고 표현하겠습니다. 우리가 원하는 것을 이루지 못하는 본질적인 장애물은 격차를 통해 발생합니다. 그렇다면 반대로 이 격차를 줄이거나 없앨 수 있다면 누구나 원하는 것을 이룰 수 있는 가능성이 높아진다는 이야기가 됩니다.

우리가 대학입시를 준비하고 있다고 생각해 봅시다. 만약 누군가 당신에게 이런 제안을 한다고 가정해 보는 겁니다. 당신이 원하는 대학에 100% 확률로 입학할 수 있다는 겁니다. 단 조건이 있습니다. 하루에 10시간씩 1년 동안 의자에 앉아서 공부하기만 하면, 그 학교에 입학하는 것을 100% 보장하겠다는 겁니다. 그럼 우리는 어떻게 하게 될까요? 아마 지금보다 압도적으로 더 많은 사람들이 자신이 원하는 곳에 들어갈 수 있을 것입니다. 왜냐하면 이렇게 미래의 불확실성을 제거하고 확실한 결과를 보장해 줬을 때, 그에 따르는 과정을 감내할 수 있는 사람도 기하급수적으로 많아지기 때문입니다.

그런데 여기서 재미있는 점이 하나 있습니다. 사실 결과에 대한 보장이 없이도 매일 하루에 10시간씩 앉아서 공부한다면 결국 원하는 학교에 들어갈 가능성 역시 비슷한 정도로 높아지게 됩니다. 이 이야기를 뒤집어 말하면 대부분의 사람들은 자신이 원하는 학교에 들어갈 능력이 부족해서 '못 가는 것'이 아닙니다. 불확실성에 대한 두려움과 결과에 대한 믿음이 부족하기 때문에 '선택하지 않는 것'이라는 겁니다.

본질적으로 개인이 가지고 있는 능력과 학습 역량이 부족한 게 아니라 믿음이 부족한 것이죠. 사실 사람들이 가지고 있는 잠재적 능력은 생각보다 그리 큰 차이가 나지 않습니다. 문제는 자신의 잠재적 능력을 어디까지 끌어낼 수 있느냐에 달려있습니다. 개인이 발휘할 수 있는 최대치의 능력이 스스로에 대해 가지고 있는 믿음에 따라 큰 차이를 나타낸다는 것입니다.

명문대에 입학하는 방법을 모르는 사람은 없습니다. 성공하여 부자가 되고 자신이 원하는 삶을 사는 방법도 마찬가지입니다. 여기에 소수만 알 수 있는 비법 같은 것이 있을 리 없습니다. 게다가 특별한 능력이 있어야 하는 것은 더더욱 아닙니다. 단지 자신이 원하는 것을 이룰 수 있다는 믿음과 의지가 있는 사람은 자신이 할 수 있다는 믿음을 바탕으로 압도적 인풋_Input을 자신의 목표를 위해 쏟아붓습니다. 자신의 목표에 대한 믿음을 가지고 있는 사람은 그 믿음에 따라 과정을 행하고, 성공에 대한 믿음이 있는 사람은 그 믿음에 따라 성공의 절차들을 하나씩 거쳐 갑니다. 결과를 먼저 정해놓고 자신은 그 결과에 합당한 과정을 수행하는 것입니다.

하지만 우리가 가지고 있는 믿음이 견고하지 않을 때 실행의 의지에 금이 가기 시작합니다. 일상의 작은 부분들을 계속 타협하기 시작하죠. '어차피 안 될 수도 있어.'라는 마음이 현실에서 실현되는 결과로 나타나게 되는 것입니다. 물론 자신이 원하는 결과를 얻지 못할 수 있습니다. 정말 안될 수도 있습니다. 하지만 '안 될 수도 있다.'라는 마음가짐은 원하는 결과를 얻기 위해 마땅히 투자해야 하는 시간과 노력을 다한 뒤에 하는 것입니다. 그 과정에서만큼은 의심의 여지가 없는 믿음을 가지고 결과를 향한 자신의 의무와 책임을 다해야 하는 것이죠.

"안될 수도 있다."라는 생각은 제가 알고 있는 가장 무서운 습관입니다. "된다."라고 생각하는 사람은 중도에 포기해야 할 이유가 없습니다. 그리고 "될 수 있다."라는 확신과 믿음은 혹독한 훈련과 고통을 이겨내야 하는 분명한 이유가 되어주기 때문입니다. 반면에 "안될 수도 있다."라는 생각의 습관은 중간에 포기해도 괜찮다는 아주 그럴듯한 명분이 되어주곤 합니다. "어차피 안될 수도 있는데 열심히 하면 뭐해."라는 마음이 모든 상황을 편리하고 안전하게 정리해 주는 것입니다.

> "그만두는 습관은 쉽게 생긴다.
> 이번에 그만두면 다음에는 또 무엇 때문에 그만둘까?
> 아마 아무 이유 없이 그만둘 것이다.
> 그만두는 것은 습관이다.
> 마찬가지로 계속하는 것도 습관이다."
> _ 제프 헤이든

포기하고 나면 그다음은 무엇을 할까요? 다시 즉흥적이고 충동적으로 목표를 생각합니다. 목표를 세울 때 우리 뇌는 쾌감을 얻고 만족을 느끼기 때문입니다. 이 때문에 포기에 중독된 사람들은 새로운 계획과 목표를 반복하여 세우곤 합니다. 그리고 여전히 그 습관의 매력에서 벗어나지 못하고 오늘도 '안 될 수 있는 가능성'을 발견하기 위해 합리적 사고의 회로를 돌리곤 합니다.

자연스레 이들은 무언가를 시작하는 것에 능숙하지만 끝까지 해내는 것에는 별다른 흥미를 느끼지 못합니다. 늘 무언가 새로운 마음으로 새롭게 시작할 때 느껴지는 흥분과 쾌락에 도취되어 있는 것입니다. 따라서 시작한 일을 마무리하지 못한 채, 다시 새로운 마음으로 처음부터 시작하는 것을 끊임없이 반복합니다.

아직 걸음마를 배우지 못한 아이가 당장 뛸 수 있을 거라 기대하는 사람은 아무도 없습니다. 마찬가지로 과정을 견디지 못하는 사람은 결과를 만들어내지 못합니다. 늘 새로운 시작을 알리는 소식으로 주변이 요란하지만, 정작 그 이전의 결과는 어떻게 되었는지 분명하지 않은 채로 끝은 항상 흐지부지하기 마련입니다. 이런 습관은 왜 사라지지 않는 것일까요? 바로 스스로에 대한 믿음, '자기 신뢰'가 부족하기 때문입니다. 그리고 이런 패턴은 삶의 리듬이 되어버리곤 합니다.

인간의 마음속에는 그 사람의 운명이 잠재되어 있습니다. 결국 삶은 스스로가 생각하는 대로 흐르기 때문입니다. 마음속에 자신이 행복하다고 믿는 사람은 행복한 삶의 단면을 발견하는 노력의 과정에서 안정감을 느끼게 됩니다. 하지만 불행을 타고났다고 믿는 사람은 삶의 불행한 면을 들추고, 그 사실을 수시로 확인하면서 안도감을 느낍니다.

더 재미있는 점은 능력도 마찬가지라는 것입니다. 애초에 사람들 간의 잠재적 능력과 역량의 차이는 크지 않습니다. 그 차이는 표면적으로는 기술적 반복과 훈련의 습관에서 비롯됩니다. 그리고 반복과 훈련의 루틴을 만드는 것은 단지 스스로 가지고 있는 믿음과 확신에 달려있을 뿐입니다.

"할 수 있다."라는 잠재의식을 가지고 있는 사람은 자신이 할 수 있다는 신뢰와 믿음 덕분에 고통을 이겨내고 끝까지 해내지만, 그렇지 않은 사람은 "어차피 안될 거야."라는 자기실현적 예언 때문에 무엇을 하든 금방 포기합니다. 다시 강조하지만, 그 사람이 능력과 역량이 부족해서 포기하는 것이 아닙니다. 단지 그 사람에게는 '믿음'이 부족한 것일 뿐입니다.

어떠한 일을 시작하기 전, 또는 삶의 중요한 순간을 스스로 만들어내려고 할 때 가장 중요한 것은 '자기 신뢰'입니다. 믿음이 먼저이고 그다음이 훈련과 반복이라는 겁니다. 아무리 노력해도 뜻대로 되지 않는다고 호소하는 사람들이 있습니다. 사실 노력이 부족한 것이 아닙니다. '나는 충분히 해낼 수 있는 사람'이라는 스스로에 대한 믿음과 확신이 부족한 것이죠. 스스로에 대한 신뢰와 믿음이 굳건할 때 그 사람은 어떤 어려움도 극복해 내고자 하는 의지를 발휘할 수 있습니다.

이와 반대로 자기 스스로가 안 되길 바라는 잠재의식을 내면화한 사람들도 있습니다. 이들은 실제로 열심히 노력하면서도 스스로가 안 된다고 믿고 있으며 또 마음속 깊은 곳에서는 그렇게 되길 바랍니다. 그리고 막상 이것이 현실에서 실현되면 자기 스스로 모종의 연민을 느끼는 부류가 여기에 해당합니다.

놀랍게도 자신의 실패와 불행에 당위성을 부여하고 역으로는 여기서 자신의 예언이 적중했다는 사실을 통해 자기효능감마저 얻습니다. 이것은 일종의 '나르시시즘'입니다. 지나치면 병이 됩니다. 빨리 이런 중독 증상에서 벗어나지 못하면 점점 악순환은 반복되고 감정적으로는 더 깊은 우울함에 빠지게 됩니다.

> **"새로운 일을 시작하기 전에 두려움이 생기지 않는다면, 그 일은 당신에게 왜소한 일이라는 뜻이다."**
> _ 작자 미상

무엇보다 자신을 믿고 그 누구보다 자기 자신을 신뢰해야 합니다. 우리는 우리가 가지고 있는 '능력의 한계'가 아닌 '믿음의 부재'로 인해 원하는 것을 이루지 못합니다. 다시 한번 예를 들어보겠습니다. 만약 당신에게 하루에 10시간씩 1년 동안 의자에 앉아서 책을 읽고 공부하고 일을 하면 100% 확률로 100억을 준다면 어떨까요? 아마 이 글을 읽고 계신 분 중에 100억을 놓치는 사람은 단 한 사람도 없을 거로 생각합니다.

　이것이 무엇을 의미하는 것일까요? 원하는 것을 실현시킬 능력이 부족한 것이 아닙니다. 그것을 절실하게 믿고 간절하게 원하고 있지 않는다는 사실이 문제입니다. 설령 100억이 아니더라도 책을 읽지 않던 사람이 하루에 10시간씩 단 1년이라도 독서할 수 있다면 그 사람은 아주 높은 확률로 인생이 달라질 것이 분명합니다. 그런데 많은 사람들은 그렇게 하지 않습니다. 오직 소수의 사람만이 이것을 해내고 자기 자신을 극복합니다. 애벌레가 껍질을 깨고 세상 밖으로 나와 나비가 되듯 〈어나더레벨〉이 되는 것입니다.

　"모든 애벌레가 나비의 가능성을 품고 태어나듯 모든 인간은 자아실현의 가능성을 안고 태어납니다."

　앞서 증명한 것처럼 우리는 대부분 이미 원하는 것을 충분히 이루어 낼 잠재력을 가지고 있습니다. 따라서 자신이 원하는 것과 이에 대한 믿음이 확고할 때 잠재적 능력은 표면적 역량이 됩니다. 하지만 욕망의 근거와 믿음이 허술할 때 우리는 타협합니다. 그 타협의 틈으로 안 되는 이유, 심한 경우는 자기 스스로를 연민의 마음으로 돌보며 실패의 이유를 만들어내고 합리화하는 것입니다.

"명문대는 아무나 가는 게 아니야."
"역시 돈 버는 건 쉬운 일이 아니야."
"부자는 아무나 되는 게 아니야."
"멋진 몸은 타고난 사람들이나 만들 수 있는 거야."

부정적인 명령과 자기암시를 극복하는 것은 그리 어려운 문제가 아닙니다. 단지 자기 신뢰를 가능케 하는 믿음이 부족한 것일 뿐입니다. 절실한 마음, 간절한 믿음으로 원한 게 아니라 막연히 꿈만 꿨던 겁니다. 정말 중요하고 단순한 진실은 지금 이 순간부터 믿음을 가지면 된다는 것입니다. 하지만 그냥 믿는 것으로는 부족합니다. 완벽하게 믿어야 합니다. 마치 그 미래가 나에게 완벽하게 정해진 미래인 것처럼 생생하게 착각하고 믿어야 한다는 것입니다.

지금까지 이야기했듯이 결과를 미리 정해놓고 그 결과에 걸맞은 행동을 하는 것입니다. 이 이야기가 조금 낯설고 이상하게 느껴질 수 있습니다. 그럼에도 불구하고 다시 강조합니다. 거꾸로 해야 합니다. 보통은 어떤 행동을 하면 그 행동에 관한 결과가 나옵니다. 하지만 우리는 이것을 반대로 적용할 것입니다. 우리가 원하는 결과를 먼저 정해놓고 그 결과를 얻기 위해 필요한 행동을 선불로 지불하는 겁니다.

> "행복한 상태가 되고 나서,
> 이 되어있음의 자리에서 뭔가를 하기 시작하라.
> 그러면 얼마 안 가 너희는 자신이 하고 있는 일이
> 너희가 항상 갖고 싶어 하던 그것을 가져다주면서
> 끝맺는다는 걸 발견할 것이다."
> _ 닐 도날드 월쉬, 『신과 나눈 이야기 3』 중

우리는 보통 어떠한 행동을 하고 나면, 그 과거의 행동을 바탕으로 자신의 정체성을 규정하게 됩니다. 그러고 나면 그 정체성에 맞는 결과를 소유하게 된다는 겁니다. 이것이 바로 Do-Be-Have 사고방식*입니다.

* 로버트 기요사키, 『부자 아빠, 가난한 아빠2』 중

운동을 예로 들자면 일반적으로는 운동을 함으로써(Do), 운동을 좋아하는 사람이 되고(Be), 그 대가로 멋진 몸을 가지게 됩니다(Have). 하지만 이와 반대로 순서를 Be-Do-Have로 바꾸어 보는 것입니다. 즉, 존재-행위-소유의 순으로 말이죠. 이를 다시 설명하면, 먼저 자기 자신에 대한 존재의 정체성을 먼저 정의하는 겁니

다. 나는 운동을 좋아하는 사람(Be)이라는 정체성을 먼저 가지고, 그다음 운동을 함으로써(Do), 건강하고 멋진 몸을 가지게 된다는 것(Have)입니다.

이런 정체성 규정을 가능하게 만드는 것은 '자기 신뢰'입니다. "나는 반드시 해낼 수 있어."라는 적극적인 믿음이 없으면 소용없는 방법인 것이죠. 먼저 자신이 100% 이룰 수 있다는 믿음, 그리고 결과에 대한 확신을 가지는 것이 중요합니다.

그러면 다시 한번 이와 같은 방법을 적용해 보겠습니다. 지금 직장을 다니는 분들이 계실 겁니다. 만약 자신의 연봉을 지금의 2배로 높이고 싶다면 어떻게 하면 될까요? 답은 단순합니다. 먼저 2배의 연봉을 받는 사람으로 자신의 정체성과 결과를 미리 정해놓고 그에 맞는 행동을 선불로 지불하면 되는 겁니다. 그럼 그다음 결과는 뒤따라오게 되겠죠.

5년 후 진정한 경제적 자유를 이루고 싶다면 어떻게 해야 할까요? 그런 사람들의 하루를 보면 너무나도 분명하게 답이 나오지 않을까요? 매일 꾸준히 독서하고, 운동하고, 배운 것을 시도하고 실패하고, 다시 도전하고, 끊임없이 시행착오를 겪는 것입니다. 이런 일상의 루틴을 가지고 있는 사람이 결국 원하는 자유에 이르게 되지 않을까요? 매일 제자리걸음 하는듯한 일상이 지루하게 느껴질지도 모릅니다. 하지만 연습과 훈련을 반복하는 삶은 자신의 운명을 원하는 방향으로 이동시켜 줍니다. 그렇게 하다 보면 결국 원하는 것이 이루어지게 됩니다.

이쯤에서 "그런 일이 생각처럼 쉬울까?"라는 생각이 조금이라도 든다면 지금까지 이야기를 충분히 이해하지 못하신 것 같습니다.

> 완벽하게 착각하고,
> 생생하게 상상하고,
> 절실하게 믿어야 합니다.

만약 그 믿음과 확신이 쉽게 생기지 않는다면 원인도 단순합니다. 아직은 자신이 그것을 진심으로 원하지 않거나, 절실함에 대한 분명한 명분과 의지가 부족한 것입니다.

모든 사람은 자신이 원하는 것을 이룰 수 있는 능력을 가지고 태어납니다. 인간은 자신이 가지고 있는 능력만큼 원할 수 있는 존재이기 때문입니다. 만약 스스로 원하는 것을 이룰 수 있는 잠재력이 없다면, 애초에 그것을 원하는 능력도 존재하지 않았을 것입니다. 무언가를 원한다는 것은 대상을 인식하고 있다는 것이며,

대상에 대한 인식은 언어를 통해 구체화 됩니다.

> ## "언어의 한계가 세계의 한계다."
> ### _ 비트겐 슈타인

인간의 의식은 자신이 사용하는 언어의 수준을 넘어서지 못합니다. 하지만 이것을 반대로 해석하면 어떻게 될까요? 인간은 자신이 사용하는 언어 수준까지는 도달할 수 있다는 의미가 됩니다.

프로그래머들의 언어는 일반인들 눈에는 도무지 의미를 알 수 없는 기호와 규칙에 불과합니다. 하지만 이 언어를 알고 있는 사람들에게는 하나의 세계입니다. 악보를 볼 줄 모르는 사람에게 음표는 그저 콩나물 비슷한 모양에 불과합니다. 하지만 음악을 하는 사람들에게 악보는 하나의 체계로 작동합니다. 프로그래머들의 언어와 음악인들이 사용하는 언어를 이해하지 못하는 사람은 적어도 그 세계 안에서는 프로그램 코드와 악보에 대해 구체적으로 원하고 상상하는 능력이 부여되지 않습니다. 언어는커녕 기본적인 표현의 기호조차 이해하지 못하고 있기 때문입니다.

누군가 원하고 상상하고 있는 것을 구체적인 언어로 표현하는 순간, 그 사람에겐 잠재력이 생깁니다. 최소한 자신이 원하는 것을 이룰 수 있는 가능성이 존재하는 세계에서 살고 있는 것입니다.

그뿐만 아니라 언어는 세상을 바라보는 인식의 창과 같습니다. 한 사람이 언어를 사용하는 방식이 그 사람의 사고방식을 대변하는 것이죠. 똑같은 현상과 똑같은 상황에서도 일상에서 사용하는 언어의 방식에 따라 관점이 달라집니다. 만약 횡단보도를 걷는 행인이 걷다가 떨어뜨린 과일들을 줍느라 도로를 막고 있다면, 이를 '장애물'이라고 생각하는 사람이 있을 겁니다. 반면에 다른 사람을 도울 '기회'라고 생각하는 사람도 있을 것입니다.

우리의 사고방식은 자신이 평소에 사용하는 말과 단어, 즉 언어에 종속됩니다. 긍정의 말을 하는 사람은 긍정적 생각을, 부정의 언어를 사용하는 사람은 부정적 생각을 하게 되는 것이죠. 그렇게 우리는 각자 말하는 방식대로 자신도 모르는 사이에 자신이 하는 말과 언어가 표상하는 세상 속에서 살아가게 됩니다.

따라서 행복한 삶을 살고 싶다면 행복한 말과 언어를 사용해야 합니다. 부자가 되고 싶다면 부자의 말과 언어를 사용해야 합니다. 친절한 언어를 사용하는 사람을 친절한 사람이라고 하고, 불친절한 언어를 사용하는 사람을 불친절한 사람이라고 하듯 내가 사용하는 언어가 〈나〉라는 존재의 의미와 가치를 규정한다는 것

어나더레벨

입니다.

이제 제가 하고 싶은 이야기를 이어가 보도록 하겠습니다. 우리가 무언가를 원하고, 원하는 것을 상상하고, 상상한 것을 언어로 표현할 수 있다면, 그것은 우리가 인식하고 있는 세계 속에 존재하는 것입니다. 그리고 우리가 원하는 것을 이룰 수 있는 잠재력도 대상을 인식하는 순간 동시에 존재하게 되는 것이죠.

누구나 마음속으로 어떤 물건을 구매하려고 종일 그 생각을 해본 경험이 있을 겁니다. 자신이 구매하려는 것이 자동차든, 신발이든, 전자제품이든 간에 신기하게도 머릿속에 원하는 것을 생각하고 있으면 길을 지나가다가도 그 물건은 기가 막히게 눈에 잘 보입니다. 평소에는 잘 보이지 않던 것도 그 생각을 하는 순간, 갑자기 그 존재가 쉽게 포착되는 것입니다.

지금 잠시 눈을 감고 아무것이나 떠오르는 색상을 하나 생각해 볼까요? 그리고 잠시 후에 눈을 떠 주변을 둘러보면 신기하게도 방금까지 분명 인식하지 못했던 그 색상이 생각지도 못했던 장소에서 선명하게 눈에 띄는 경험을 하게 될 것입니다. 이것이 바로 '의식의 힘'입니다. 대상을 상상하고 생각하는 순간, 그동안 내가 미처 인식하지 못했던 세계가 바로 내 눈앞에 펼쳐지는 것입니다.

200년 전, 인류가 하늘을 나는 것을 상상이나 할 수 있었을까요? 먼 거리에 있는 사람과 영상통화는요? 달에 인류가 왔다 갔다 하는 건 어떤가요? 그 일이 가능한 이유가 무엇일까요? 바로 우리에게 그것을 인식하고 원할 수 있는 능력이 있기 때문입니다. 그래서 그것을 이룰 수 있는 능력도 주어진 것이죠. 혹시 지금 이야기들이 마치 원래 자신이 알고 있었던 사실처럼 익숙하게 느껴지지 않나요? 왜 그럴까요? 평소 말로 설명할 수 없지만, 이미 자신의 잠재의식 속에 이에 대한 심상이 들어있기 때문입니다. 그러면 어떻게 잠재의식에 심상으로 자리 잡을 수 있었을까요? 그것은 바로 이를 실현할 지식과 능력이 이미 당신 안에 있기 때문입니다.

영화에서는 종종 인류의 미래에 대한 것을 상상하고 시각화합니다. 한번 생각해 보세요. 과거 SF 영화에서 표현했던 미래의 모습이 오늘날 현실이 된 것이 얼마나 많습니까? 우리는 이미 공상과학이 실제 현실이 된 세상을 살고 있는 것입니다. 실제 현실을 만드는 힘이 공상에서 출발한다는 것이죠. 공상의 뜻이 무엇입니까? 어떤 사물이나 사건의 이미지를 머릿속으로 그리는 일입니다.

"공상을 현상으로 만드는 힘이
상상에 있습니다."

"나는 연간 1조를 버는 부자가 될 거야.", 혹시 이 문장을 구체적으로 상상하고 원하는 사람들이 얼마나 있을까요? 아마 거의 없을 것입니다. 반면에 주변을 보면 1억, 10억 부자를 말하고 원하는 사람들은 정말 많습니다. 이것은 하나의 증거입니다. 10억을 구체적으로 상상하고 원하는 사람들이 많아진다는 것은 그것을 실현시킬 잠재력을 가지고 있는 사람들도 그만큼 많아지고 있다는 것이죠.

물론 그보다 더 큰 1조 부자라는 단어를 원하고 상상할 수도 있습니다. 하지만 대부분의 사람들은 1조라는 단어에 대해 그것의 언어적 기표, 즉 말의 형태와 문장의 표면적인 뜻만 이해하고 있을 뿐입니다. 대부분의 사람에게는 '연간 1조를 버는 부자'라는 단어에 숨겨져 있는 '기의記意', 즉 대상을 제대로 인식하기 위한 지식과 경험이 부족합니다. 따라서 이것을 구체적으로 상상할 수 있는 능력이 부족하기 때문에 1조 부자를 절실하게 원할 수 없게 되는 것입니다.

결과적으로 현재 100억 부자가 아닌 사람들에게는 1조 부자를 절실하게 원하는 능력이 부족합니다. 그 때문에 주변에 1조를 벌겠다고 하는 사람도, 그것을 원하는 사람도 쉽게 찾아보기 어려운 것입니다. 그런데 지금 실제 천 억대 부자라면 이야기는 달라집니다. 그 사람들은 10억대 부자보다 훨씬 더 절실하고 구체적으로 1

조 부자를 원할 수 있는 능력이 쌓이기 시작합니다. 천억을 만들어가는 과정과 경험을 통해 습득한 산물이 존재하기 때문입니다. 즉 이들은 1조 부자라는 언어가 표현하는 기표記標와 기의記意를 동시에 인식하는 사람들이라는 뜻입니다.

따라서 누군가 무언가를 절실하게 원하고 있다면 그것은 그 사람이 원하고 있는 그 일을, 그 사람이 이룰 능력도 있다는 증거입니다. 주변을 살펴보신 적이 있으신가요? 이미 수많은 잠재력을 가지고 있음에도 자기 자신을 의심하고 불신하며 스스로를 좌절시키는 경우가 얼마나 많습니까? 마음속에 원하는 것을 상상할 수 있는 능력이 있다면 그걸 이룰 수 있는 능력도 있는 거라는 사실을 잊지 마십시오.

마지막으로 정리해 보겠습니다. 우리가 원하는 것을 이루지 못하는 이유는 단순합니다. 바로 믿음과 행동 사이의 격차가 우리를 좌절시키는 것입니다. 이 격차가 발생하는 이유는 무엇이었나요? 사실 자신이 원하고 있는 것을 분명하게 원하고 있지 않다는 것입니다. 다르게 말하면 확고한 믿음, 즉 '자기 신뢰'가 부족한 겁니다. 믿음이 부족하면 중도에 타협하고 포기할 여지가 생기게 됩니다.

그래서 끌어당김의 법칙, 프레이밍의 기술이라고 표현한 사고방식과 훈련이 필요합니다. 그다음으로 믿음과 확신을 바탕으로 과정과 결과의 순서를 바꾸라고 말씀드렸습니다. 과정을 하고 나서 결과를 기다리는 것이 아니라, 거꾸로 결과를 먼저 정해놓고 그 결과에 합당한 과정을 수행하는 것이죠.

가장 중요한 부분입니다. 우리는 우리가 이룰 수 없는 것들을 원하는 능력이 없습니다. 다시 말해 우리가 무언가를 원할 수 있는 능력은 동시에 우리가 그것을 이룰 수 있는 잠재력이 있다는 증거라는 것입니다. 그리고 그 잠재력은 대상에 대한 부단한 학습과 경험을 통해 구체적 실현 능력으로 점차 확장됩니다.

잠재의식의 힘은 '자기 신뢰'를 통해 발현됩니다. 나 스스로를 가장 먼저 믿고 신뢰해야 할 사람은 누구일까요? 그 첫 번째 사람은 바로 나 자신입니다.

> "그대가 사랑하는 것이 그대를 끌어당길 것이다.
> 그것을 말없이 따라가라.
> 그대는 길을 잃지 않을 것이다."
> _ 잘랄루딘 루미

3. 잠재력을 폭발시키는 두 개의 시스템

"사람들은 대부분 자신의 능력에 비해 낮은 수준에 초점을 맞추는 경향이 있다. 결과가 아니라 노력 자체에 몰두한다."_ 피터 드러커

인간은 인지적 편향에 빠집니다. 그것도 아주 체계적으로 말입니다. 어쩌다 한번 착각하고 잘못 생각하는 것이 아닙니다. 비합리적인 생각과 행동의 패턴을 습관적으로 반복하며 오류와 실수를 저지르는 것입니다.

행동경제학, 인지심리학 분야는 인간이 이렇게 체계적인 편향에 빠진다는 사실을 연구하고 증명함으로써 인간 이해에 관한 지평을 확장시키고 있는 학문입니다. 그중에서도 특히 심리학자였던 대니얼 카너먼은 인간의 인지적 편향에 관한 연구를 통해 "인간은 합리적 존재다."라는 고전 경제학의 기본 전제를 뒤엎고 행동 경제학이라는 새로운 학문 분야를 개척합니다. 결국 대니얼 카너먼은 〈전망 이론〉을 발표하며 2002년 노벨 경제학상을 받게 됩니다.

여기서 굳이 대니얼 카너먼을 언급한 이유가 있습니다. 인간의 체계적 오류와 편향을 이해하는 과정을 통해 지금까지 우리가 경험한 시행착오를 바로잡을 수 있기 때문입니다. 특히 일상에서 저지르는 '반복된 실수', 특정한 사람들에게서 나타나는 '반복적 성공'의 원리를 깨닫고, 더 나아가서는 "노력이란 무엇인가?", "어떻게 노력할 것인가?"와 같은 근본적인 질문에 대한 분명한 답변이 될 수 있을 것입니다. 여기서는 구체적인 이론이나 학술적인 설명보다는 실제 삶의 변화와 성장에 적용할 수 있는 실행 방안에 초점을 맞추도록 하겠습니다.

인간의 뇌는 생각과 행동의 패턴에 따라 크게 두 가지 방식으로 작동합니다. 이것을 〈시스템1_자동 시스템〉, 그리고 〈시스템2_숙고 시스템〉라고 합니다. 〈시스템1〉은 흔히 파충류의 뇌라고 합니다. 도마뱀과 같은 파충류가 본능과 본성에 의해 움직이듯 우리의 뇌도 이처럼 작동하는 자동화 시스템이 있는 것입니다. 이것이 〈시스템1〉입니다.

〈시스템1〉은 우리 일상의 약 80% 이상을 차지할 정도로 비중이 높습니다. 걸어 다닐 때 손이나 발 동작을 의식하지 않고 자연스럽게 보행할 수 있는 것, 물을 마실 때 손의 각도와 입과 목의 움직임을 의식하지 않고 편하게 물을 마실 수 있는 것, 갑자기 어떤 물체가 날아오면 반사적으로 몸을 피하는 것, 틈틈이 유튜브나 SNS

를 들여다보는 것, 저 멀리서 무섭게 짖는 개가 나를 향해 달려올 때 느끼는 공포심, 피자, 치킨, 도넛, 설탕 덩어리 음료와 같은 고칼로리 음식에 대한 욕구 등 우리가 흔히 '즉각적'이고 '본능적'이고 '무의식적'으로 하는 대부분의 생각과 행동들이 뇌의 자동화·최적화 시스템입니다.

인간의 사고와 행동을 지배하는 〈시스템1〉은 단순합니다. 떠오르는 감정이나 느낌, 행위에 대한 저항이 없는 '의식의 무중력 상태'인 것이죠. 이것이 우리 일상의 80% 이상을 지배하고 있다면, 나머지 20%는 무엇일까요? 이것이 바로 숙고하는 뇌, 의식적 사고를 하는 〈시스템2〉입니다. 예를 들어보겠습니다.

1 + 1 = ?

'1+1'의 답은 무엇인가요? 아마 모든 사람이 지금 바로 대답할 수 있을 겁니다. 별다른 생각을 하지 않아도 직관적으로 '2'라는 숫자가 떠오르는 것입니다. 그렇다면 제가 다른 질문을 해보겠습니다.

25 × 8 = ?

　　　　　　　　　　　　　　　　　어나더레벨

'25×8'의 답은 무엇인가요? 이 계산을 '1+1'처럼 직관적으로 생각하는 사람은 거의 없을 겁니다. 대부분 사람들에게 이와 같은 계산은 의식적인 사고가 필요한 부분입니다. '1+1'은 우리가 〈시스템1〉로 바로 처리해서 이야기했다면 '25×8'은 직관적·즉각적인 처리가 어렵습니다. 이처럼 뇌가 논리적 생각과 숙고의 시간을 필요로 하는 문제에 직면했을 때 작동하는 것이 바로 〈시스템2〉입니다.

일반적으로 〈시스템2〉는 복잡한 계산을 할 때, 익숙하지 않은 무언가를 처음 배울 때, 책을 읽거나 글을 쓸 때와 같이 의식적 사고가 필요한 순간 작동합니다. 〈시스템1〉이 감정과 본능의 지시를 따른다면 〈시스템2〉는 숙고를 바탕으로 한 이성과 합리성을 따릅니다. 〈시스템1〉이 인간이라는 동물의 생물학적 존재의 특성을 나타낸다면, 〈시스템2〉는 인간을 사회적 존재로 구별될 수 있도록 하는 문화적 특성을 대변합니다. 쉽게 말해 우리가 흔히 인간과 동물의 차이를 표현할 때 기준으로 삼을만한 것이 〈시스템2〉의 개입 정도인 것이죠.

그렇다면 이런 의문이 생깁니다. 항상 〈시스템2〉를 사용하면 논리적인 생각, 합리적인 의사결정을 할 수 있습니다. 오류와 편향에서 벗어날 가능성이 높아지는 것이죠. 그런데 왜 우리는 굳이 〈시스템1〉을 80%씩이나 가동 하면서 체계적인 오류, 즉 편향을 일으키는 걸까요?

인간의 뇌세포는 우리 신체를 구성하는 전체 기관의 2% 정도밖에 되지 않습니다. 그런데 2% 정도밖에 안 되는 이 영역은 우리 전체 에너지의 20% 이상을 소모합니다. 비효율적으로 많은 에너지를 사용한다는 것입니다. 모든 생명체의 제1법칙은 생존본능입니다. 그리고 생명체는 자신의 생존 가능성을 높이기 위해 에너지를 최대한 아끼고 절약합니다.

인간의 경우 현재는 풍부한 영양 섭취로 인한 비만, 즉 에너지 과잉을 걱정하지만 불과 100년 전까지만 해도 이런 풍요는 꿈도 못 꿀 일이었습니다. 당장 오늘 저녁에 먹을 끼니를 장담하기 어려웠습니다. 따라서 길고 긴 인류 역사의 대부분은 섭취한 에너지를 최대한 많이 저장하고, 가지고 있는 에너지를 최대한 아끼면서 사용하는 방향으로 진화합니다. 단지 살아남기 위해서 말입니다.

> "우리는 생존 기계다.
> 즉 우리는 유전자로 알려진 이기적인 분자를
> 보존하기 위해 맹목적으로 프로그램된 로봇 운반자다."
> _ 리처드 도킨스, 『이기적 유전자』 중

단위 면적당 가장 많은 에너지를 소모하는 비효율적인 뇌도 마찬가지입니다. 우리의 뇌나 우리의 신체는 최대한 칼로리를 절약하는 방향으로 환경에 적응하게 됩니다. 또한 우리 몸에 에너지를 저장할 수 있을 때 최대한 많은 양의 에너지를 저장하려고 하죠. 우리가 단 음식, 고칼로리 음식들에 본능적으로 끌리는 것도 똑같은 이유입니다. 최대한 많은 칼로리를 몸에 저장해놔야 오랜 기간 생존할 수 있는 확률이 높아지기 때문입니다.

이런 생존 본능에 따라 뇌도 절약 모드가 작동하기 시작합니다. 이것이 바로 〈시스템1〉입니다. 일종의 컴퓨터나 핸드폰에 대기모드가 활성화되는 것처럼 말입니다. 의식적 사고를 통한 에너지 지출을 최대한 아끼고 평소에는 생존에 필요한 최소한의 에너지를 사용하여 대기모드에 진입합니다. 그리고 특정 상황과 환경에서 우리가 의식적 사고가 필요할 때, 그때 에너지를 사용하여 〈시스템2〉를 가동하는 것이죠.

인간의 의식과 의지력에는 총량이 있습니다. 이것들을 다 써버리게 되면 그다음부터는 이성적인 판단의 힘을 제대로 발휘할 수 없게 됩니다. 그렇기 때문에 우리 뇌는 평소에 에너지를 최대한 아껴 두려고 하는 경향을 나타냅니다. 이렇게 절약한 의지력과 이성적인 사고 영역을 정말 이것이 필요한 위급한 상황에서 사용하려고 하는 것이죠. 리처드 도킨스의 표현을 빌리자면 인간은 단지 유전자를 전승하는 생존 기계로서 모든 진화의 초점이 유전자 생존에 맞춰지는 것입니다.

반대로 우리가 의식적으로 생각하고 행동해야 하는 것들이 있습니다. 예를 들어 무언가를 처음 배울 때는 항상 그렇죠. 처음 젓가락질을 배울 때, 자전거를 배울 때, 운전을 배울 때, 그럴 때는 의식적으로 생각하고 행동하면서 학습해야 합니다. 책을 읽거나 글을 쓰거나 하는 것처럼 의식적으로 주의를 집중하고 깊은 생각을 해야 하는 것들이 있죠.

이럴 때 우리 뇌에서 작동하는 것이 바로 〈시스템2〉입니다. 어렵고 복잡하거나 익숙하지 않은 생각과 행동을 할 때 우리의 뇌는 이런 과정을 자동으로 처리할 수 없습니다. 그럴 때 뇌가 의식적으로 생각하는 숙고 시스템으로 전환되는 것입니다. 우리 모두가 경험하고 있듯이 무언가를 의식적으로 생각하고 배우고 깊이 숙고하는 것은 엄청난 에너지가 필요합니다.

여기서부터가 정말 중요합니다. 젓가락질, 자전거와 운전 배우기와 같은 행동과 학습을 반복하여 익숙해지면 어떤 일이 발생할까요? 처음에는 의식적으로 집중력을 발휘해야 했던 생각과 행동이 어느 순간이 되면 차츰 이를 의식적으로 집중하지 않아도 무의식적으로 할 수 있게 됩니다.

만약 운전을 한다고 생각해 볼까요? 자동차를 운전하는 것은 〈시스템1〉일까요? 〈시스템2〉일까요? 답은 정해져 있지 않습니다. 왜냐하면 처음 운전하는 초보자에게 운전은 엄청난 집중과 의식적 사고가 필요한 일입니다. 이 경우에는 의식적인 사고를 하는 숙고 모드, 즉 〈시스템2〉가 작동하는 겁니다.

그런데 반대로 자동차 운전 경력이 20년 차인 사람에겐 어떤가요? 교통 흐름상 특별한 이벤트가 없다면 이들에게 운전은 의식적 사고가 거의 개입되지 않는 〈시스템1〉인 것입니다. 다만 완전한 초행길을 간다든지, 앞에서 사고가 났다든지 하는 특별한 상황에서는 부분적으로 의식적 사고인 〈시스템2〉가 개입됩니다.

결론적으로 우리 일상의 많은 부분이 이렇습니다. 소위 전문가는 보통 사람들이 〈시스템2〉를 작동해야 하는 가능한 생각과 행동을 〈시스템1〉로 패턴화시키고 최적화시킵니다. 우리가 수영을 처음 배울 때는 몸의 각 부위와 호흡을 의식적으로 신경 써야 하지만 수영선수는 그렇게 하지 않습니다. 몸의 모든 부위에 집중하고 의식적 노력을 기울여야 하는 우리와 달리 수영선수는 상대적으로 별다른 에너지를 쏟지 않고도 수영을 자연스럽게 할 수 있습니다. 그것도 의식적으로 온 신경을 집중하여 수영하는 우리보다 훌륭하게 말입니다.

흔히 우리가 골프, 테니스 등의 운동을 배울 때 숙련자들은 몸에 힘을 빼라고 조언합니다. 하지만 초보자들이 몸에 힘을 빼기란 어렵습니다. 오히려 몸에 잔뜩 힘이 들어가죠. 이렇게 몸에 힘을 빼는 것은 먼저 〈시스템2〉를 통한 의식적인 노력과 훈련의 기간을 거친 후, 이것을 〈시스템1〉로 자연스럽게 할 수 있을 때 이루어집니다.

이 뿐만 아닙니다. 특정 분야에서 많은 경험을 쌓은 사람들이 찰나의 순간에 무언가를 알아차리는 것을 보통 직관이라고 표현합니다. 일반적으로 어떤 그림에 대해 그 그림이 진품인지 위작인지를 판별하려면 다양한 과정과 많은 시간이 필요합니다. 하지만 그 분야에 오랜 시간 숙련된 전문가는 단 1초도 되지 않는 시간에 상당히 높은 확률로 그림의 위작 여부를 맞춘다고 합니다.

그런데 흥미로운 점은 정작 본인은 그 그림이 왜 위작인지 정확하게 설명하지는 못한다는 것입니다. 그들은 그냥 그림을 보자마자 직관적으로 가짜인 것 같은 느낌이 들었다고 표현합니다. 이런 직관은 〈시스템2〉의 의식적 사고를 반복하는 훈련을 통해 〈시스템1〉의 무의식적 사고로 전환한 결과입니다. 학습된 지식과 행동이 몸으로 체화되어 본능적 직관을 획득한 것입니다.

이런 의식적·의도적 훈련의 과정을 거친 전문가는 일반인들이

〈시스템2〉를 최대한 가동해야 하는 일의 대부분을 〈시스템1〉로 할 수 있는 역량을 갖추게 됩니다. 그리고 특별히 고도의 집중과 의식적 사고가 필요한 부분만 〈시스템2〉를 가동하여 기존의 역량을 강화하고 최적화합니다. 이런 과정의 반복은 초심자를 전문가의 영역으로 성장시킵니다. 반면에 〈시스템1〉의 안전하고 편안한 영역의 생각과 행동에서 벗어나지 못하면 제아무리 오랜 시간 경력을 쌓아도 전문성은 쌓이지 않는 것입니다.

이런 사실을 통해 알 수 있는 것이 있습니다. 무언가를 학습하고 배움을 얻을 때 최고 수준의 전문가와 평범한 수준의 전문가 사이에 보이지 않는 격차가 바로 〈시스템2〉라는 것입니다. 물론 학습 시간도 시간이지만, 바로 〈시스템2〉를 어느 정도 수준으로 개입시키느냐가 핵심입니다. 즉 의식적 학습과 의도된 훈련의 양과 질에 따라 결과가 완전히 달라지는 것이죠.

똑같은 시간의 학습과 훈련을 하더라도 금메달 수영선수와 동네에서 수영 좀 하는 동호인의 차이도 여기에서 발생합니다. 운전을 단순히 잘하는 것과 카레이서의 차이점도 바로 이것이죠. 일반인의 기준으로 운전을 잘하는 것은 그저 많은 시간 경험하면 누구나 잘할 수 있게 됩니다. 하지만 카레이서는 다릅니다. 오랜 시간 의식적인 학습과 의도된 훈련이 없다면 카레이서 수준의 운전 실력을 쌓는 것은 어림도 없습니다. 최고 수준의 피아니스트와 평범한 수준의 피아니스트도 마찬가지일 것입니다.

이 점이 우리에게 시사하는 바가 있습니다. 우리가 어떤 일을 하고 배움을 얻으려고 할 때 그냥 해서는 안 된다는 것입니다. 달리 말해 〈시스템1〉로 하면 안 되고, 〈시스템2〉로 해야 한다는 것입니다. 그리고 〈시스템2〉로 익힌 기술과 지식, 행동을 우리 뇌의 자동화 시스템에 탑재하고 다시 새롭고 더 높은 수준의 것들을 익히고 다시 이것을 자동화시키는 것입니다. 〈시스템1〉과 〈시스템2〉를 오가며 끊임없이 반복하는 것이죠.

뇌과학적으로 이 방법은 우리를 성장시키는 가장 본질적인 단서입니다. 단순히 오랜 시간 학습하고 훈련하는 것만으로는 충분하지 않다는 것입니다. 일이나 공부도 그렇습니다. 오래 앉아있어야 잘할 수 있지만, 그렇다고 오래 앉아있는 것만으로 잘할 수 있는 것은 아닙니다. 오래 앉아있는 것은 단지 필요조건일 뿐입니다. 여기서 중요한 것은 〈시스템2〉라는 겁니다. 익숙한 노력을 버려야 한다는 것이죠.

〈시스템2〉의 특징이 무엇이었나요? 바로 에너지를 많이 소모한다는 단점이 있었습니다. 그런데 이제 더 이상 우리는 에너지 부족, 칼로리 결핍을 걱정하지 않아도 되는 시대에 살고 있습니다. 이를 두려워할 이유가 없다는 것입니다. 그럼에도 불구하고 다시 우리 뇌의 〈시스템1〉은 우리에게 속삭입니다. 아껴야 한다고, 생각을 많이 하고 깊이 하면 에너지 소모가 커지고, 생존에 불리하다고 말입니다. 생각한다는 것은 에너지 소비를 최소화하려는 인간의 본능에 반하는 것이니까요.

> "인간으로 산다는 것은 자기 통제의
> 산에 오르기 위한 평생의 투쟁이다.
> 진화는 우리에게 분별력 있는 목표들을 세우기에
> 충분한 지적 능력을 주었으나,
> 그것들을 관철하기에 충분한 의지력은
> 주지 않았기 때문이다."
> _개리 마커스, 『클루지』 중

여기에 신호와 노이즈가 있습니다. 과거 수백 년 전에는 이와 같은 속삭임이 '신호'였지만, 지금은 '노이즈'라는 것입니다. 뇌 과학자인 개리 마커스는 이것을 〈유전자 오작동〉이라고 표현합니다. 우리 뇌는 엉성하게 설계되어 허점투성인 클루지_Kluge라는 것이죠. 특히 생존 본능에 적합한 신호와 노이즈를 정확하게 구별하지 못한다는 것입니다. 우리 뇌가 인류 변화의 속도를 따라잡지 못해 여전히 원시시대에 머물러 있기 때문입니다. 뇌의 진화 속도와 문명의 진화 속도 간의 간극으로 발생하는 시스템 오류, 클루지에 우리가 매번 속아 넘어가고 있는 것이죠. 그러면 클루지를 극복하는 방법은 무엇일까요? 역시 지금까지 이야기한 〈시스템2〉에 답이 있습니다. 뇌의 오작동을 방지하는 시스템이 우리 안에 탑재되어 있는 것입니다.

〈시스템2〉를 사용하다 보면 점점 뇌의 전체 시스템이 향상되고 최적화됩니다. 들어보신 적이 있으실 겁니다. 이 개념이 바로 뇌의 〈신경 가소성〉이라고 하는 개념입니다. 간단히 말하면 자신이 뇌를 사용하는 방법과 방향에 따라 뇌가 새로운 방향으로 계속 업데이트되는 것이죠. 여기서 정말 중요한 점은 뇌의 〈신경 가소성〉은 나이와 상관없다는 겁니다. 젊은 사람도 뇌와 생각을 의식적으로 사용하지 않으면 뉴런_Neuron과 뉴런 사이를 잇는 시냅스_Synapse가 고정되고 따라서 뇌와 의식의 확장이 멈춥니다. 하지만 나이 든 사람도 의식적 사고와 생각, 새로운 정보와 인풋을 다양하게 접하여 뇌를 자극하면 뉴런과 뉴런 사이에 새로운 시냅스 연결이 활성화됩니다. 나이와 관계없이 새로운 인풋에 의한 학습과 경험에 의해 새로운 사고의 지평이 열린다는 것이죠.

지금까지 뇌 신경의 변화와 성장은 청소년기가 지나면 완전히 멈춘다는 것을 상식으로 알고 계신 분들이 계실 겁니다. 그런데 이것은 잘못된 지식입니다. 물론 뇌세포는 나이가 들수록 줄어듭니다. 하지만 뇌는 사용하면 할수록 새로운 네트워크의 시냅스가 형성되고 강화됩니다. 뇌세포의 수는 줄어들지만, 활성화 용량이 확장되어 기능과 성능은 향상되는 것이죠. 반대로 사용하지 않을 경우 기존에 연결된 시냅스의 연결이 점점 약화되어 퇴보하는 것입니다.

새로운 생각을 멈추면, 새로운 행동도 멈추게 됩니다. 그러면 다시 뇌가 멈추게 됩니다. 따라서 우리는 〈시스템1〉이 주는 쉽고 편한 선택을 거부하고 힘들고 불편한 선택을 해야 합니다. 〈시스템2〉를 통해 의식적으로, 그리고 지속적으로 관성과 본능에 저항하며 익숙하지 않은 선택과 시도를 해야 한다는 겁니다. 왜냐하면 불편한 생각과 불편한 행동이 있는 곳에 새로운 배움과 새로운 기회가 있는 것이니까요.

> **"처음에는 우리가 습관을 만들지만**
> **그다음에는 습관이 우리를 만든다."**
> **_ 존 드라이든**

의식적인 노력과 훈련을 반복하면 이것은 무의식적인 생각과 행동이 됩니다. 그리고 이렇게 형성된 무의식적 생각과 행동이 반복되면 우리는 이것을 습관이라고 부르기 시작하죠. 습관은 처음부터 습관이 아니었을 겁니다. 처음에는 의식적으로 반복했던 어떤 행동들이 차츰 익숙해진 나머지 그것이 자연스럽게 존재하게 되었다고 착각하게 되는 것입니다. 그리고 시간이 지나면 이것을 자기 삶의 일부라고 생각하고 받아들이게 됩니다. 사람들은 이것을 운명이라고 부릅니다.

거슬러 올라가 봅시다. 운명은 정해진 것이 아닙니다. 지금 의식적 노력의 힘으로 생각과 행동을 바꾸면, 무의식적으로 반복하는 습관이 바뀌고 운명이 바뀝니다. 의식적 생각과 의식적 행동의 습관을 꾸준히 훈련하면 어떤 결과가 펼쳐질까요?

그 불편함의 길 끝에
기적 같은 결말이 있습니다.

4. 미리 아파할 줄 아는 능력

"용기를 내면 안정된 발판을 잠시 동안 잃는다. 그러나 용기를 내지 않으면 자기 자신을 잃는다."_ 키르케고르

무심코 TV 채널을 돌리다가 홈쇼핑 채널의 판매자가 뭔가 다급하게 외치는 말에 나도 모르게 홈쇼핑 채널에 머무른 경험이 있을 겁니다.

"55사이즈 품절!"
"준비한 수량이 얼마 남지 않았습니다!"
"일단 써보시고 마음에 들지 않으면 반품하세요!"

쇼호스트의 주옥같은 멘트에 마음이 동요하기 시작합니다. 필요한 물건은 아니지만, 지금 구매하지 않으면 왠지 좋은 기회를 놓치는 것 같다는 생각이 듭니다. 또 언제 이런 파격적인 할인을 하게 될지 알 수 없기 때문입니다. 판매자는 이 점을 강조하며 앞

으로 다시없을 혜택이라는 점을 콕 집어 이야기합니다. 그런데 갑자기 화면에 자막이 깜빡입니다.

"품절 임박!"

지금 주문 폭주로 전화 연결이 어려울 정도라고 합니다. 시간이 얼마 없습니다. 이제 결정해야 할 때입니다. '사야 하나, 말아야 하나?' 고민을 하던 찰나, 써보고 30일 이내 무료 반품에 대한 안내 멘트가 나옵니다. 더 이상 고민은 시간만 늦출 뿐, 일단 주문하고 마음에 안들면 반품하기로 합니다. 마치 하나의 전쟁을 치르듯 구매 완료를 했습니다. 마침 구매 버튼을 누르자마자 품절 자막이 뜹니다. 쇼호스트는 내가 이 전쟁의 완벽한 승리자가 됐음을 알리는 클로징 멘트를 합니다. 그리고 이번 구매에 성공한 사람들의 선택이 완벽하게 옳은 결정이라는 것을 다시 한번 확인시켜 줍니다.

TV 홈쇼핑이든 인터넷이든 오프라인이든, 우리가 상품·서비스를 구매하는 상황과 패턴은 위와 유사합니다. 평소에 필요하다고 생각한 것을 계획적으로 구매하고 소비하기보다는 필요할 수도 있을 것 같은 물건을, 알 수 없는 힘에 의해 설득당하고 충동적으로 구매하는 것입니다.

혹시 무언가를 구매할 때 나는 절대 그런 것들에 휘둘리지 않는다고 자신할 수 있는 사람이 있을까요? 우리가 하는 모든 소비 행위는 사실 완벽하게 짜인 각본에 의해 이루어집니다. 홈쇼핑의 경우에는 누군가 TV를 보는 도중 채널을 돌릴 것을 염두에 두고 설계를 합니다. 재핑 효과_Zapping effect*를 극대화하는 것이죠. 과연 채널 번호 9번, 11번의 메인 채널 사이에 항상 홈쇼핑 채널이 존재하는 것은 순전한 우연일까요? 하필 드라마 중간 광고 시간에 그 드라마의 핵심 시청자층이 좋아할 만한 상품이 홈쇼핑에서 판매되고 있는 것은요?

* 재핑 효과: 광고를 피하기 위해 채널을 돌리다가 호기심에 의도하지 않은 방송을 시청하게 되어, 장시간 시청으로 연결되는 현상.

기업의 마케터들은 인간의 본능적 취약점을 파고들어 자신들이 원하는 행동을 설계하기 위해 노력합니다. 특히 인간이 스스로 취약점이라고 인지하지 못하는 부분을 집중적으로 공략하죠. 물론 우리는 우리 스스로가 자율적으로 생각하고 판단했다고 느끼지만, 전문가들은 고객들이 능동적으로 선택했다는 느낌이 들도록 이마저도 행동과 심리를 설계합니다. 왜냐하면 누군가에게 조종당하고 있다는 사실을 유쾌하게 생각할 사람은 없기 때문입니다.

물론 이런 이야기를 듣고 나면 "아니야, 나는 그렇지 않은데!", "저건 어리석은 사람이나 당하는 거야!" 내심 방어기제와 반발심이 들기도 합니다. 과연 그럴까요?

하버드 대학교의 제니퍼 러너 교수가 진행한 실험이 있습니다. 먼저 사람들을 두 그룹으로 나눕니다. 그리고 한 그룹은 슬픈 내용의 영상을 보게 하여 슬픈 감정을 느끼게 하고, 다른 한 그룹은 평화로운 풍경의 영상을 보게 했습니다. 그러고 나서 이들에게 플라스틱 물통을 보여주고 이 물통을 얼마면 구매할 의사가 있는지 유보 가격*을 물어봅니다. 그랬더니 슬픈 내용의 영상을 본 그룹은 물통을 약 10달러에 구매하겠다고 하고, 평화로운 풍경을 본 그룹은 2.5달러를 이야기했습니다. 결국 슬픈 감정을 느끼는 사람은 평화로운 그림을 본 사람에 비해 4배 정도 더 높은 가격의 유보 가격을 이야기한다는 것입니다.

* 유보 가격: 소비자가 특정 제품을 사기 위하여 지불할 용의가 있는 최대 가격.

슬픈 내용의 영상을 본 사람들은 왜 4배나 많은 돈을 지불하려고 했을까요? 이 사실을 통해 우리는 불안, 슬픔, 상실 등으로 발생한 결핍이 소비의 욕구를 통해 충족되고 있음을 추측할 수 있습니다. 따라서 마음의 공허함을 느낄 때, 우리는 무의식적으로 소비를 선택함으로써 감정적 허기를 채우는 것입니다.

진짜 흥미로운 점은 바로 그다음 펼쳐집니다. 실험이 끝난 후, 슬픈 감정을 유발하는 영상을 본 그룹에 이 실험 결과와 의미를 알려주는 겁니다. 평화로운 내용의 영상을 본 그룹보다 슬픈 내용의 영상을 본 사람들의 유보 가격이 높게 나타났다는 사실을 알려

어나더레벨

주자, 이들은 불쾌함을 느꼈습니다. 자신은 고작 그런 영상 하나에 의사결정이 흔들릴 정도로 어리석지 않다는 것이죠. 스스로는 철저히 이성적으로 생각하고 판단했다고 생각하는 것입니다.

그런데 사실은 그렇지 않습니다. 마케팅과 심리학, 행동경제학 전반에 걸친 수많은 연구와 실험들은 인간의 의사결정이 감정과 환경에 따라 가변적으로 변화한다는 사실을 증명하고 있습니다. 특히 기분이 우울하거나 슬픈 감정을 느낄 때 충동구매를 하게 될 가능성이 높아지고 여기서 얻게 되는 보상감은 중독으로 이어지기 쉽습니다. 문제는 정작 스스로는 자신의 소비가 이런 이유로 반복된다는 사실을 알아차리기 어렵다는 것입니다. 이쯤에서 우리가 다시 한번 떠올려야 할 명제가 있습니다.

> "인간의 의식은 무의식의
> 지배를 받습니다."

우리가 생각하고 행동하는 거의 모든 것은 무의식에서 비롯됩니다. 우리가 현실에서 의식적으로 하는 생각과 행동은 5%에도 미치지 못할 정도입니다. 따라서 이제부터는 우리의 생각과 행동이 과거의 어떠한 사건이나 감정, 외부 환경에 따라 왜곡되고 있는 것은 아닌지 의심을 시작해야 한다는 것입니다.

〈시스템1〉과 〈시스템2〉, 그리고 〈전망 이론〉 기억나시죠? 기존 주류 경제학이 인간은 이성적이고 합리적 의사결정을 내린다는 전제에서 출발하는데요. 전망 이론은 인간이 그동안 우리들이 생각했던 것처럼 합리적이거나 이성적이지 않다는 것에서 출발합니다. 인간의 비합리적 의사결정의 규칙성이 존재하고 이에 따라 인간은 '체계적인 오류'를 범한다는 것이죠. 바로 이것이 전망 이론을 설명하는 큰 틀이었습니다.

그리고 전망 이론의 핵심적인 내용으로 〈손실 회피 성향〉이라는 것이 있습니다. 손실 회피 성향의 핵심 내용은 인간은 이익보다 손실에 훨씬 더 민감하다는 것입니다. 그것도 약 2.5배 정도 말입니다. 예를 들어 누군가 길거리에서 1만 원을 주웠다면 우리의 뇌는 이것을 1만 원으로 인식하고 1만 원만큼 기분이 좋아집니다. 그런데 만약 반대로 길거리에서 내 돈 1만 원을 잃어버렸다면 우리의 뇌는 2만 5천 원 정도의 고통을 느낀다는 것이죠.

우리가 돈을 잃거나 지출할 때 우리의 뇌는 특정한 부위에 자극을 받게 됩니다. 여기서 흥미로운 점은 심리적 손실을 입었을 때 반응하는 뇌의 부위와 실제로 우리가 물리적인 충격에 의해 고통을 느꼈을 때 반응하는 뇌의 부위가 동일하다는 것입니다. 즉 우리의 뇌는 심리적 손실을 입었을 때 물리적 충격과 같은 수준의 고통을 느낀다는 것이죠.

인간은 자신이 이미 가지고 있는 것을 빼앗기는 것에 큰 고통을 느낍니다. 그 때문에 이미 자신이 소유한 것들을 그대로 유지하려는 습성이 있습니다. 이것을 심리학에서는 〈소유 효과〉라고 합니다. 우리는 우리가 이미 가지고 있는 것에 더 큰 가치를 느낀다는 겁니다. 서두에 무료 반품에 관해 이야기했었죠? 그런데 기업들은 궁극적으로 손해 보는 일은 하지 않습니다. 경험하면 소유하고 싶고, 일단 소유하고 나면 잃고 싶지 않은 인간의 본능, 이것을 마케팅에 활용하는 것입니다.

사람들은 자신이 지금보다 더 가지지 못할 것이라는 사실을 걱정하여 고통을 느끼지 않습니다. 오히려 이미 가지고 있는 것을 잃어버리지 않을까 하는 염려와 공포로 인해 고통을 느낍니다. 지금까지 설명한 대로 손실은 고통으로 이어지기 때문입니다.

그렇다면 이제부터 손실 회피 성향을 반대로 이용해 보는 것은 어떨까요? 이미 가지고 있는 것을 잃을 수도 있다는 아픈 상상을 행동의 무기로 전환하는 겁니다. 한번 이렇게 생각해 봅시다. 지금 내가 원하고 상상한 긍정적인 미래가 있습니다. 그런데 반대로 그것들이 하나도 이루어지지 않으면 닥치게 될 부정적인 미래도 있을 수 있을 것입니다. 바로 그때의 아픔과 고통을 상상해 보는 겁니다. 인간은 위험에 처하게 될 경우 다음과 같은 순서로 행동하게 됩니다.

▎"정지 -> 도망 -> 투쟁"

만약 눈앞에서 사자와 마주치고 위험한 상황에 빠지게 된다면 우리는 어떻게 행동하게 될까요? 처음에는 아무런 행동을 하지 못하고 제자리에서 멈추게 됩니다. 그다음 재빨리 도망가려고 할 겁니다. 하지만 더 이상 도망치는 것이 불가능할 때 마지막으로 어떻게든 살아남으려 싸워보겠죠.

만약 자신이 생계가 곤란할 정도의 경제적 어려움에 처하게 된다면 어떨까요? 이에 따라 나는 당장 생존의 문제와 더불어 자책감, 사회적 박탈감을 느끼게 될 것입니다. 뿐만 아닙니다. 나의 가족들은 나로 인해 당장 먹고 싶은 것을 제대로 먹지도 못하는 상황입니다. 그렇게 돈이 없어서 겪어야만 하는 비참한 경험이 일상이 된다면 어떨까요? 정말 상상도 하기 싫은 장면입니다.

그런데 저는 종종 이런 상황을 상상합니다. 특히 무엇이 바람직한 행동인지 알면서도 잘 실천하지 못할 때, 그리고 스스로에 대한 동기부여가 되지 않을 때는 의도적으로 이런 아픈 상상을 생생하게 합니다. 현재 누리고 있는 것들을 잃어버리는 상상을 하는 것이죠. 그러고 나면 바로 행동할 수 있게 됩니다. 아픈 상상만으로도 무섭고 고통스럽기 때문입니다.

> **"성공의 반은 죽을지 모른다는**
> **긴박한 상황에서 비롯되고**
> **실패의 반은 잘나가던 때의 향수에서 비롯된다."**
> **_ 아놀드 토인비**

인간은 위험한 상황에 본능적으로 행동하게 됩니다. 그렇게 진화해 왔기 때문입니다. 숲에서 나뭇잎이 바스락거리는 소리가 나면 일단 경계하고 긴장하게 됩니다. 그리고 그곳에서 생명을 위협하는 맹수들이 나타나면 당장 행동하게 됩니다. 앞뒤 잴 것도 없이 미친 듯이 빠르고 민첩하게 말이죠.

물론 사냥할 때도 절실하게 할 수 있습니다. 그런데 우리나라 같은 선진국에서 절실하게 사냥해야 할 만큼 배고픈 사람이 얼마나 있을까요? 뭘 해도 최소한 어느 정도 먹고살 만한 정도는 됩니다. 그것이 실질적인 생존의 위협으로 작용하지 않는 것입니다. 이런 이유로 막연하게 '부자가 되어야지.', '경제적 자유를 달성해야지.', '파이어족이 되어야지.', 이런 생각만 할 뿐 좀처럼 행동으로 잘 옮겨지지 않습니다. 어차피 매달 정해진 날에 월급은 나오니까요.

현재 연봉 5,000만 원인 사람이 있습니다. 이 사람이 연봉 1억 원을 목표로 하는 것과 지금 받는 월급이 오늘 당장 끊기는 것 중에 어느 쪽이 더 절실한 마음이 클까요? 당장 다음 달부터 월급이 끊어진다고 상상해 보자는 겁니다. 그럼 이제 어떻게 해야 할까요? 뭐라도 준비하고 행동해야 합니다. 그동안 '나는 안전하다.'라는 생각으로 굳이 하지 않았던 일들, 그래서 생각만 하고 실행하지 못했던 일을 시도해 봐야 하는 것입니다.

특히 이것을 우리 건강에 적용하면 좀 더 분명해집니다. 건강을 잃는 것은 우리가 잃을 수 있는 것들 가운데 가장 많이 잃는 것입니다. 그런데 평소 건강한 사람들은 건강의 소중함을 알아차리기 어렵습니다. 하지만 모든 소중한 것들이 그렇듯 잃고 나서야 중요성을 깨닫죠. 그리고 대부분 이미 일이 발생하고 나서야 후회합니다.

'평소에 꾸준한 운동과 건강한 식단, 긍정저인 마음가짐을 위해 노력했으면 좋았을 텐데…'

이런 것들을 아픈 상상을 통해 미리 노력할 수 있다면 얼마나 좋을까요? 상상을 하면 몸이 반응합니다. 그때 행동으로 옮겨보는 것입니다. 아픈 상황이 되기 전에 미리 아파보는 경험을 하고 나면 너무나도 분명한 행동의 명분이 생깁니다.

이것이 바로 '미리 아파할 줄 아는 능력'입니다. 우리가 늘 긍정적인 생각만 하고 또 생각한 대로 행동할 수 있는 것은 아닙니다. 아이러니하게도 이렇게 미리 아파할 줄 아는 능력으로 상상하고 생생하게 느껴보면 이것이 강력한 행동의 동기가 될 수 있습니다.

때로 이미 가진 것을 잃지 않으려는 절실함이 강력한 힘의 원천이 될 때가 있습니다. 손실 회피 성향에서 설명했듯 말입니다. 인간이라면 누구나 당장 부자를 원하는 것보다 눈앞에 닥친 고통을 피하는 일에 더욱 절실하고 민감하게 반응합니다. 이 절실함을 미리 끌어와 현실에서 행동과 동기부여의 연료로 삼는 것입니다.

우리의 모든 감정은 행동과 동기부여의 원천이 될 수 있습니다. 물론 기본적으로 긍정적인 생각과 전망을 하는 것은 너무나도 중요합니다. 이것이 잠재의식의 토대가 되기 때문입니다. 하지만 불안이 자신을 집어삼킬 정도로 상황이 좋지 않은 경우도 있습니다. 이때는 먼저 긴급한 상황에서 탈출해야 합니다.

말이 더 빨리 달리기 위해서는, 단지 말이 스스로 달리려는 의지만으로는 부족합니다. 그럴 때는 외부의 자극, 즉 채찍을 가합니다. 긍정의 생각을 행동으로 전환하는 것이 잘 안될 때가 있습니다. 그럴 때 잠시 아픈 상상의 프레이밍을 이용해 보는 것입니다. 서울대 졸업 축사에서 BTS의 프로듀서인 방시혁 대표는 이렇게 이야기를 합니다.

"저는 꿈은 없지만 불만은 많은 사람입니다."

그러면서 분노가 자신을 움직이는 원동력이 되었다고 고백합니다. 방시혁이라는 사람에게는 세상을 향한 불만과 분노가 올바른 행동을 위한 소명 의식으로 작용한 것입니다.

우리에게 필요한 것은 오직 올바른 행동입니다. 비록 그 행동의 동기가 손실회피라 할지라도 올바른 행동으로 연결된다면 그것은 결과적으로 올바른 것입니다. 경제적 자유, 파이어족, 100억 부자와 같이 아무리 긍정적으로 원하는 것을 상상해도 올바른 행동이 없다면 아무 소용이 없겠죠. 책을 읽고, 운동하고, 사람들을 만나서 조언을 구하고, 공부하고, 시도해 보고⋯ 이제부터는 원하는 것을 얻기 위해 필요한 행동에 초점을 맞춰보는 겁니다.

생각만으로 이룰 수 있는 것은 세상에 아무것도 없습니다. 중요한 것은 행동이기 때문입니다. 무언가를 간절하고 절실하게 원하는 것만으로는 행동으로 연결되지 않는 경우가 있습니다. 그럴 때 미리 아파할 줄 아는 능력을 사용해 보는 것입니다. 우리가 어떤 상황에서, 어떤 생각이 들더라도 긍정과 부정의 두 가지 프레임, 즉 잠재의식의 힘과 미리 아파할 줄 아는 능력을 이용해 행동으로 옮겨보는 겁니다. 전략적으로 원하는 것을 상상하고 마치 내가 그것을 이룬 사람인 것처럼 생각하고 행동해야 합니다. 그리고 이것이 행동으로 잘 옮겨지지 않을 때는 전술적으로 아픈 상상의 힘, 미리 아파할 줄 아는 능력을 이용해 동기부여하는 것입니다.

자꾸만 부정적인 생각이 들 수 있습니다. 누구나 그런 시기가 있습니다. 24시간 긍정적인 생각만 하고 사는 사람이 어디 있을까요? 긍정적인 생각과 마찬가지로 부정적인 생각 역시 자연스러운 일입니다. 일상적 생각의 틈 사이로 부정적인 생각이 스며들 때, 미리 아파할 줄 아는 능력으로 행동을 자극해 보세요. 이런 식의 훈련을 거치면서 우리는 우리가 원하는 것에 한 걸음 더 가까워질 것입니다.

> **"당신이 원하는 모든 것은
> 두려움의 건너편에 있다."**
> _ 잭 캔필드

삶은 우리가 원하는 대로, 생각하는 방향으로만 흘러가지 않습니다. 좋은 일도 많지만 안 좋은 일도 많습니다. 긍정적인 생각을 바탕으로 성공하는 사람도 많지만 부정적인 생각과 트라우마 등의 결핍을 에너지 삼아 성공하는 사람들도 있습니다. 행복한 삶, 성공한 인생으로 가는 해답이 하나의 정답만 가능하다고 단정하는 순간, 자신이 가지고 있는 새로운 잠재력도 단절됩니다. 잠재의식의 힘, 끌어당김의 법칙도 답이지만 분노와 불안도 반드시 틀린 답은 아니라는 겁니다.

위험을 피하고 싶은 것이든, 불만을 느끼고 분노하는 것이든, 자신이 원하는 것을 이루기 위해 꼭 해야만 하는 행동이 있을 겁니다. 긍정과 부정의 양방향으로 상상하고 무엇보다 행동을 위한 자극을 만들어 보는 것입니다. 물론 긍정적인 자극이면 좋겠지만 그렇지 않아도 좋습니다. 그럴 때면 미리 아파할 줄 아는 능력을 기억하세요. 무엇이든 상관없습니다.

"아픈 상상의 힘이 당신을 원하는 곳으로
데려다 줄 것입니다."

5. 인생에서 기적이 찾아오는 순간

"환경이 사람을 만드는 게 아니다. 환경은 그가 어떤 사람인지 드러 낼 뿐이다."_ 에픽테토스

20년 전 이맘때쯤이었습니다. 자정이 한참 지난 새벽, 저는 서울 당산역 근처에 있는 어느 편의점 냉장고 뒤편에서 음료수를 채우고 있었습니다. 아마 편의점에서 일해본 경험이 있는 사람들은 알 겁니다. 편의점에 있는 냉장고 뒤편에는 큰 공간이 있습니다. 여기에 음료수를 보관하기도 하고, 재고가 떨어지면 들어가 술이나 음료 등을 채워 넣게 되어있습니다.

저는 이 공간이 좋았습니다. 가끔 그곳에서 멍하니 앉아있는 것이 좋았습니다. 그러다 문득 '나는 왜 여기서 이러고 있어야 하는 걸까?', 억지로 졸음을 참으며 편의점 냉장고 내부에 앉아있다 보면 마음 한편에 설명하기 힘든 어떤 울컥함이 올라오곤 했던 그런 시절이었습니다. 그리고 아침 7시, 아르바이트 교대 시간이 되면

버스를 타고 집에 돌아옵니다. 버스를 타면 참았던 졸음이 한꺼번에 쏟아집니다. 그렇게 한참 졸다가 내려야 할 정류장을 지나치고는 버스 종점에서 기사님이 깨워주시곤 했던 것이 일상이었습니다.

이렇게 버스라도 타면 다행입니다. 한번은 버스비가 부족해 서울 당산역에서 집이 있는 부천까지 걸어간 적도 있습니다. 같이 아르바이트하는 형에게 돈을 빌리거나 버스 기사님께 사정을 말씀드리면 됐을 텐데, 개뿔도 없다 보니 남는 건 자존심뿐이었죠. 버스비가 없다는 사실을 들키고 싶지 않았습니다. 그때 걸었던 거리와 도로의 풍경이 아직도 기억 속에서 잊혀지지 않습니다.

초등학교 졸업을 마지막으로 학교에 가지 않았던 저는 어린 시절부터 일을 시작해야만 했습니다. 기억을 더듬어보면 15살 때 편의점 아르바이트로 일을 시작했던 것 같습니다. 편의점 입구에 '아르바이트 모집'이라는 문구가 쓰여있었습니다. 들어가서 사장님께 일을 하고 싶다고 여쭤보니 "너는 나이가 너무 어려서 안 돼."라고 말씀하시더군요. "그래도 시켜주시면 안 돼요?" 애원에 가까운 요청을 드렸던 기억이 납니다. 그렇게 어렵게 시작한 아르바이트였습니다. 당시 저는 일을 할 수 있다는 사실만으로도 감사해야 했던 상황이었습니다.

세상이 원망스러울 때가 많았습니다. 행복해 보이는 사람들이

싫었습니다. 친구네 집 냉장고에 있는 딸기우유를 몰래 마시는 것도, 편의점에서 유통기한이 지난 빵을 허겁지겁 먹는 것도 지쳤습니다. 밤에 자주 가던 놀이터 그네에 앉아 있으면 저 멀리 아파트가 보였습니다. '저런 곳에는 어떤 사람들이 살고 있을까?' 반짝반짝 빛나는 아파트의 불빛을 보면서 그 속에 살고 있는 사람들을 부러워했던 기억이 납니다.

경제적으로 부족함 없는 집안에서 하고 싶은 공부도 하고, 지긋지긋한 알바도 좀 때려치우고, 평범하게 살 수 있다면 얼마나 좋을까? 그러면 뭐든 잘할 수 있을 것 같았습니다. 나에게 주어진 환경은 왜 이렇게 엉망인지, 부모님을 탓해보기도 하고 불공평한 세상을 욕하기도 했죠.

그 시절로부터 무려 30년 가까운 세월이 흘렀습니다. 아마 그때 그 마음을 바꾸지 않았다면 지금도 여전히 주어진 환경과 운명을 탓하며 살고 있을 것입니다. 세상에서 가장 억울한 피해자 시늉을 하면서 말입니다. 마음을 바꾸는 특별한 계기가 있었던 것은 아닙니다. 하지만 언젠가부터 현실을 거부하고 환경에 반항하는 시도를 했습니다. 그런데 소용없더군요. 시간이 지나자 이런 식의 저항이 스스로를 더 비참하고 비뚤어지게 할 뿐, 아무런 효과가 없다는 것을 자연스럽게 깨달았습니다.

누군가의 삶은 어려운 환경과 상황 때문에 망쳐지고 망가지게 됩니다. 하지만 또 다른 누군가는 힘든 여건 덕분에 겪은 고통과 불안을 훈련 삼아 성장하고 성공합니다. 저는 저항과 반항의 시간을 통해 한 가지 사실을 알게 되었습니다. 땅을 딛고 일어서야지 허공에 발을 딛어서는 안된다는 것입니다.

고통과 불안이 훈련이 되려면 가장 먼저 자신이 처한 입장과 상황, 환경을 있는 그대로 받아들일 수 있어야 합니다. 현실을 냉정하게 바라볼 용기가 부족할 때, 우리는 할 수 있는 일에 집중하는 대신 애꿎은 삶을 탓하게 되기 때문입니다.

> "자기가 있는 장소를 다른 곳으로 옮긴다고 해서
> 자기 자신에게서 벗어날 수 없다."
> _ 어니스트 헤밍웨이

삶은 나에게 어떠한 의도, 아무런 감정도 없습니다. 삶은 그저 나에게 던져질 뿐입니다. 그리고 던져진 삶 가운데 스스로 바꿀 수 있는 것과 바꿀 수 없는 것이 있습니다. 이 둘을 구별할 수 있는 객관적 인식을 가지는 것은 작은 변화의 출발점입니다. 바꿀 수 없는 것을 과감히 내려놓을 수 있을 때 새로운 것을 손에 쥘 수 있

어나더레벨

다는 것입니다.

우리가 흔히 바꿀 수 없다고 믿는 것들이 있습니다. 그중 대표적인 것이 바로 '환경'입니다. 물론 맞는 이야기입니다. 자신이 태어난 시대, 국가, 집안, 외모 같은 것들은 쉽게 바꿀 수 없는 환경입니다. 하지만 그보다 더 본질적인 환경이 있습니다. 이것은 〈나〉라는 존재의 실존을 구성하는 핵심 요소입니다.

인간은 '몸'과 '마음'으로 이루어져 있습니다. 그런데 흥미롭게도 몸과 마음은 서로 밀접하게 유기적으로 연결되어 있습니다. 이 때문에 마음이 힘들면 몸이 아프고, 반대로 몸이 아프면 마음도 약해집니다. 예를 들어 우리가 독감에 걸려 크게 앓고 있다고 생각해 볼까요? 그러면 우리의 마음은 어떻게 될까요? 평소 좋아했던 일과 취미에 대한 흥미와 의욕이 사라집니다. 아마 무슨 일을 해도 행복하거나 기쁜 감정이 들지 않을 겁니다. 오히려 몸이 아프니까 힘들고 짜증도 나고 하겠죠.

반대로 마음이 엉망진창이면 어떨까요? 아마 몸을 움직이고 싶지 않을 겁니다. 당연히 운동을 하고 싶은 의욕도 사라집니다. 만약 우울과 불안에 저항하지 않고 그 감정에 그대로 몸을 맡긴다면 머지않아 정서적인 문제뿐만 아니라 신체적인 문제도 서서히 나타나게 될 것입니다.

우리는 누군가와 사랑에 빠지면 심장이 두근거립니다. 그런데 흥미로운 점은 이와 반대로 심장이 먼저 두근거려도 사랑에 빠지게 됩니다. 예를 들어 달리기를 전력질주 한 뒤 심장 박동수가 증가한 상태에서 이성을 만나게 되면 어떻게 될까요? 달리기를 통해 이미 심박수가 높아진 사람은 상대방에게 강한 호감을 느끼게 될 가능성이 높아집니다. 왜냐하면 심장 박동수가 특정한 감정의 신호를 만들어내고 있기 때문입니다. 우리의 뇌는 심장이 뛰는 것이 상대방에 대한 호감 때문인지, 달리기 때문인지 구별하지 못합니다. 그저 이를 감정의 신호로 해석해 버리는 것입니다.

이런 이유로 남녀가 함께하는 운동 동호회는 사랑에 빠지기 쉬운 장소입니다. 또는 음악과 춤이 있는 클럽도 마찬가지입니다. 몸이 먼저인지 마음이 먼저인지는 중요하지 않습니다. 몸을 움직이면 마음도 움직이고 반대로 마음을 바꾸면 몸의 상태도 바뀝니다.

지금 머릿속으로 엄청나게 추운 겨울, 반팔과 반바지를 입고 있는 자신의 모습을 상상해 보세요. 아마 몸이 오싹하면서 반응할 것입니다. 누군가를 미워하고 증오하는 생각만으로도 심박은 불안해지고 우리의 몸에는 잔뜩 힘이 들어가 긴장 상태가 됩니다. 반대로 무언가에 대해 감사하는 마음과 생각만으로도 심박은 안정되고 우리의 몸은 편안함을 유지하게 되죠.

이렇게 몸과 마음은 자신이 이를 인식하지 못하는 순간에도 끊임없이 서로 영향을 주고받으며 한 사람의 존재를 표상하게 됩니다. 이를 달리 해석하면 이런 공식이 성립하게 됩니다.

> "몸은 마음의 환경이며,
> 마음은 몸의 환경입니다."

우리가 흔히 환경이라고 말할 때 여기에서 환경은 주로 바꾸기 어렵다는 의미를 포함하게 됩니다. 하지만 몸과 마음은 다릅니다. 몸과 마음이라는 환경은 우리에게 일어나는 모든 현상과 원인의 본질입니다. 또한 우리가 통제할 수 있으며 그렇기 때문에 바꿀 수 있습니다. 그러므로 우리는 선천적인 조건과 외부적·부차적 환경은 스스로 바꿀 수 없지만 그보다 훨씬 더 중요한 내부적·본질적 환경은 스스로의 힘으로 바꿀 수 있게 되는 것이죠.

여기에는 우선순위가 있습니다. 마음과 감정을 바꾸려면 먼저 몸의 상태를 바꿔야 한다는 것입니다. 몸을 움직이고 심장을 훈련하면 마음이 편안해지고 감정적으로도 안정된 상태를 되찾을 수 있습니다. 지금 밖에 나가서 가볍게 운동하고 땀을 흘린다면 금세 좋은 기분이 생기게 될 겁니다. 만약 좋은 기분과 감정을 유지하고 싶다면 먼저 몸을 움직이고 매일 조금씩 운동하면 되는 것입니다.

저 역시 이것을 삶 속에서 적극적으로 실천하고 있습니다. 불안과 우울이 엄습할 때는 이를 긍정의 에너지로 바꾸기 위해 운동을 합니다. 날씨에 상관없이 매일 자전거를 타고 줄넘기를 하고 근력 운동을 하고 나면 어느새 기분이 좋아집니다. 새로운 생각을 할 수 있게 되며 생산적인 일을 하고 싶은 의욕도 생기게 되죠.

또한 강한 집중력과 몰입 상태를 유지할 수 있는 힘이 생기기도 합니다. 그것뿐만 아닙니다. 운동을 통해 기분과 감정을 관리하는 것은 삶을 스스로 통제할 수 있다는 자신감을 불러일으킵니다. 자신감은 운동을 지속하게 해주는 동기부여가 되고 이와 같은 패턴이 몇 번 반복되면 이런 삶의 루틴은 선순환됩니다. 그리고 운동을 마친 그 상태 그대로 마음에 와닿는 책을 읽는다면 긍정적인 행동에 대한 동기부여가 한층 더 강화되기 시작합니다.

너무나도 분명하지 않나요? 이렇게 자신의 내면적, 본질적 환경이 바뀌기 시작하면 외부적, 표면적 환경에도 변화가 생깁니다. 이런 습관의 변화는 우리 태도의 변화를 일으킵니다. 긍정적 태도, 적극적인 태도, 성실한 태도와 같은 소위 삶에 대한 태도는 〈나〉라는 환경에서 만들어진다는 것입니다.

삶의 주도권이 나 자신에게 있다는 자신감이 생기는 것이죠. 태도가 좋은 사람이 성공한다는 사실을 모르는 사람은 없습니다. 하지만 그것을 스스로 바꿀 수 있다고 믿는 사람도 흔하지 않습니다. 하지만 이제 우리는 우리 스스로가 원하는 환경을 만들고 바꿀 힘이, 이미 나 자신에게 있다는 사실을 알고 있습니다. 변화는 단지 선택의 문제일 뿐입니다.

그리고 바로 여기에 행복과 행운을 만드는 기술이 있습니다. 우리가 영화를 볼 때 흔히 볼 수 있는 장면이 있습니다. 특히 영화 속에서 회사의 경영자나 억만장자들이 하루를 시작하거나 시간이 날 때 꼭 하는 행동이 있죠. 바로 산책을 하거나 뛰는 장면입니다. 때로는 수영을 하기도 하죠.

그런데 이것은 비단 영화 속에서만 그런 것이 아닙니다. 실제 기업에서 좋은 성과를 내는 경영자들을 연구하면 항상 등장하는 몇 가지 결과가 있습니다. 탁월한 성과를 내는 그들의 공통점은 바로 운동과 독서입니다. 더 이상 이것은 새로운 이야기가 아닙니다.

운동을 할 때, 그리고 운동을 마친 뒤에는 우리 뇌의 집중력과 상상력을 높여주는 '아세틸콜린'이 분비됩니다. 그리고 동시에 우리에게 긍정적인 마음과 행복, 안정감을 주는 신경전달물질인 '세로토닌'도 활성화되기 시작합니다. 약간 힘든 운동을 하면 뇌의 마약이라고 불리죠? 스트레스 호르몬인 '엔도르핀'도 분비되는데요. 엔도르핀은 모르핀에 6배 정도 되는 강력한 진통 효과로 긍정적인 기분을 만들어 줍니다. 이것뿐만 아닙니다. 30분 이상 유산소 운동을 하면 지방분해를 촉진하는 성장 호르몬까지 분비됩니다.

보통 운동하고 나면 머리가 맑아지는 느낌이 드는데 바로 이런 물질들이 복합적으로 작용하기 때문입니다. 이때 '도파민'이라는 신경전달물질이 중요한 역할을 하게 됩니다. 이 도파민은 사람에게 의욕과 흥미를 불러일으키는 호르몬입니다. 결과적으로 두뇌 활동과 속도 그리고 인내력이 동시에 높아지죠. 그래서 만약에 일과 삶에 대한 의욕이 없거나 무기력에 빠져 동기부여가 안되는 사람들의 진짜 문제점은 '운동 부족'일 가능성이 높습니다.*

   * 가바사와 시온, 『당신의 뇌는 최적화를 원한다』 중

탁월한 성과를 내는 경영자, 건강하고 행복한 부자들이 그 바쁜 시간을 쪼개면서 운동을 하는 이유가 바로 여기 있습니다. 몸이 약해지면 마음이 약해집니다. 몸을 움직이면 마음이 움직이기 시작합니다. 성공한 기업가나 부자들이 운동하고 독서한다고 생각하지만, 실제로는 운동하고 독서하는 사람들이 부자가 되고 성공한 기업가가 되는 것입니다.

이렇게 성공과 행복은 운으로 주어지는 것이 아니라 스스로 선

택하는 것입니다. 불운도 마찬가지입니다. 스스로 불행하다고 생각하는 사람들이 진짜 불행해지는 이유는 그 몸과 마음의 상태가 불행한 감정의 먹잇감이 되기 때문입니다. 따라서 스스로 불행하다는 생각과 마음의 상태를 바꾸려면 먼저 밖으로 나가서 걷고 뛰어야 합니다.

> **"뮤즈를 기다리지 말라.
> 대신 뮤즈가 몇 시까지 오면 되는지 알려줘라."**
> _스티븐 킹

행복과 행운을 만드는 법은 단순합니다. 그것이 나에게 다가오기를 기다리는 것이 아닙니다. 내가 그것을 향해 매일 한 걸음씩 다가서야 하는 것입니다. 그리고 가장 먼저 나 스스로에게 좋은 것을 주는 것에 초점을 맞춰야 합니다. 앞서 이야기했듯, 성공한 기업가와 억만장자들은 매일 빼놓지 않고 자기 자신에게 가장 좋은 것을 주고 있습니다. 운동하고 책을 읽는 것이죠.

왜 그렇게 할까요? 운동하고 책을 읽는 행동을 통해 좋은 생각, 행복한 일, 행운을 상상하고 얻을 수 있기 때문입니다. 오랫동안 꿈을 그리는 사람이 그 꿈을 닮아가듯, 진짜 자신이 원하는 삶을 살게 됩니다. 거창하게 이야기했지만 어려운 일이 아닙니다. 몸을 단련시키기 위해 운동하고 마음을 풍성하게 가꾸기 위해 책을 읽는 것 뿐입니다. 특히 몸의 근육을 여러 방향과 다양한 방법으로 움직이는 것이 뇌에 직접적인 영향을 준다는 사실이 최근 연구들을 통해 밝혀지고 있습니다. 〈시스템2〉를 설명하면서 뇌의 〈신경 가소성〉에 대해 언급한 적이 있죠?

뇌에는 1,000억 개 이상의 뉴런이 있습니다. 뉴런은 지식과 정보의 최소 단위에 해당하는 하나의 점이라고 생각하면 됩니다. 그리고 이 뉴런과 뉴런 사이, 즉 점과 점 사이를 잇는 시냅스라는 통로가 있습니다. 운동을 통해 다양한 근육을 자극하고 동시에 새로운 지식과 생각을 주입하면 뉴런과 뉴런 사이는 전기신호를 주고받으며 새로운 시냅스 연결이 활성화됩니다. 창의적 사고능력이 향상되고 사물과 현상을 바라보는 관점이 바뀌는 것입니다.

이것이 바로 뇌의 〈신경 가소성〉입니다. 뇌의 다양한 영역을 사용하면 할수록 뉴런과 뉴런 사이에 새로운 시냅스가 형성된다니, 굉장히 희망적인 이야기 아닐까요? 이 모든 것을 우리가 스스로 선택할 수 있다는 의미입니다. 이제 해야 할 일이 있습니다. 나가서 걷고, 뛰고, 그리고 책을 읽고 글을 써보는 겁니다. 심장을 뛰게 하고, 다양한 움직임으로 몸의 새로운 근육을 자극하고, 새로운 공부를 하고 새로운 생각을 하면서 몸과 마음을 훈련하는 것입니다.

우리 몸과 마음에 좋은 것을 주면, 좋은 일이 뒤 따릅니다. 불운과 불행에 몸을 맡기고 수동적으로 따르기보다는 행운과 행복을 능동적으로 선택할 수 있는 능력이 우리에게 있는 것입니다. 그 선택을 하는 순간, 기적 같은 삶의 변화가 시작됩니다. 이 방법은 누구나 실행하기만 하면 바로 효과가 나타납니다. 오히려 방법이 너무 쉬워서 믿지 못하는 분들이 계시지 않을까 걱정입니다. 오늘 시간을 내어 30분 정도 빠르게 걷고, 가볍게 뛰어보세요. 삶의 기적적인 변화가 시작될 것이라 확신합니다.

> "인간에게 모든 것을 빼앗아 갈 수 있어도 단 한 가지,
> 마지막 남은 인간의 자유,
> 주어진 환경에서 자신의 태도를 결정하고,
> 자기 자신의 길을 선택할 수 있는
> 자유만은 빼앗아 갈 수 없다."
> _ 빅터 프랭클

어떠한 외부의 환경도 우리가 가지고 있는 본질적인 환경에 대한 통제의 권한을 침해할 수 없습니다. 결국 환경은 자신의 태도를 선택함으로써 원하는 방향으로 바꿀 수 있기 때문입니다. 우리 인생에 기적이 찾아오는 순간이 있습니다. 글을 삶으로 옮기는 순

간부터입니다. 이제 밖으로 나가 심장을 뛰게 할 시간입니다.

심장이 터질 듯이 뛰는 순간,
가슴 터질듯한 삶이 시작됩니다.

과연 이런 이야기가 현실에서 적용되는지 직접 해보면 바로 알
게 될 일입니다. 아직도 자리에 앉아 계신가요? 책을 내려놓고 밖
에 나가 운동을 시작하십시오.

> **"인생에서 기적이 찾아오는 순간을
> 맞이하게 될 것입니다."**

2장

메타인지
Meta-cognition

무엇이 우리 삶을 위험에 빠뜨리는가?

6. 약속 시간 문제

"내가 가고자 했던 곳이 아닐 수도 있지만 나는 결국 내가 있어야 할 곳에 왔다고 생각한다."_ 더글라스 애덤스

모든 인간관계의 출발점은 무엇일까요? 바로 사람을 만나는 것입니다. 이를 위해 우리는 누군가와 만날 때 약속 시간과 장소를 정합니다. 이 과정은 평생에 걸쳐 수없이 반복됩니다. 그런데 약속을 정하고 만나는 일을 가만히 관찰하면 한 가지 특이한 점을 발견할 수 있습니다. 약속 시간을 잘 지키는 사람과 그렇지 않은 사람은 보통 암묵적으로 정해져 있다는 사실인데요. 시간을 지키지 못하는 사람은 대개 약속시간보다 늦게 오지만, 시간을 잘 지키는 사람은 항상 먼저 도착해 있습니다.

왜 어떤 사람은 약속 시간보다 항상 5분, 10분 먼저 도착해 있고, 누구는 5분, 10분 늦는 걸까요? 지금 자신의 주변 사람들을 떠올려 볼까요? 약속 시간을 잘 지키는 사람과 그렇지 않은 사람, 이

들은 어떤 차이가 있나요? 먼저 약속 시간을 잘 지키는 사람들의 특징은 대개 규칙적으로 느껴질 만큼 일정한 시간에 먼저 도착해 있습니다. 그리고 남은 시간에 책을 읽거나 일정을 정리하거나 또다른 무언가를 합니다.

반면 시간을 잘 지키지 못하는 사람들은 약속 시간 5분 전에서야 부랴부랴 10분 늦을 것 같다는 배려를 가장한 지각 통보 문자를 보냅니다. 그것도 아니면 지각 통보 절차도 없이 그냥 늦는 겁니다. '어차피 5분, 10분 정도야 뭐…' 하면서 말입니다. 소위 친한 친구 사이에서는 더한 일도 일어나죠. "늦어서 미안해."라는 말 대신, "너도 저번에 늦었으니까…"라며 인과응보의 논리로 선수 치는 일도 있습니다.

> **"경제적 의미의 화폐는 '돈'이지만**
> **사회적 의미의 화폐는 '신뢰'입니다."**

시간 약속을 잘 지키는 사람은 신뢰 자본을 쌓게 됩니다. 이들은 신뢰 자산을 지렛대 삼아 부자가 됩니다. 그리고 부자는 경제적 여유를 바탕으로 더 성장하며 성공적인 삶을 살아갈 가능성이 커집니다. 당장 은행에서도 신용점수가 높은 사람은 대출이 가능

어나더레벨

하지만, 신용점수가 낮은 사람에게 은행의 문턱은 높습니다.

신용도가 낮은 사람은 어쩔 수 없이 더 높은 이자를 지급하며 제2금융권을 이용해야 하죠. 여기서 신용의 핵심이 무엇인가요? 바로 약속입니다. 대출을 신청한 사람이 지금까지 약속(대출 상환, 연체 여부 등)을 잘 지킨 사람인지, 그리고 앞으로도 그 약속을 잘 지킬 수 있는 능력이 있는 사람인지를 판별하는 것입니다. 따라서 돈의 흐름은 신뢰를 따라 움직인다는 것입니다.

아마 이런 생각을 상식으로 공유하는 사회에서 일부러 지각하기로 마음먹고 늦게 나가는 사람은 없을 것입니다. 누구나 약속을 지키려고 노력합니다. 왜냐하면 '약속을 잘 지키는 사람'이라는 신뢰는 인간관계의 기본적인 덕목일 뿐만 아니라, 성공을 위한 필수적 자산이기 때문입니다. 하지만 우리의 인정 욕구와 성취 욕구에 대한 본능적인 지향에도 불구하고, 누군가는 여전히 약속 시간을 지키지 못해 기본적인 신뢰와 성공의 기회를 잃어가고 있습니다. 왜 이런 일이 일어나는 것일까요? 먼저 그들의 상황을 지켜보면서 숨겨진 속사정을 살펴보겠습니다. 뭔가 다른 이유가 있을지도 모릅니다.

오전 11시 02분 _ 친구와의 약속 시간은 12시, 아직 거의 한 시간이나 남았다. 버스 타고 강남역까지 30분이면 충분히 갈 수 있는 거리니까 10분 정도 빈둥거리다 대충 씻고 옷 입고 준비하면 시간은 넉넉하다.

오전 11시 10분 _ 머리를 감고 세수를 하고 간단히 양치질하기 위해 화장실에 들어왔다. 그런데 갑자기 배에서 불쾌한 신호가 감지된다. 아마 어제저녁 회식 때 먹은 기름기 많은 중식 요리와 오래간만에 마신 술 때문에 속이 좋지 않았나 보다. 하지만 괜찮다. 신속·정확성을 바탕으로 한 나의 쾌변 능력은 상위 1% 수준이다.

깔끔하게 볼일을 보고 나니 계획에 없던 일로 시간을 허비했다는 생각에 조금 서둘러야겠다는 마음이 든다. 머리는 대충 물로 헹구고 고양이 세수를 한 뒤, 양치질은 구강세정제로 대체한다. 화장실에서 나와 옷을 입으려고 하는데, 길게 자란 손톱이 눈에 거슬린다. 지금처럼 손톱이 어느 정도 물에 불은 상태에서 깎으면 이리저리 튀지 않고 좋은데 아쉽다는 생각이 든다.

하지만 이미 시간은 나의 편이 아니다. 어쩔 수 없이 손톱은 저녁에 깎아야 한다. 그런데 갑자기 저녁에 손톱을 깎으면 복 달아난다는 옛말이 생각난다. 그래서일까? 마음 한편에 웬지 모를 찜찜함이 남는다. 그래도 어쩔 수 없다. 약속 시간에 늦는 것보다는 나으니까.

어나더레벨

오전 11시 30분 _ 어쩌다 보니 예상보다 긴 시간이 걸렸다. 현관에서 신발을 신고 있는데, 엄마가 갑자기 인터넷 연결이 안 된다고 이야기한다. 나는 못 들은 척 그냥 나가려고 했다. 하지만 엄마는 영양제는 챙겨 먹고 나가야 한다며 오메가3, 프로폴리스, 비타민D, 스피룰리나와 물을 챙겨서 현관 앞까지 가지고 나온다. 마음속으로는 건강을 챙겨주는 엄마가 고맙지만, 정작 실제 행동은 엄마 때문에 약속 시간에 늦을 것 같다는 말을 짜증스럽게 내뱉고 말았다.

오전 11시 33분 _ 어렵게 집을 나선다. 내가 살고 있는 곳은 아파트 18층, 하필 딱 한 대 있는 엘리베이터를 간발의 차로 놓쳤다. 18, 17, 16, 15… 평소보다 천천히 바뀌는 숫자를 멍하니 바라보는데 14층에서 한 번, 11층에서 한 번, 6층에서 한 번, 2층에서 한 번, 주차장인 지하 1층까지… 오늘따라 엘리베이터를 이용하는 사람들이 유독 많게 느껴진다. 그냥 계단으로 걸어 내려갈지 잠깐 생각했지만 그래도 엘리베이터를 기다리는 편이 더 빠를 것 같다는 생각이 들었다.

서둘러 버스를 타기 위해 정류장으로 달려갔다. 아슬아슬하게 버스를 놓쳤다. '젠장, 어차피 이렇게 놓칠 거였으면…' 괜히 서둘러 전력 질주하는 바람에 땀만 한 바가지 흘리고 말았다. 그런데 더 심각한 문제는 배차간격 5분인 버스가 10분을 넘게 기다려도 좀처럼 오지 않는다. 이럴 거면 배차시간이 무슨 의미가 있는 걸까? 기본적인 시간 하나 제대로 지키지 못하는 무능한 버스회사 때문에 나까지 늦게 생겼다.

오전 11시 48분 _ 급히 버스를 탔지만, 버스 앞에는 안전 운행에 대한 확고한 신념을 가진 사람이 운전하고 있는 승용차 한 대가 있다. 이 때문에 뒤따라가는 차량들은 모두 서행하고 있다. 단속 카메라도 없는 도로에서 제한 속도 50km를 칼같이 지키는 저 준법정신… 엎친 데 덮친 격으로 교차로에서 신호라는 신호는 다 걸린다. '대체 나한테 왜 이러는 걸까?'

오후 12시 15분 _ 결국 약속 시간에 15분 정도 늦었다. 하지만 나에겐 일일이 설명하기 어려운 어쩔 수 없는 많은 일들이 있었다. 그나마 다행인 점은 다른 사람들 같았으면 훨씬 더 늦었을 수도 있는 상황이었지만, 나는 그런 최악의 상황 속에서도 겨우 15분밖에 늦지 않았다. 마음 한구석에는 지각에 대한 미안함과 억울함이 묘하게 교차한다. 그런데 친구는 나를 보자마자 그런 나의 상황과 마음을 위로해 주진 못할망정 "또 늦었어?"라고 말한다.

"나는 그 상황 속에서도 최선을 다해 겨우 15분밖에 늦지 않았는데, '또'라니!"

늦지 않으려고 땀까지 뻘뻘 흘리며 달려온 나에게 내뱉은 친구의 말 한마디는 마음속에 비수로 꽂힌다. 아무리 생각해도 상대방에 대한 이해 없이 자기 입장에서만 이야기하는 친구가 이기적이라는 생각이 든다.

'그래, 백 보 양보한다 치고 지난번은 어쩔 수 없이 5분 정도 지각하긴 했지. 하지만 이번에는 진짜 상황이 다르지 않은가?'

갑자기 약속 시간을 지키지 못한 것에 대한 미안한 마음보다는 나의 노력을 몰라주는 친구에게 섭섭한 마음이 더 크게 느껴진다. 이내 머릿속에서는 본능적으로 이런 생각이 떠오른다.

"아, 오늘은 정말 운이 없는 날이네…"

> **"역사가 반복되는 것이 아니다.**
> **사람이 반복하는 것이다."**
> **_ 볼테르**

"급한 볼일"
"엘리베이터"

"엄마"

"버스 배차간격"

"교통정체"…

맞습니다. 상황을 지켜보니 이들에겐 정말 어쩔 수 없는 다양하고 복합적인 이유가 있었습니다. 그런데 참 이상한 점이 있습니다. 왜 이런 일들이 유독 특정한 사람에게 집중적으로, 또 반복적으로 일어나는 것처럼 보일까요? 그렇다면 반대로 늘 약속 장소에 먼저 도착하고, 지각하지 않는 사람들은 그저 항상 운이 좋았던 것일까요?

우리가 쉽게 운이라고 여기는 것들을 자세히 살펴보면 그 안에 운을 발생시키는 '일'이 있다는 사실을 알 수 있게 됩니다. 따라서 어떠한 일이 누적되고 축적되면 운처럼 보이는 일들이 생기기 시작합니다. 긴 시간의 맥락으로 보면 소위 행운과 불운이라고 하는 것들은 작은 일들이 켜켜이 누적되고 축적되어 쌓이는 당연한 결과인데, 짧은 시간에 일어난 현상적 '일'만 보면 이것이 한순간의 '운'으로 보이는 착시현상이 생기는 것입니다.

물론 통제 불가능하고, 불확실성의 성격을 가진 진정한 의미의 운이라는 것이 있습니다. 하지만 운처럼 보이는 꽤 많은 일들이 실제로는 작은 사건의 축적으로 이루어져 있습니다. 누군가의 불운은 사실 그동안 그가 잘못 보낸 시간과 사건이 빚어낸 것일 수 있고, 누군가의 행운은 그가 그동안 의도적으로 겪어내고 이겨내야만 했던 혹독한 훈련과 인내의 보상일 수 있습니다. 많은 사람들이 이러한 과정과 시간의 검증을 통과한 수많은 삶의 진실을 생략한 채, 눈에 보이는 결과만을 가지고 그저 운이라는 손쉬운 용어로 대체합니다.

자주 술을 마시고 운전했던 사람이 어쩌다 음주 운전 단속에 한 번 걸리면 '진짜 딱 한 잔 마셨는데, 왜 재수 없게 나만 단속하는지 모르겠다.'라며 오늘은 운이 없었다고 생각할 것입니다.

매일 담배를 피우는 사람은 그 순간만큼은 쾌락을 느꼈을지 모르지만, 미래의 어느 순간 폐암 진단을 받고 나면 '왜 하필 나에게 이런 일이 일어나는 걸까?'라고 말할 것입니다.

규칙적인 운동보다 온갖 자극적인 식단과 군것질을 즐기는 사람도 번번이 실패하는 다이어트와 계속 불어나는 몸무게 앞에서는 자신의 타고난 체질, 즉 불운을 탓합니다.

맞습니다. 주변에는 이런 식으로 운이 나쁜 사람들이 정말 많습니다. 그리고 놀랍게도 스스로가 필연적 운명의 가해자임에도 불구하고, 진심으로 자신은 불운하고 불행한 우연의 피해자라고 믿습니다.

생텍쥐페리의 〈어린 왕자〉에 술주정꾼에 대한 이야기 나옵니다.

"아저씨, 거기서 뭘 해요?"

빈 병 무더기와 술이 가득 찬 병 무더기를 앞에 놓고 우두커니 앉아 있는 술꾼을 보고 어린 왕자가 물었다.

"술을 마신다."

술꾼은 몹시 침울한 얼굴로 대답했다.

"술은 왜 마셔요?"

"잊어버리려고 마신다."

"무엇을 잊어버려요?"

어린 왕자는 그 술꾼이 안쓰러웠다.

"부끄러운 걸 잊어버리려고 그러지."

술꾼은 고개를 숙이며 대답했다.

"부끄러운 것이 뭔데요?"

어린 왕자는 그를 돕고 싶은 마음에 물었다.

"술을 마시는 게 부끄럽지!"

술꾼은 이렇게 말하고 다시는 입을 열지 않았다.
어린 왕자는 머리를 갸웃거리며 그 별을 떠났다.

어린 왕자는 길을 가며 생각했다.

'어른들은 정말이지 참 이상해.'

_ 생텍쥐페리 『어린 왕자』 중

　여기서 술 주정꾼의 문제가 무엇인가요? 술을 마시지 않으면 문제는 바로 해결됩니다. 이것이 본질입니다. 그런데 술 주정꾼은 문제의 본질을 그대로 두고 눈앞에 보이는 현상만 임시방편으로 해결하려고 합니다. 그 결과 이렇게 문제의 악순환이 반복되고 상황이 복잡해집니다.

그런데 우리 삶에 벌어지는 수많은 문제 역시 마찬가지 아닐까요? 문제의 본질을 바라보지 않고 현상을 가리키는 대중요법이 얼마나 많습니까? 대중요법은 문제를 복잡하게 만들 뿐만 아니라 문제를 반복시킵니다. 하지만 본질은 단순합니다. 그리고 문제 해결의 근본적인 단서를 제공합니다. 장기적으로 보면 더욱 그렇습니다. 따라서 우리는 어떠한 문제를 정의할 때 현상보다 본질에 초점을 맞춰야 한다는 것입니다.

다시 돌아와 볼까요? 사실 약속 시간 문제의 해결책은 간단합니다. 그냥 30분 먼저 준비하면 됩니다. 이것이 본질입니다. 급한 볼일, 엘리베이터, 엄마, 버스 배차간격, 교통정체와 같은 현상은 흔한 일입니다. 하지만 매일 벌어지는 일상적인 일들도 마음이 조급해지면 문제로 인식됩니다. 알고보면 약속 시간을 잘 지키는 사람들도 늘 이와 비슷한 일을 겪고 약속 장소에 나옵니다. 단지 이들은 똑같이 벌어진 일을 우연과 불운의 문제가 아닌 상식과 일상의 영역이라 인식하고 있을 뿐입니다.

약속 시간보다 먼저 도착하는 것은 여러모로 유익합니다. 또한 약속 시간을 지키는 것은 남을 위한 배려가 아니라 자신을 위한 배려이기도 합니다. 30분 먼저 나와 약속 시간에 일찍 도착하면 기다리는 30분이 손해인 것 같지만 실제로는 더 많은 시간을 절약할 수 있습니다.

조급한 마음으로 약속 장소를 향하면 이동하는 내내 늦을지도 모른다는 불안함으로 시간을 보내게 됩니다. 결과적으로 이동하는 시간 전체를 손해 보는 것입니다. 하지만 약속 시간에 30분 일찍 도착한다면 이동하는 시간은 자신을 위해 사용할 수 있고, 도착해서 남은 30분의 시간도 온전한 나의 것이 됩니다.

이렇게 약속 장소에 먼저 도착하는 것의 이점을 모두가 알지만, 약속 시간 문제는 반복됩니다. 늘 지각을 하는 사람도 30분 일찍 출발하면 모든 문제가 해결된다는 사실을 알고 있습니다. 하지만 막상 실제 상황을 맞이하면 인지부조화에 빠집니다. 굳이 30분 먼저 출발하지 않아도 자신은 충분히 시간 내에 도착할 수 있다고 스스로를 오해합니다.

하지만 급한 볼일, 엘리베이터, 엄마, 버스 배차간격, 교통정체보다 더 많은 변수가 발생하는 상황 속에서도 약속 시간을 지킬 수 있는 능력을 갖춘 사람이 있습니다. 반면에 집에서 출발해 늘 타고 다니던 버스와 지하철을 타는 일상적이고 평범한 상황과 조건 속에서도 시간 내에 도착할 능력이 부족한 사람이 있습니다. 이것이 설령 진짜 운이라 할 지라도 최악의 하루에 발휘할 수 있는 최상의 상태가 바로 자신의 실력과 수준이라는 것입니다.

'하인리히의 법칙'이 있습니다. 큰 사고 1건이 발생하기 전에 29

번의 작은 사고가 납니다. 그리고 같은 원인으로 아주 사소한 300번의 사고가 있다는 것입니다. 약속 시간에 한번 늦게 되는 사건 하나를 위해 얼마나 많은 작은 일들이 있었나요? 결국 우리가 쉽게 마주치는 아주 작고 사소한 300번의 순간의 축적이 큰 행운을 만들 수도 있고, 불운을 만들 수도 있는 것이죠.

그것은 결코 운이 아닙니다.

일어나지 않아도 될 불운을 결정하는 사람,
일어나지 않아도 될 행운을 결정하는 사람.

그 사람은 누구입니까?

❚ "결국 일어날 일이 일어납니다."

7. 알고 있다는 착각

"능력이 없는 사람의 착오는 자신에 대한 오해에서 기인한 반면, 능력이 있는 사람의 착오는 다른 사람에 대한 오해에서 기인한다."_ 더닝, 크루거

혹시 자신의 모습을 촬영한 영상이나 목소리를 들어보신 적이 있나요? 아마 경험이 있는 분들은 처음 자신의 모습과 목소리를 들었을 때, 온몸이 오그라들 정도로 낯설고 어색하게 느껴졌던 경험이 있을 겁니다. 아직 해보지 않으신 분이 있다면 꼭 해보시기 바랍니다. 막연히 생각하는 것과 실제의 경험으로 이해하는 것에는 큰 차이가 있으니까요.

저 역시 마찬가지였습니다. 영상에서 듣는 내 목소리는 그동안 내가 생각하고 있던 목소리가 아니었습니다. 마치 다른 사람이 말하는 것처럼 느껴지는 이질감과 어색함에 듣고 있는 것이 괴로울 정도였습니다. 얼굴은 어땠을까요? 거울로 보는 나의 모습과 영상을 촬영해서 보는 내 모습은 완전히 달랐습니다. 분명 사진이나

거울로 봤을 때는 그나마 볼만했던 것으로 기억하는데, 영상으로 확인하니 내가 기대했던, 내가 알고 있던 나의 모습보다 훨씬 더 실망스러웠습니다.

'다른 사람이 보는 내 얼굴이 진짜 저 지경이란 말인가…'

동일한 경험을 해보신 분들은 분명 속으로 안도하고 계실 겁니다.

'아, 나만 그렇게 느낀 건 아니구나…'

그리고 아직 자신의 모습과 목소리를 영상으로 확인하지 못하신 분들도 곧 알게 되실 겁니다. 나의 실제 목소리는 내가 생각했던 것과는 많이 다르고 영상에 잡힌 나의 얼굴도 내가 생각한 것과 많이 달라 실망할 가능성이 높습니다.

참 이상한 일입니다. 나라는 존재는 나에게 가장 익숙한 존재일 텐데, 왜 정작 나는 객관적인 나의 모습에 대해 낯선 느낌을 가지게 되는 것일까요? 어쩌면 사소하다고 여길 수 있는 이 질문에 바로 성장과 성공의 아주 핵심적인 비밀이 숨어있습니다.

내가 알고 있는 나, 그리고 화면에 비친 나, 이 둘 중에 어떤 모습이 객관적인 나의 모습에 가까울까요? 나의 외적인 모습은 '내

어나더레벨

가 바라보는 나'와 '타인이 바라보는 나', 이렇게 두 가지로 나눌 수 있습니다. 이 중 '내가 바라보는 나'는 내가 나에 대해 가지고 있는 주관적 견해를 투영합니다. 반면에 '타인이 바라보는 나'는 사람들이 나에 대해 갖게 되는 객관적 실재가 담겨 있습니다. 따라서 내가 바라보는 화면 속 나의 모습이 타인이 나에 대해 느끼는 객관적인 얼굴이자 목소리인 것입니다.

누구나 자기 자신에 대해 스스로가 가장 잘 알고 있다고 생각합니다. 왜냐하면 우리는 익숙한 대상에 대해 잘 알고 있다고 착각하기 때문입니다. 어떤 대상에 대해 반복적으로 노출되면 그 대상에 대해 익숙해지기 시작합니다. 그리고 익숙해지면 친숙해지고 친숙해지면 잘 안다고 생각하게 되죠. 하지만 우리가 지금까지 이야기했듯, 자신이 잘 안다고 생각했던 것들이 실제와 다른 경우가 생기게 됩니다. 내가 알고 있다고 인지하는 '주관적 느낌'과 '실제 사실' 사이에 차이가 생기는 것입니다.

이런 현상을 설명하는 단어가 있습니다. 바로 '메타인지'입니다. 메타인지는 자기 자신에 대해 객관적으로 인식하는 능력을 뜻합니다. 자신의 주관적 느낌과 객관적 사실 간의 격차가 낮을 때 메타인지가 높다고 표현합니다. 반대로 자기 자신에 대한 객관적 지식의 수준이 낮아 스스로에 대해 잘 알지 못하고 있는 상태를 메타인지가 낮다고 표현합니다.

"너 자신을 알라."라는 말은 메타인지를 아주 쉽게 표현한 문장입니다. 기원전 400년 전부터 지금까지 수천 년의 시간을 이겨낸 이 문장에는 그 세월을 이겨낸 만큼의 힘이 있습니다. 이 단순한 말에 삶과 행복, 성공에 이르기까지 본질적 단서가 담겨 있다는 것이죠.

유능한 CEO, 공부 잘하는 학생, 뛰어난 운동선수, 노벨상 수상의 천재적인 작가, 과학자, 자수성가로 일가를 이룬 창업가, 이 모든 사람의 공통적인 특징은 무엇일까요? 바로 '메타인지'가 뛰어나다는 것입니다. 이들은 자기 자신에 대한 객관적 지식의 수준이 높습니다. 나 자신에 대해 비교적 잘 알고 있다는 것입니다. 자신의 강점이 무엇인지, 취약점이 무엇인지, 자신의 실력은 어느 정도인지, 심지어 언제 행복한지, 언제 우울한지, 어떤 상황에서 성과를 내는 사람인지, 어떤 사람과 잘 맞는지… 〈나〉에 대한 정보를 객관적으로 잘 알고 판단한다는 것이죠.

생각해 보면 쉽게 이해가 됩니다. 공부를 잘하는 사람들의 전형적인 특징이 있습니다. 여러분은 무엇이라고 생각하시나요? 바로 공부를 잘하는 사람들은 자신이 무엇을 알고 있고 무엇을 모르고 있는지 비교적 정확히 알고 있습니다. 반면 공부를 못하는 학생은 자신이 알고 있다는 느낌과 실제 알고 있는 것 사이의 차이를 분명하게 구별하지 못합니다. 특정 지식과 정보에 대해 이해했다는 생각과 익숙하다는 느낌이 들면 이것을 알고 있다고 착각합니다.

예를 들어 어떤 학생이 수학 문제를 틀린 후 답안지를 보고 풀이 과정을 살펴본다고 생각해 볼까요? 그 학생은 풀이 과정을 통해 얻은 답에 대한 이해와 느낌을 '사실 이 문제는 내가 알고 있던 문제야.'라고 생각하며 넘어갑니다. 그리고 그다음에 이와 같은 형태의 문제가 나오면 또다시 틀리죠. 더 큰 재앙은 메타인지가 낮은 학생은 이번에도 답과 풀이를 보면서 자신이 실수했다고 생각합니다. 아는 것을 틀렸다고 생각하고 넘어가는 일을 반복하는 것입니다. 과연 이 학생은 그 문제 풀이에 대해 정확히 알고 있는 것일까요? 모르고 있는 것일까요?

운동선수의 경우는 어떨까요? 메타인지가 높은 운동선수는 스스로에 대한 객관적 지식의 수준이 높습니다. 자신의 약점과 강점을 잘 알고 있으며 훈련을 통한 자신의 능력 향상과 한계점을 비교적 정확하게 알아차립니다. 이를 통해 정교한 연습과 훈련이 가능해지고 효과와 효율이 생기는 것입니다. 일을 잘하는 사람도 마찬가지입니다. 아마 선뜻 동의가 안 되는 분들도 있으실 것 같습니다. 자신이 무엇을 알고 무엇을 모르고 있는지 구별하지 못하는 사람이 어디 있냐는 겁니다.

영상을 촬영해서 자기 모습과 목소리를 객관적으로 파악하는 방법이 있었죠? 이와 마찬가지로 내가 무언가를 알고 있는지, 모르고 있는지를 객관적으로 파악하는 방법이 있습니다. 그것은 바로 다른 사람에게 자신이 알고 있는 지식에 관해 설명해 보는 것입니다. 진실은 아주 단순합니다. 누군가에게 설명하거나 서술할 수 있으면 해당 지식에 대해 알고 있는 것이고 설명할 수 없으면 모르는 겁니다.

그런데 여기서 굉장히 흥미로운 현상을 발견할 수 있습니다. 사실 배우는 학생보다 가르치는 사람이 훨씬 더 많이 배우게 된다는 것입니다. 설명하는 사람은 다른 사람에게 설명하는 과정을 통해 메타인지를 쌓을 수 있습니다. 자신이 정확히 아는 것과 모르는 것을 구별할 수 있게 되고 이를 토대로 메타인지가 높아져 분명한 학습을 할 수 있게 되는 것입니다.

따라서 특정한 주제에 대해 학습할 때 다른 사람에게 자신이 알고 있는 개념과 내용에 대해 설명하는 과정을 거치면 능률과 실력이 향상됩니다. 무언가를 배울 때 지금 학습하는 것들을 마치 다른 사람에게 설명하고 이해시켜야 하는 선생의 마음으로 배우면 극적인 효과가 나타나게 되는 것이죠.

> "학생(인풋)의 한계를 넘어서려면
> 선생(아웃풋)이 되어야 합니다."

우리는 무조건 많은 정보를 인풋 하는 것보다 배우고 학습한 내용을 반복적으로 아웃풋 하는 과정에서 더 깊이 이해하고 배울 수 있습니다. 제가 마케팅 강연을 할 때 청중에게 자주 묻는 질문이 있습니다. "의사결정이란 무엇인가?", "가치란 무엇인가?"와 같은 질문을 하는데요. 이 질문에 대해 사람들은 직관적으로는 이미 다 알고 있는 내용이라고 생각합니다. 기본과 상식이라 여겨지는 질문에 고개를 끄덕이고 넘어가려는 순간, 누군가를 콕 집어서 설명을 요청하면 좀처럼 단어의 본질적인 의미를 제대로 설명을 하지 못합니다.

왜냐하면 알고 있다는 주관적인 느낌은 있지만 질문에 구체적으로 답할 실제 지식은 가지고 있지 않은 것입니다. 이렇게 우리는 흔히 상식적으로 당연히 알고 있다는 느낌을 가지고 있는 대상에 대해 정확하게 알고 있지 못하는 경우가 많습니다.

혹시 바람에 관하여 설명할 수 있나요? 물에 관하여 설명할 수 있을까요? 구름에 관해서는요? 중력은요? 우리가 매일 사용하는 전기에 관해서는 알고 있나요? 막상 설명하려고 하면 쉽지 않을 겁니다. 왜냐하면 우리는 대상에 대해 알고 있다는 느낌말고는, 이에 대해 실제로 알고 있는 지식이 거의 없기 때문입니다.

대부분의 사람은 그 단어가 가리키는 대상의 기표는 알지만 그 자체의 속성과 의미에 대해서는 분명하게 이해하지 못하고 있는 것입니다. 단지, 수많은 단어를 지시대명사로 사용하는 것에 불과한데 우리는 단순히 인식하고 있는 대상을 이해하고 있다고 착각하는 것입니다.

그런데 대상에 대한 객관적 지식을 학습한 전문가들은 다릅니다. 기상학자는 바람과 구름을 구체적으로 설명할 수 있습니다. 물리학자는 중력과 전기에 대한 지식을 설명할 수 있습니다. 일반인들이 설명할 수 없는 것들을 자세하게 설명할 수 있는 사람, 바로 이들이 전문가입니다. 그리고 그 전문가들은 단순히 아는 것과 자신이 이해하는 것, 깨달은 것과의 차이점을 분명하게 알고 있는 사람들입니다.

이 때문에 어떤 분야라 할 지라도 전문가는 대상을 쉽게 설명하는 능력이 있습니다. 학습한 지식을 통해 속성을 파악하고 본질을 볼 수 있는 시야를 가지게 되는 것입니다. 그러면 이때 비로소 올바른 질문을 던질 수 있는 힘이 생깁니다. 질문을 통해 문제를 정의하는 능력과 통찰이 깊어지는 것입니다.

그 출발이 메타인지, 즉 자기 객관화에 달려있습니다. 그런데 자기 객관화가 쉽지 않습니다. 왜냐하면 사람들은 자신을 실제보다 과대평가하려는 경향이 있기 때문입니다. 대학 교수의 90% 이상은 자신의 강의력이 평균 이상이라고 평가합니다. 남성 운전자의 90% 이상은 자신의 운전 실력이 평균 이상이라고 생각하죠.

거의 모든 사람은 자신의 성격이 보통 사람들보다 좋다고 생각하고 자신은 보통 사람들보다 열심히 산다고 생각합니다. 그리고 거의 모든 음식점 사장님은 자신의 가게 음식의 맛이 평균 이상이라고 생각한다는 겁니다. 이를 '워비곤 호수효과'라고 합니다. 자신이 평균보다 조금 더 낫다는 편향이 일반적인 현상이라는 것입니다. 그런데 한 걸음 더 나아가 이런 인지적 편향도 사람에 따라 다르게 나타납니다. 능력이 부족한 사람은 자신을 과대평가하고, 반대로 능력이 뛰어난 사람은 자신을 과소평가하는 현상이 있습니다. 이런 편향을 '더닝 크루거 효과'라고 합니다.

1999년에 코넬대학교 사회심리학 교수인 데이비드 더닝과 당시 대학원생이던 저스틴 크루거는 다음과 같은 가설을 수립합니다. "능력이 낮을수록 자신의 실제 실력보다 자신을 높게 평가할 것이다. 반대로 능력이 뛰어날수록 자신을 실제 실력보다 과소평가할 것이다." 이를 입증하기 위해 45명의 학부생들에게 논리적 사고에 관한 시험을 치르게 한 뒤, 자신의 예상하는 성적과 순위를 제출하는 방식으로 실험을 실시합니다. 결과는 예상대로였습니다. 성적이 낮은 학생들은 자신의 성적과 순위를 실제보다 높게 예상했고, 성적이 높은 학생들은 자신의 성적과 순위를 실제보다 낮게 평가했습니다. 데이비드 더닝과 저스틴 크루거는 이 실험의 결과를 "능력이 없는 사람의 착오는 자신에 대한 오해에 기인하고, 능력이 있는 사람의 착오는 다른 사람이 더 잘할 것이라는 오해에 기인한다."는 결론으로 정리합니다.

> **"어느 곳을 향해 배를 저어야 할지**
> **모르는 사람에게는 어떤 바람도 순풍이 아니다."**
> _미셸 몽테뉴

여기 각자 다른 지점에 서 있는 두 사람이 있습니다. 이들은 같은 목적지를 향해 가려고 합니다. 하지만 지금 자신이 서 있는 위치에 따라 달려야 하는 방향은 달라집니다. 부산에서 대전으로 가야 하는 사람과 서울에서 대전으로 가야 하는 사람은 서로 목적지는 같지만 가야 하는 방향은 전혀 다릅니다. 이 둘에겐 똑같은 방향에서 부는 바람도 누군가에겐 순풍이고 누군가에겐 역풍이 됩니다.

만약 지금 서 있는 위치를 정확하게 알지 못하면 가야 하는 방향과 전혀 다른 방향으로 가면서도 이를 알아차릴 수 없게 됩니다. 또한 지금 내 앞에 부는 바람이 순풍인지 역풍인지 확인할 길이 없습니다. 현재 위치와 방향을 알 수 없다면 어느 쪽으로 가더라도 불안하고 어떤 바람이 불더라도 혼란스럽습니다. 자칫 모든 바람이 역풍으로 느껴지기 십상입니다.

무언가 열심히 하면 할수록 자신이 원하는 것과 멀어지고 있다는 느낌이 든다면 근본적인 질문을 던져봐야 합니다. 혹시 지금 목적지의 정반대 방향을 향해 최선을 다해 달려가고 있을지도 모릅니다. 이것이 바로 자기 객관화와 이를 위한 자기성찰적 지능을 연습하고 훈련해야 하는 이유입니다.

메타인지는 지금 서 있는 객관적인 위치와 바람, 풍속과 방향을 얼마나 정확하게 알고 느끼고 있는지에 대한 능력입니다. 자기 자신에 대한 오해와 착각은 메타인지 결여와 관련이 있습니다. 메타인지 부재에서 발생하는 스스로에 대한 오해와 착각은 수많은 부작용을 낳습니다. 자기 스스로에 대한 객관적 수준을 알지 못하면 현재 역량에 비해 지나치게 낮은 수준의 목표를 세우게 됩니다. 또는 현재의 역량으로는 감당할 수 없을 정도의 높은 목표와 계획을 세우고 나아가 다른 누군가에게 선불리 약속하게 됩니다.

현재 자신의 수준에 비해 낮은 목표는 개인의 성장을 방해하고 자의식 과잉을 낳습니다. 지나치게 높은 목표 역시 개인의 자존감을 떨어뜨리고 새로운 도전을 주저하게 만듭니다. 이 때문에 자신의 적정한 수준과 위치를 기준으로 올바른 삶의 준거점을 마련하려면 자기에 대한 객관적인 인식, 즉 메타인지가 필요한 것입니다. 하지만 고통을 피하려는 인간의 본능은 메타인지를 방해합니다. 이 때문에 자기객관화를 위한 연습과 훈련 대신 쉽고 편한 자기합리화를 선택하게 되는 것이죠.

자기합리화는 자신의 생각과 행동에 정당성을 부여함으로써 자책감에서 벗어나게 하고 자존감을 지켜줍니다. 자기 생각과 행동의 법칙이 현실의 법칙과 충돌하거나 일치하지 않을 때, 우리의 무의식은 인지부조화의 신호를 알아채고는 재빨리 방어기제를 작동하여 자존감을 보호하는 것입니다.

일반적인 사람들에게 자기합리화는 마주한 현실에서 겪게 될 상처와 아픔으로부터 자기 자신을 지키는 최소한의 방어 수단입니다. 그런데 뛰어난 두뇌와 지적 역량을 가진 사람들은 오히려 이를 자기방어의 수단이 아닌 자기 과시의 수단으로 활용합니다. 자기합리화를 통해 현실에서 일어난 사실을 수축시키고 한 편으로는 자존감 증폭과 자기만족의 도구로 팽창시키는 것입니다. 즉 자기가 가지고 있는 높은 지적 능력과 뛰어난 상상력을 동원하여 자신의 잘못된 생각과 그릇된 행동을 질책하는 '현실의 법칙'을 능동적으로 왜곡하는 것입니다.

더 큰 문제는 자기합리화의 지능이 뛰어나고 논리적인 사람일 수록 자기객관화와 멀어지게 된다는 것입니다. 예를 들어 특정한 정치적 견해에 대해 지능이 높고 논리적으로 뛰어난 사람일수록 자신이 가지고 있는 견해를 수정하기 어렵습니다. 왜냐하면 이들이 가지고 있는 풍부한 지식과 정보들은 자신의 견해에 대한 합리성을 강화시킬 근거로 활용하기 때문입니다. 시간이 흐를수록 획득하게 되는 더 다양한 지식과 정보는 기존에 가지고 있던 신념과 행동을 강화하는 방향으로 수렴됩니다. 책을 읽는 사람은 일반적인 사람보다 지능이 높고 지식이 많아 똑똑할 가능성이 높습니다. 따라서 지금 이 책을 읽고 있는 독자라면 더 주의를 기울여야 합니다.

> **"자기가 이미 알고 있다고 생각하는 것을
> 배우기란 불가능하다."**
> **_ 에픽테토스**

자신의 생각과 다른 정보와 현상, 근거는 잘 보이지 않기 때문에 시야에서 자연스럽게 소멸됩니다. 따라서 이들의 자기 확신과 현상 유지 등의 편향은 가속화됩니다. 스스로 합당한 수준 이상의 자존감을 획득하며 자의식 과잉 상태에 빠지게 되는 것입니다. 결국 이들은 자신이 창조한 자기합리화의 섬에 갇히게 되고 점점 그 세계에 고립됩니다.

인간은 자신이 믿고 있는 것을 더 강하게 믿고 싶어 합니다. 때문에 이성과 지성은 진실과 사실을 밝히는 데에 사용되기보다, 이미 자신이 가지고 있는 믿음의 증거를 수집하는 데 쓰이기 쉽습니다. 어디서든 자신의 신념과 생각에 반하는 주장을 접하면 일단 본능적으로 거부하고 싶은 마음이 들 것입니다. 또는 전체를 부정하고 비난할지 모릅니다. 그것도 아니면 자신의 기존 편향을 가속시킬 주제에 대해서만 동의할 가능성이 높습니다.

이러한 무의식적 끌림에 브레이크를 걸고 의식적 사고를 확장할 단서를 제공하는 것이 지금까지 이야기한 '메타인지'라는 것입니다. 그리고 이 메타인지는 훈련을 통해 그 능력을 향상시킬 수 있습니다. 〈시스템2〉, 즉 의도적, 의식적 사고의 개입을 통해 훈련하고 연습하면 메타인지도 높아집니다. 능력이 뛰어난 사람과 높은 수준의 전문가들이 훈련하듯 말입니다.

스스로가 가진 능력과 상황, 상태를 객관적으로 판단할 수 없다면 올바른 문제정의를 할 수 없습니다. 올바른 문제정의가 없다면 자연스럽게 틀린 행동을 하게 되죠. 이런 악순환은 인생에서 가장 중요한 '시간'을 의미 없이 낭비하게 만듭니다. 낭비된 시간 위에 쌓은 삶과 일상은 자연스럽게 허약해집니다. 그래서 〈시스템1〉과 〈시스템2〉를 정확히 이해하고 이 지식을 의식적으로 적용하여 자신의 잠재력을 폭발시키는 것이 중요하죠.

메타인지에 대한 지능을 높이기 위해서는 우리가 스스로 가지고 있는 인지적 오류를 인지하는 것이 핵심입니다. 그 첫 번째가 지금 하고 있는 것처럼 인지적 오류에 대한 지식 자체를 습득하는 것이고, 두 번째는 오류가 '있음'을 받아들이는 것, 그다음은 지식을 통해 획득한 인지를 바탕으로 의도가 담긴 훈련과 노력을 하는 것입니다.

의식적이고 의도된 훈련은 모든 성장의 출발점입니다. 메타인지도 마찬가지입니다. 의식적으로 삶을 경험하고 의도적으로 학습함으로써 〈나〉라는 존재에 대한 객관적 지식을 획득하게 되는 것이죠. 그리고 이런 경험이 반복될 때, 스스로에 대해 섣불리 정의한 '자기규정의 한계'를 넘어 새로운 〈나〉를 창조하는 기쁨과 마주칠 수 있지 않을까요?

8. 최소한의 나 vs 최대한의 나

"우리가 우리 안에 있는 것 중에 오직 작은 부분만을 살아낼 수 있다면, 그 나머지는 어떻게 되는 것일까?"_ 영화〈리스본행 야간열차〉중

"저는 INTP입니다."

이렇게 대답하면 저와 오랫동안 알고 지내던 사람들은 대부분 이렇게 반문합니다.

"I일리가 없는데.", "다시 해봐.", "E가 나와야 하는 거 아닌가?"

지금 어떤 주제에 관해 대화를 나누고 있는 것인지 짐작이 가시죠? 이제는 우리의 일상적 대화 주제가 되어버린 MBTI(My-ers-Briggs Type Indicator)에 관한 이야기입니다. 사람들이 MBTI에 대해 가지고 있는 관심은 단순한 호기심 이상입니다. 이제 MBTI는 각 유형별 행동과 심리, 심지어 적성과 진로에 대한 부분까지 누

군가를 해석하고 파악할 수 있는 도구로 인식되고 있는 것 같습니다. 심지어 회사 면접에서 면접관들이 MBTI 결과를 질문하는 경우도 있다고 할 정도니까요.

이런 사회적 분위기 때문인지 저도 MBTI 테스트를 당했습니다. 어느 날 지인이 자연스럽게 MBTI 이야기를 꺼냈습니다. 시간이 얼마 걸리지 않으니 해보라고 하더군요. 평소와 달리 이날만큼은 실행력이 뛰어났던 그는 바로 자신의 스마트폰을 주면서 테스트를 권했습니다. 그렇게 당한 테스트에서 저에게 내려진 판결은 'INTP'였습니다. 판결 뒤에는 벌을 받아야만 했습니다. 도대체 왜 'E'가 아닌 'I'가 나온 것인지를 자세하게 해명해야 했던 것입니다.

사람들은 왜 이렇게 MBTI에 대해 관심이 많은 것일까요? 나 자신과 상대방에 대해 알고 싶은 마음, 좀 더 이해하고 싶은 의도, 그리고 쉽고 빠르게 한 사람의 성격과 성향을 판단할 수 있다는 믿음은 MBTI 과몰입의 원인이 됩니다. 그런데 MBTI 테스트에는 본질적인 모순이 있습니다. 그중에서도 특히 MBTI는 테스트 항목에 대해 스스로 평가한다는 측면에서 근본적인 한계가 드러납니다. 메타인지에 대해 이야기한 것처럼 자기 자신을 객관적으로 판단하고 평가하는 인간의 능력은 대체적으로 낮습니다. 의식적인 훈련과 특별한 노력을 하지 않는 이상 말입니다.

뿐만 아닙니다. 인간은 자기합리화에 능숙하고 인지적 오류와 체계적 편향에 쉽게 빠집니다. 따라서 4가지 종류의 혈액형, 16가지 유형의 MBTI 등으로 사람들의 성격유형을 나누어 정의하려는 시도는 이런 인간의 취약점을 절묘하게 파고들어 사람들에게 호기심을 불러일으킵니다. 그리고 실제 테스트 결과를 확인하고 나면 깜짝 놀라며 신기하다는 표정을 짓습니다. 왜냐하면 그 결과가 기가 막히게 잘 들어맞는 것 같은 느낌이 들기 때문입니다.

그런데 여기서 재미있는 사실이 있습니다. 예를 들어 만약 100명의 사람에게 MBTI와 같은 검사를 실행하고, 100명 모두에게 똑같은 결과지를 주면 어떤 일이 발생할까요? 놀랍게도 대부분의 사람들은 테스트 결과가 자신의 성격을 잘 묘사하고 있다고 평가합니다. 또한 80% 이상의 사람이 자신의 성격과 정확히 일치한다며 놀라움을 나타냅니다. 분명 100명 모두가 똑같은 검사 결과지를 받았는데도 말입니다. 이를 바넘 효과_Barnum effect라고 합니다.

왜 이런 현상이 발생하는 것일까요? 우리 안에는 우리 모두가 공유하고 있는 보편적인 정서와 감정이 있습니다. 다만 개인적인 삶의 경험과 환경에 따라 자아 정체성이 다르게 형성되고, 성격으로 표출되는 양상이 다를 뿐입니다. 결국 스스로 나 자신을 어떻게 생각하고 믿고 있느냐, 즉 '자기규정의 한계'에 따라 어떤 부분은 좀 더 드러나기도 하고 어떤 면은 수축되기도 한다는 것입니다.

> "부조리한 사람은 나에게서
> 나의 부조리한 측면을 끌어낼 것이다. 그러나
> 진지한 사람은 나의 진지한 측면을 끌어낼 것이다.
> 누가 나를 수줍어한다고 생각하면,
> 나는 아마 결국 수줍어하게 될 것이다.
> 누가 나를 재미있다고 생각한다면,
> 나는 계속 농담을 할 가능성이 높다."
> _ 알랭 드 보통

　인간의 능력과 성향은 자신이 현재 처한 상황과 기분, 함께 있는 사람과 장소, 역할 등 환경에 따라 다채롭게 변화합니다. 한 사람의 능력과 성향은 결코 고정되어 있거나 불변하는 것이 아니기 때문에 쉽게 정의할 수 없다는 것입니다. 게다가 사람들 간의 메타인지 능력은 큰 차이가 날 뿐만 아니라 한계 역시 명확합니다.

　따라서 MBTI같은 테스트를 신뢰하고 여기에 의존하는 것에는 얻는 것보다 잃는 것이 많습니다. 대체로 이런 테스트는 '내가 생각(오해)하는 나'에 대한 편견을 더욱 강하게 만들 뿐입니다. 차라리 나를 이미 잘 알고 있는 주변 사람이 나를 대신해 나의 MBTI 테스트를 하게 한다면 표면적으로 드러나는 자신의 성향을 유추해 볼 수는 있을 겁니다.

하지만 어느 쪽이 되든 결과적으로 자신에 대한 오해와 편견을 확증시킵니다. 자기 자신을 스스로가 쉽게 이해할 수 있는 범주 안에서만 한계 짓고 규정하게 만드는 오류를 범하게 되는 것입니다. 인간이라는 존재는 입체적인데 해석은 평면적인 것이죠.

단적인 예로 'I'라는 결과를 믿고 받아들인 사람은 자신이 가지고 있는 'E'의 성향을 계발하고 활용하기 어려워집니다. 그뿐만 아니라 오히려 이를 억제해야 할 동기가 부여됩니다. 왜냐하면 자신의 성향이 'I'라는 생각과 믿음을 가지고 있는 사람은, 그 생각과 믿음에 부합하는 행동을 하게 될 가능성이 높기 때문입니다. 따라서 테스트를 통해 증명된 (유사)과학적 사실과 믿음(선입견)에 반대되는 생각과 행동은 노력하지 않아도 되는 합리적 명분을 획득하게 되는 것입니다.

이런 점에서 혈액형과 MBTI 같은 도구는 어느 한 사람의 존재를 특정 범주화함으로써 개인을 평균과 표준이 제시하는 일정한 준거점으로 가두는 틀이 됩니다. 앞서 언급했듯 우리는 '누구와 함께 있느냐.', '어떤 조직과 환경에 속해 있느냐.', 이렇게 자신의 역할 모델에 따라 발현되는 성향은 완전히 달라질 수 있는데 말이죠.

자신이 이미 알고 있다고 생각하는 대상에 호기심을 가지는 것은 어려운 일입니다. 예를 들어 우리가 자기 자신에 대해 이미 충분히 알고 있다는 인식을 갖게 된다면, 우리는 더 이상 그 범주를 벗어난 '자기'에 대해 호기심을 가지기 어렵게 될 것입니다. 달리 말해 자신이 가지고 있는 무한한 잠재력과 가능성이 이에 대한 탐색과 검토가 채 시작되기도 전에 무참히 거세되는 것입니다.

만약 자기 자신의 정체성이 그동안 자신이 실제로 경험한 사실만을 토대로 정의내려진다면 이것은 그저 '최소한의 나'일 뿐입니다. 그러나 미래에 펼쳐지게 될 '최대한의 나'는 아직 어떤 식으로도 규정되지 않은 것입니다.

> "인간 내부에 깃든 힘은 본래 새롭다.
> 그 새로움 때문에 인간은 자신이 무엇을 할 수 있는지
> 예상하지 못하는데, 직접 뭔가를 해보아야만
> 비로소 자기 능력을 알게 된다."
> _ 랄프 왈도 에머슨

자기 자신에 대해 이미 충분히 알고 있다는 인식은 '최대한의 나'에 대한 가능성과 호기심의 여백을 지우게 됩니다. 〈나〉라는

존재와 내일이라는 시간은 미지의 영역입니다. 존재와 시간이 어떤 식으로 결합하느냐에 따라 결과는 우리의 생각과 상상을 초월할 수 있습니다. 따라서 〈나〉라는 존재와 미래를 함부로 단정하는 것은 굉장히 섣부른 생각입니다. 오늘 아무리 잘나가는 사람도 한순간에 깊은 수렁으로 빠질 수 있고, 아무리 힘든 오늘을 겪고 있는 사람도 어느 날 갑자기 날개를 달아 훨훨 날게 될 수 있기 때문입니다.

그 어떤 누구도 다른 모습의 누군가로 변모될 수 있다는 것입니다. 직접 그런 장면을 수없이 목격하며 배운 것이 있습니다. 현재 아무리 대단한 사람 앞이라고 주눅들 필요가 없으며, 당장 아무리 별 볼일 없어 보이는 사람이라고 결코 함부로 대해서는 안된다는 것입니다. 모든 사람은 그 안에 무한한 힘이 숨겨져 있습니다. 따라서 사람들은 저마다 그 잠재력을 어떤 방향으로 사용하느냐에 따라 자기 자신을 무너뜨리기도 하고 놀라운 변화와 성장을 만들어내기도 합니다.

하지만 이미 자신을 '최소한의 나'로 단정하고 있는 사람은 그 힘을 발현하기 어렵게 됩니다. '나는 나에 대해 이미 알고 있다'라는 느낌에서 벗어나지 못하는 한 그 사람은 더 배우고 성장할 수 있는 여지가 사라지게 되죠. 알고 있다는 느낌은 가속성을 가지고 있습니다. 시간이 지날수록 확신에 가까워지고 진실로 느껴지게 됩니다. 그리고 나면 자신이 이미 알고 있는 사실과 증거에 주의를 기울이게 되고, 선별적인 학습과 믿음을 가지게 되어 확증 편향에 빠지게 되죠.

이때부터는 자신이 보고 있는 것을 믿는 것이 아니라, 믿고 있는 것을 보게 됩니다. 더 이상 기존의 것을 다시 배우거나 새로운 것을 습득하기 어려운 상태가 되는 것이죠. 메타인지가 '최소한의 나'에 닻을 내리고 그 주변에만 머무르게 되어 성장과 변화를 방해하는 것입니다.

반면 더 나아질 수 있다는 믿음에 자신의 삶을 내던진 사람들이 있습니다. 이들은 언제나 자신에게 잠재되어 있는 '최대한의 나'를 끌어내기 위해 훈련과 고통을 기꺼이 감수합니다. 일반적으로 스포츠 선수들이 이에 해당합니다. 이들은 기본적으로 자신이 더 성장할 수 있다는 믿음을 바탕으로 훈련합니다. 때문에 모든 선수에게는 자신을 성장시켜 줄 코치가 있습니다. 그중에서도 최고의 스포츠 선수 곁에는 반드시 훌륭한 코치가 있죠. 최고의 선수에게는 언제나 최고의 피드백이 있다는 것입니다.

코치는 선수에게 끊임없이 피드백을 주고 선수는 코치가 전하는 피드백을 바탕으로 자기 객관화를 합니다. 피드백을 통해 문제를 정의하고 이를 개선하여 역량을 향상시키는 단서로 활용하는 것입니다. 개인의 성장도 마찬가지입니다. 메타인지를 대신하거나 보완해 줄 수 있는 시스템이 있다면 변화와 성장을 위한 엄청난 무기가 될 것입니다. 방법은 단순합니다. 프로 선수들과 같이 다른 누군가로부터 지속적인 피드백을 받는 것이죠.

하지만 일반적인 사람들은 다른 사람에게 피드백을 요청할 수 있는 여건이 되지 않는 경우도 있습니다. 그럴 때는 자기 객관화를 위해 글쓰기를 활용할 수 있습니다. 자기 생각과 행동을 글로 표현하면, 그 글을 보는 나는 자신을 좀 더 객관적으로 들여다볼 수 있게 됩니다. 그 글을 블로그나 SNS에 올리면 더 많은 사람들의 피드백을 통해 스스로의 시각을 객관화하고 새로운 관점도 얻을 수 있게 됩니다. 저 역시 이런 방법으로 메타인지를 훈련합니다. 때로는 피드백을 통해 놓치고 있거나, 생각지도 못한 관점과 아이디어를 얻는 경우도 있습니다. 따라서 글을 쓰고 그 글을 불특정 다수에게 노출하여 평가받는 것은 메타인지 향상에 큰 도움이 됩니다.

또는 메타인지를 보조하는 도구를 사용하기도 합니다. 춤을 추는 사람들은 춤 연습을 할 때 거울을 보고 때로 영상을 촬영하여 자신의 동작을 모니터합니다. 왜냐하면 자신의 모습을 확인하지 않고 계속 연습하면 잘못된 습관이 몸에 익어 나중에는 더 고치기 힘들어지기 때문입니다. 여기서 거울은 메타인지를 보조하는 수단이 되는 것입니다. 마찬가지로 분야에 따라 글, 영상, 거울 등 다양한 도구와 방법을 통해 메타인지를 훈련할 수 있습니다.

또 다른 방법은 바로 '거리 두기'입니다. 아마 대부분의 사람이 연애편지를 써본 경험이 있을 겁니다. 열심히 몰입해서 쓰고 난 뒤, 다음 날 아침에 일어나 다시 편지를 보면 어떤 생각이 드나요? 쓰는 당시에는 느끼기 어렵지만 시간차를 두고 다시 보면 결과물을 객관적으로 볼 수 있게 되는 것입니다. 내가 한 행동과 생각에 시간과 공간의 거리를 둘 때 자신의 생각과 행동을 객관적으로 판단할 수 있게 되는 것이죠. 이런 이유로 일정한 주기를 두고 자신의 행동, 성과 등을 종합적으로 돌아보고 평가하는 것은 큰 도움이 됩니다.

이렇게 메타인지를 향상시키기 위해서는 의식적·의도적 훈련이 필요합니다. 〈나〉라는 존재에 대한 객관적 지식을 쌓는 것에도 연습이 필요한 것입니다. 이를 위해 먼저 끊임없이 '최소한의 나'를 의심하는 습관을 지녀보는 것이 중요합니다. '최대한의 나'에 초점을 맞추고 무의식적으로, 관습적으로 떠오르는 생각에 의도적 브레이크를 거는 것이죠. 〈시스템1〉이 아닌 〈시스템2〉를 작동하면서 말입니다.

'최대한의 나'를 향한 연습과 훈련에는 정신적으로·신체적으로 큰 용기와 에너지가 필요합니다. 왜냐하면 우리는 '최소한의 나', '익숙한 노력'과 '익숙한 나'로부터 멀어지는 것을 두려워하고 불편해하는 경향이 있기 때문입니다. 따라서 안전하고 편안한 현재의 상태에 머물고 싶은 마음을 가지게 됩니다. 메타인지와 피드백도 마찬가지입니다. 정확한 메타인지와 이를 위한 피드백은 두려움과 불편함에도 불구하고 성장을 위해 받아들이는 것이지, 그 자체가 좋아서 이를 요청하고 받아들이는 사람은 없습니다.

　　익숙한 노력, 익숙한 나와 결별하는 순간
　　새로운 가능성의 길이 열립니다.

'최대한의 나'를 향한 불편함, '최소한의 나'를 위한 익숙함. 이 불편함과 익숙함의 배경을 이해하고 이를 극복하는 연습을 해보면 어떨까요? 그렇다면 우리는 우리가 살아내고 있는 작은 부분이 아닌 그 나머지의 삶을 살아낼 수 있지 않을까요?

9. 자존감, 그리고 자존심

"인간은 자신의 인격을 온전하게 완성할수록, 다시 말해 자신을 잘 꿰뚫어 볼수록 더 강해진다." _ 에리히 프롬

앞서 피드백에 관한 이야기를 했습니다. 하지만 다른 사람의 피드백을 받아들이는 것은 결코 쉬운 일이 아닙니다. 많은 사람에게 이것은 자존심과 자존감의 문제로 연결되기 때문입니다.

그중에서도 특히 다른 사람에게 피드백 받는 것에 대해 유독 민감한 사람, 사소한 지적에도 예민하게 반응하며 공격적인 태도를 취하는 사람들이 있습니다. 뿐만 아니라 남 잘 되는 꼴은 절대 못 보는 사람, 주변 사람이 잘 되기라도 하면 애써 깎아내리기 바쁜 사람, 우리 주변에 몇몇은 이렇게 외부의 자극에 적극적으로 대응하려는 사람들이 있습니다.

우리는 흔히 이런 사람들을 '자존심이 강하다.'라고 표현합니

다. 소위 '성격이 세다.'는 것을 자존심과 연결하곤 하는 것입니다. 그리고 강한 자존심과 높은 자존감을 같은 의미로 사용하는 경우를 보게 됩니다. 하지만 자존심과 자존감은 서로 완전히 반대되는 성질을 가지고 있습니다. 예를 들어 자존심이 강한 사람은 자존감이 낮을 가능성이 높습니다. 반대로 자존감이 높은 사람은 자존심을 발동시킬 확률이 굉장히 낮죠. 대개 지나치게 높은 자존심은 낮은 자존감과 밀접한 관계를 맺습니다.

자존감은 스스로에 대한 존중의 정도, 자아 존중감, 달리 표현하면 나 자신에 대한 신뢰의 정도에 따라 달라집니다. 스스로에 대한 신뢰의 정도가 높을수록 자존감이 높지만, 그 수위가 낮을수록 자존감이 낮은 것이죠. 그런데 자존감이 낮은 상태에서는 정서적 불안과 우울, 무기력이 삶의 전반에 침투하게 되어 행복한 일상을 영위하는 데 어려움을 겪게 됩니다. 따라서 스스로 건강한 몸과 마음을 지켜내기 위해서는 반드시 일정 수준 이상의 자존감이 필요한 것입니다.

하지만 인간은 자신이 느끼고 있는 자존감과 자신이 기대하는 수준의 자존감 간의 격차가 발생할 때 열등감과 모멸감을 느낍니다. 이때, 낮은 자존감의 저변에 깔린 정서적인 불안을 위장하기 위한 방어기제가 작동합니다. 바로 '자존심'입니다. 우리는 이런 현상을 어렵지 않게 목격할 수 있습니다. 특히 다른 사람의 피드백을 받아들이는 방식(또는 피드백을 주는 방식)은 그 사람이 가지고 있는 마음의 상태를 짐작할 수 있게 하는 시금석이 될 수 있습니다.

자존감이 높은 사람은 피드백을 단순히 수용하는 것을 넘어 적극적으로 요청합니다. 그것이 가능한 이유는 스스로에 대한 신뢰의 정도가 높기 때문입니다. 자신의 내면에 '나는 지금보다 더 성장할 수 있다.'라는 깊은 신뢰가 자리 잡고 있기 때문입니다. 이렇게 자기 신뢰는 외부의 피드백을 흡수하고, 눈앞에 닥친 도전과 역경을 성장의 도구로 활용할 수 있게 만들어줍니다.

대표적으로 프로 운동선수나 뛰어난 역량을 가지고 있는 인재들이 그렇습니다. 이들은 외부의 피드백을 통해 메타인지를 높이고 스스로를 성장시킵니다. 프로 운동선수는 코치에게, 뛰어난 성과를 내는 직업인은 자기 동료나 상사에게 끊임없이 피드백을 구합니다. 심지어 세계적인 운동선수들은 스스로 최고의 전문가를 고용하여 자신의 장점을 극대화하고 취약점을 극복할 수 있는 피드백을 요청합니다. 그 어떤 프로선수, 직업인도 결코 피드백을 거부하거나 자기 마음대로 연습하고 훈련하는 경우는 없습니다.

하지만 자존감이 낮은 사람은 대체로 피드백을 두려워하며 이를 적극적으로 회피하고 방어하려고 노력합니다. 왜냐하면 자기 자신에 대한 신뢰의 정도가 낮은 상태에서는 타인에 대한 의식이 과잉되기 때문입니다. 이것이 피해의식으로 나타나게 되는 것이죠. 이런 이유로 자존감이 낮은 사람들은 외부의 피드백에 취약합니다. 외부의 평가에 대한 의식이 과잉되어 나타나게 되는 정서적 취약성은 마치 언제라도 화낼 준비를 하는 사람의 모습으로 투영됩니다. 조금이라도 듣기 싫은 불편한 소리를 듣게 되면 자신에 대한 공격으로 간주하고 날카로운 반응으로 오히려 피드백을 준 사람들을 다시 공격하는 경우가 생기죠. 그러면 이 과정이 감정 다툼으로 확대되기도 합니다.

다들 경험하신 적 있으실 것 같습니다. 자존감이 낮고 자존심만 강한 사람은 주변 사람들까지 예민한 상태로 만들곤 합니다. 지나치게 자신을 방어하고 합리화하려는 성향 때문에 혹여 만나서 작은 말실수로 이들의 심기를 건드린다면 감정 소모가 심해지는 상황이 연출됩니다. 또한 남을 열등한 존재로 만들고 스스로는 자신의 위신을 세우려는 이들의 방어기제는 누군가에게 상처를 주고 주변 사람들을 불행한 상태로 변화시키는 기폭제가 되기도 합니다.

그럼에도 불구하고 역설적으로 자존심을 무기로 피드백을 의식하지 않으려는 사람도 타인의 시선만큼은 지나치게 의식합니다. 그 때문에 남들에게 보이는 것을 중요하게 생각합니다. 특히 SNS는 낮은 자존감을 홍보하는 광고판입니다. 자존감이 낮은 사

어나더레벨

람에게 SNS는 그 사람이 가지고 있는 결핍과 열등감을 전시하는 쇼윈도인 셈이죠.

> **"의지할 것이라고는 오로지**
> **자기 신분과 직책밖에 없을 때**
> **이 사람은 자기 자신을 다른 사람들과**
> **끊임없이 비교하게 된다."**
> **_ 데이비드 브룩스**

예를 들어 형편에 맞지 않는 명품, 비싼 차, 좋은 시계 등으로 부자를 흉내 내거나 이를 남들에게 보여주기 위한 노력을 멈추지 못하는 사람이 있다면, 이런 과시는 낮은 자존감의 증거로 활용되기 충분합니다. 결국 한 개인의 품성 안에 존재했던 결핍과 열등감이 SNS를 통해 그 사람의 정체성을 대표하게 되는 것입니다.

뿐만 아닙니다. 낮은 자존감은 무엇보다 자기 자신에게 해롭습니다. 겉으로는 자신의 삶을 통제하는 듯 보이지만 실제로는 타인에 의해 삶과 기분이 통제당하기 십상입니다. 예를 들어 다른 사람의 피드백으로 하루 종일 불쾌감과 자격지심에 빠져있는 사람이 있다면, 이렇게 부정적인 감정으로 낭비되는 감정과 시간의 짐은 누구의 몫이 되는 것일까요?

여기에 자아를 충분히 보호할 수 있을 만한 자존감의 필요성이 있습니다. 누군가 나의 자존감을 침범하는 일은 내가 타인에게 이를 허용했을 때 가능한 일입니다. 결코 남이 오늘 하루, 내 기분을 좌우할 수 있도록 허락해선 안 될 일이죠.

피드백의 내용은 내가 결정할 수 있는 문제가 아닙니다. 하지만 그 이야기를 들었을 때 사실과 의견을 분리하고 이를 받아들이는 해석과 태도, 기분은 스스로 선택할 수 있습니다. 이런 것들을 허용하지 않기 위해서는 내 스스로에 대한 자존감의 정도가 높아야 합니다. 하지만 자존감이 낮으면 그 결정권을 외부에 줘버리게 되는 것입니다.

이렇듯 자기 스스로에 대한 신뢰의 힘이 부족할 때 우리의 에너지는 엉뚱한 방향으로 흐르게 됩니다. 그 힘을 올바른 방향으로 사용한다면 누구나 자신의 상상력 이상으로 성장할 수 있지만, 자기 신뢰의 힘을 제대로 발휘하지 못한다면 그 에너지는 성장을 저해하고 스스로를 파괴하는 힘으로 작용하게 됩니다.

그렇다면 자존감을 건강하게 가꾸고 자기 신뢰의 힘을 발휘하기 위해 해야 할 일은 무엇일까요? 자존감은 자기 자신에 대한 존

어나더레벨

중의 정도라고 했습니다. 그리고 존중의 정도는 신뢰의 강도에 비례합니다. 스스로에 대한 신뢰의 강도가 굳건해지면 존중 정도는 높아집니다. 그렇다면 신뢰는 무엇을 기반으로 할까요? 신뢰는 성품과 역량, 그리고 이를 통해 만들어낸 결과의 합으로 형성됩니다. 그중에서도 특히 결과, 즉 작은 성공의 경험은 자기 신뢰의 힘을 증폭시킵니다.

결국 자존감은 작은 성공의 경험으로 조성된 생태계 안에서 싹트고 자라나기 시작합니다. 자존감은 앞으로 내가 할 일에 대한 계획과 희망이 아니라, 본질적으로는 지금까지 내가 실제로 실행한 행위의 결과에 근거합니다. 실제 자신이 지금까지 해왔던 일들의 성과와 결과물이 스스로에 대한 존중과 신뢰의 강도를 결정한다는 것입니다.

자기 신뢰의 핵심은 아주 작고 사소한 성공을 '매일 경험하는 것'에 달려있습니다. 매일 아침 일어나자마자 스마트폰을 들여다보는 대신 팔굽혀펴기나 스쿼트를 해보는 겁니다. 단 한 번도 좋습니다. 매일 책을 읽기로 스스로와 약속해 보는 겁니다. 하루에 1분, 단 한 페이지도 좋습니다. 매일 일기를 써보는 겁니다. 대신 이를 어기거나 사사롭게 여겨선 안 됩니다. 자기 자신과의 작고 사소한 약속을 지키는 것이 반복되면 믿음이 생기고 믿음은 신뢰로 이어집니다. 신뢰는 곧 존중이 됩니다. 이때 자존감의 생태계가 펼쳐지고 자기 신뢰의 힘을 발휘할 수 있는 조건이 충족되는 것입니다.

이렇게 사소한 성공의 경험을 쌓는 것을 강조했지만 이에 못지 않게 중요한 훈련이 있습니다. 바로 실패를 딛고 일어나는 연습을 성공시키는 것입니다. 만약 누군가 뛰어난 아이디어로 사업을 시작하여 큰 성과를 올렸다면 이것은 대단한 성과입니다. 특정 분야에서 업적을 쌓고 존경과 명예를 얻는 것 역시 대단한 결과라고 볼 수 있습니다. 그런데 우리가 놓쳐서는 안 될 것이 있습니다. 바로 실패와 시행착오를 딛고 일어나는 연습과 훈련은 우리 내면의 본질을 단련시켜 준다는 것입니다.

만약 누군가 수없이 많은 시행착오를 겪었음에도 불구하고 포기하지 않고 다음 도전을 이어간다면 어떨까요? 그렇다면 그 사람은 결과에 상관없이 이미 실패를 딛고 다시 일어나는 연습에 '성공한 사람'입니다. 그런데 이런 생각과 행동은 막상 현실에서 쉽게 일어나지 않습니다. 왜냐하면 실패는 공포와 불안이라는 감정과 함께 찾아오기 때문입니다. 불안으로 야기되는 두려움과 불확실성은 우리의 생각과 행동을 안전하고 편안한 상태로 역행시킵니다. 새로운 시도와 도전을 멈추게 만드는 것입니다.

하지만 결정적으로 이 순간은 우리에게 불안에 맞서는 일생일대 훈련의 기회를 제공합니다. 따라서 불안의 본질적 속성은 '기회'입니다. 누군가 불안의 감정을 다루는 방식은 그 사람이 기회를 다루는 방식을 폭로합니다. 불안의 적막 안에 조용히 읊조리는 기회를 앞에 두고 번번이 굴복한다면, 성장이 제공하는 성공과 성숙한 삶의 기회 역시 좌절로 끝나게 됩니다.

불안은 고통스럽습니다. 이것은 누구에게나 마찬가지입니다. 하지만 성장은 오직 불안에 맞서는 훈련을 통해서만 가능하며 훈련은 필연적으로 고통을 동반합니다. 고통스러운 훈련의 과정은 어떤 방식으로든 몸과 마음에 흔적을 남기게 됩니다. 하지만 이렇게 훈련의 흔적이 남긴 흉터는 결국 자기 신뢰와 내적 자존감의 증거가 되는 겁니다.

자신을 특별한 존재로 만들어줄 수 있는 사람은 오직 자기 자신 뿐입니다. 불안이 명령하는 관습적 행동에 저항하여 다시 시도하고 도전할 수 있는 용기가 내 안에 있음을 스스로 발견하는 순간, 건강한 자존감을 획득할 수 있게 됩니다. 이때 우리는 진정으로 자기 삶에 대한 통제력을 발휘할 수 있게 되며 자기 신뢰와 자존감을 획득할 수 있게 되는 것입니다.

인간은 누구나 자신의 운명을 선택할 수 있는 권리가 있습니다. 동시에 그럴 능력과 잠재력을 가지고 있습니다. 자존감을 보호하기 위해 자존심을 내세우는 일은 단기적으로 안전하고 편안하지만 장기적으로는 위험하고 불안을 가중시킵니다. 반대로 피드백을 통한 학습과 배움은 자존감의 원천이 되고, 자기 신뢰의 생태계를 조성하게 함으로써 지속 가능한 성장의 배경이 됩니다.

> **"당신이 야심 찬 목표를 추구하고 있다면**
> **고통을 피할 방법은 없다."**
> _ 레이 달리오

성장은 연습과 훈련을 통해 이루어집니다. 그리고 연습과 훈련에는 고통이 따릅니다. 고통이 없다면 그것은 진정한 훈련이 아닙니다. 하지만 분명한 것은 한순간 하나씩, 한 번의 용기로 마주하면 그다음은 조금 더 쉬워지고 이것이 반복될수록 더욱 쉬워집니다. 이렇게 자존감을 훈련하는 일이 익숙함과 습관의 영역이 되면 어느 순간부터는 훈련의 고통이 선사하는 놀라운 결과를 경험하게 됩니다. 성장하는 과정을 통해 궁극적 편안함을 느끼게 되는 것이죠.

궁극적 편안함이란 연습과 훈련에 몰입함으로써 느낄 수 있는 편안함입니다. 일시적 편안함은 결국 불안과 권태로 이어집니다. 하지만 궁극적 편안함은 정서적 안정과 열정을 불러일으킵니다.

여기까지 약간의 인내와 용기가 필요합니다. 그리고 단 한 번만 이런 경험을 하게 된다면 오히려 고통과 불편함을 향해 몸을 던지는 자신의 모습을 발견하게 될 것입니다.

잠시 자존심을 내려놓고 열린 마음으로 피드백을 구해보면 어떨까요? 피드백을 통해 메타인지를 높이고 스스로 훈련하고 성장시켜 보는 연습을 해보는 것은요? 당장 주변 사람에게 피드백과 필요한 도움을 적극적으로 요청해 보세요. 아마 사람들은 내가 생각했던 것보다 더 호의적이고, 훨씬 더 적극적으로 도움을 주려고 하는 모습을 확인할 수 있을 겁니다.

우리에게 가장 중요한 것은 시간입니다. 그리고 우리에게 남아있는 시간이 그리 길지 않습니다. 하루라도 빨리 깨닫고, 삶에 적용하고, 성장하고, 그리고 그 기쁨으로 하루를 살아가는 것이 좀 더 바람직하지 않을까요? 다시 한번 우리 각자의 잠재력과 가능성이 이미 우리 안에 존재하고 있음을 의심하지 않았으면 좋겠습니다.

"우리가 가지고 있는 잠재력의 깊이는
우리가 스스로에 대해 생각하는
상상력의 깊이보다 훨씬 더 깊습니다."

10. 저는 자기계발 중독자였습니다

"세상에서 가장 속이기 쉬운 사람은 바로 나 자신이다."_ 리처드 파인만

언제부터인가 책을 읽기 시작했습니다. 책을 읽게 된 계기를 정확히 설명하긴 어렵지만 아마도 자격지심, 열등감 같은 것이었을 겁니다. 초등학교 졸업이라는 학력의 결핍을 들키지 않기 위해, 자존감을 지켜내기 위해, 열심히 읽고 배워서 이를 방패로 사용하기 위해 참 지독히도 책을 읽었습니다. 그래서 시작한 독서입니다.

하루에 한 권, 이렇게 매일 책을 읽고 나면 마치 내가 특별한 사람이라도 된 것처럼 혼자만의 우월감에 빠지기도 했습니다. 점차 독서의 시간이 켜켜이 쌓여갈수록 책을 보는 나름의 관점과 평가의 기준도 생기더군요. 스스로는 점점 똑똑해져 간다는 기분을 느꼈습니다. 아니, 어쩌면 그건 단순한 기분이 아니라 명백한 사실이었습니다. 시간이 지날수록 읽은 책의 목록은 점점 더 늘어났

고, 그만큼 다른 누군가의 우위에 있다는 사실을 확인할 지식의 파편도 많아졌으니까요.

자신감이 붙은 저는 SNS에 공개적으로 읽은 책에 대한 서평을 쓰기 시작했습니다. 내용이 꽤 괜찮았는지 제가 쓴 서평은 유명 포털사이트의 메인 기사로 선정되기도 했습니다. 게다가 책을 추천하는 온라인 기사에 저의 글이 소개되기도 했죠.

모든 일에는 관성이 생깁니다. 책을 평가하는 일에 재미를 느낀 저는 책을 읽는 즉시 아주 거침없는 서평을 쏟아냈습니다. 마치 모든 사람들이 내가 내린 평가를 기준으로 좋은 책과 그렇지 않은 책을 구분하는 것 같았습니다. 그때마다 일종의 쾌락이 느껴졌습니다. 특히 내 마음에 들지 않는 책, 좀 더 정확히 말하자면 내 생각과 다르거나 나의 상식과 기분에 거슬리는 내용의 책을 만나면 기분은 좀 더 고양되었습니다. 왜냐하면 세상에 대한 불편과 불안으로 빚어진 감정이 합리적인 배설의 기회를 만났기 때문입니다.

나는 내가 가진 지식을 총동원해 그 책에 대한 혹독한 평가와 비판적 견해를 밝힙니다. 그리고 그 책의 내용이 왜 형편없는지, 무엇이 잘못되었는지, 이 책을 쓴 작가가 어떤 오류를 범하고 있는지 비평을 시작합니다. 돌이켜보면 말이 비평이지 작가와 작품에 대한 비판에 가깝습니다. 독자라는 우월적 지위를 활용하여 마음껏 비판하고 작가를 굴복시키는 것입니다. 결국 이 일방적인 싸움의 패자는 언제나 작가이고 승자는 독자인 내가 됩니다.

'세상에, 이렇게 내 마음대로 작가를 쥐락펴락할 수 있다니…'

한 분야에서 전문가 또는 지식인이 쓴 글을 마음껏 지적하고 평가하는 것은 당시 저에게는 굉장히 뿌듯한 일이었습니다. 게다가 내가 쓴 서평에 이보다 더 과격한 비평으로 공감과 지지를 표하는 댓글을 보면 일종의 권력을 손에 쥔 듯한 느낌을 받기도 했습니다.

그중에서도 특히 자기계발 부류의 책은 상대하기가 쉬웠습니다. '누구나 다 알고 있는 뻔한 이야기', '작가는 왜 그렇게 뻔한 내용의 글을 쓰고, 독자는 왜 또 그런 책을 돈 주고 사는 걸까?' 그러면서도 궁금한 책이 있으면 또 사서 읽습니다. 평가하기 위해서 읽는 것입니다. 이런 의식을 마치고 나면 일종의 우월감 같은 것이 〈나〉라는 존재의 안온함을 확인시켜 주는 느낌이었습니다.

돌이켜 생각하면 정말 부끄러운 일입니다. 하지만 이것은 실제 저의 독서 경험담입니다. 독서란 궁극적으로 '자기 성찰'과 '자기 신뢰'의 토대를 마련하기 위한 것입니다. 그리고 '비판적 독서'는 이를 위한 수단이지 목적이 아닙니다. 비판적 독서는 책을 비하하고 축소시키는 것이 아닙니다. 오히려 작가가 미처 메우지 못한 공백과 여백을 스스로 생각하는 힘을 통해 풍성하게 채우는 것입니다.

대상의 크기를 낮추는 것이 아니라, 자신의 생각과 인격의 크기를 성장시키는 것이 비판적 독서라는 것입니다. 따라서 비판적 독서를 할 때, 비판적으로 바라볼 대상은 책이 아니라 자기 자신이 되어야 합니다. 이때 독서의 본질적인 목적을 달성할 수 있기 때문입니다. 게다가 대상이 무엇이든 그것을 존중의 마음으로 대하는 것은 삶의 기본 법칙입니다. 그런데 저는 어느 순간부터 '비판적 독서'가 아닌 '비판하는 독서'를 하고 있었습니다. 대상에 대한 '비판'과 '비난'만 있고, 나 자신에 대한 '반성'과 '성찰'은 없는 독서 말입니다.

거기에 나름의 이유는 있었습니다. 독서와 자기계발이라는 포장 뒤에 감춰진 이면에는 열등감, 미움, 원망, 자격지심으로 쌓아 올린 벽이 있었습니다. 그렇게 저는 누구도 침범할 수 없는 일그러진 성을 쌓아나갔습니다. 하지만 이를 쉽게 멈출 수 없었습니다.

다른 대상을 향한 평가, 비평에는 쉽게 거부할 수 없는 매혹이 있습니다. 왜냐하면 이것은 마치 나에게 다른 대상에 대해 마음대로 상을 주고 벌을 내릴 수 있는 특권과 자격이 주어진 것 같은 착각을 일으키기 때문입니다. 나 자신이 실제보다 더 큰 존재로 느껴지는 환상에서 깨어나는 일은 쉽지 않았습니다. 그렇게 계속되는 일상의 어느 날, 책을 읽다가 가슴을 때리는 한 문장을 만나게 됩니다.

> **"인간의 마음속에 그의 운명이 있다."**
> _ 헤라클레이토스

지금 저에게 인생 문장이 되어버린 이 한 문장을 통해 처음으로 질문을 해보게 되었습니다. '지금 내 마음속에 들어 있는 것은 무엇인가?' 생각해 보니 그동안 나는 단 한 번도 내 마음속에 들어있는 것에 대해 구체적으로 의심해 본 적이 없었습니다. 어쩌면 내 안에 그것을 열어젖힐 힘과 용기가 없었다는 것이 더 솔직한 표현인 것 같습니다.

그런데 인간의 마음속에 들어있는 운명, 이에 대한 호기심 덕분에 처음으로 내 마음 안에 들어있는 것에 대한 의심을 품어볼 수 있게 되었습니다. 물론 그동안 외부를 향한 평가와 비평에 익숙한 나에게, 그 똑같은 기준과 잣대로 내면을 들여다보는 것은 굉장히 낯설고 불편한 일이었습니다.

　더구나 저의 자의식은 오랜 독서로 단련된 자기합리화의 견고한 자물쇠로 채워져 있었습니다. 그동안 읽어왔던 독서의 경험과 시간, 책장에 쌓아온 책의 높이와 무게만큼 말입니다. 책을 많이 읽은 덕분일까요? 저는 변화는커녕, 현실을 있는 그대로 받아들이는 것조차 어려울 만큼 매우 견고하고 경직된 사람이 되어가고 있었습니다.

　어느새 독서는 이미 스스로 정의한 틀과 정답을 확정하여 생각을 구속시키는 체계적인 도구로 자리 잡았습니다. 이 도구를 사용한 결과, 점차 이미 내가 가지고 있는 생각과 행동을 합리화시켜줄 수 있는 문장들로 마음의 담장을 쌓기 시작했습니다. 독서의 수준이 높아질수록 편향과 확신의 벽 역시 이에 맞게 높이 세워졌습니다. 그만큼 더 크고 두터운 그림자가 빛을 대신하기 시작했습니다.

　처음에는 이렇게 쌓은 담장이 외부의 공격으로부터 나를 지켜줄 난공불락의 성이라고 생각했습니다. 하지만 의심의 눈을 뜨고 정신을 차려 살펴보니 이 모습은 차라리 철옹성의 감옥에 갇혀 있는 수감자의 모습에 가까웠습니다. 책을 읽고 공부할수록 그 안으로 더 깊이 고립되었습니다. 이것은 제가 생각한 독서의 목적이 아니었습니다.

> "책은 우리 안에 얼어붙은 바다를
> 깨뜨리는 도끼여야만 한다."
> _ 프란츠 카프카

책은 도끼라고 했던 카프카의 명제와 달리 스스로 품고 있던 심연의 바다는 그 어떤 도끼로도 쉽게 깨트릴 수 없을 만큼 꽁꽁 얼어붙어 있었습니다. 그동안 지나온 독서의 계절은 그야말로 혹한의 겨울이었습니다.

다시 봄을 기대하는 마음으로 책장을 넘겼습니다. 언제쯤 꽃을 피울지 모르지만, 꽁꽁 얼어붙은 바다를 천천히 녹여내겠다는 마음으로 다시 책을 읽기 시작했습니다. 그렇게 조금씩 '나를 무너뜨리는 독서'를 하게 된 것입니다. 지금까지 독서를 통한 자기계발의 과정에서 제가 겪은 시행착오를 말씀드렸는데요. 이쯤에서 한 가지 질문을 던지고 싶습니다.

"자기계발이란 무엇인가요?"

자기계발의 기본 전제는 성숙한 삶을 위한 성장입니다. 이를 위해 기존에 자신이 가지고 있는 사고방식과 태도를 끊임없이 점검하고 수정하여 더 나은 방향으로 바꾸는 것입니다. 그동안 자신이 의심 없이 받아들여 온 '상식적 삶의 경계를 무너뜨리는 일', 이를 통해 자신의 삶을 변화시키는 것이 본질인 것입니다. 하지만 대부분의 사람들은 이렇게 하지 않습니다. 오히려 반대로 합니다.

이미 자신이 가지고 있는 생각과 행동, 사고방식, 태도에 부합하는 메시지만 선택적으로 취하곤 자기계발의 과실만 냉큼 따먹습니다. 또는 자기계발서에서 제안하는 생각, 행동, 사고방식, 태도에 관해 '이해'와 '공감', '동의'를 표하고는 이를 '학습'과 '습득'으로 착각하곤 합니다. 그리고 여기서 묘한 위안과 자신감을 얻습니다. 아직 아무런 행동과 훈련을 하지 않았지만 이미 모든 변화와 성취가 이뤄진 것 같은 기분을 느끼게 되는 것입니다.

결론적으로 변화하기 위해 자기계발 하는 것이 아니라 변화하지 않아도 될 명분을 쌓기 위해 자기계발을 하게 됩니다. 아마 이것이 저만의 이야기는 아닐 거라고 생각합니다. 어쩌면 인간은 약한 존재이기에 누구나 쉽게 이런 오류에 빠지게 될 수 있습니다. 우리가 이를 의식적으로 '통제'하고 '절제'를 발휘하지 않는다면 '변화'와 '성장'이라는 목적은 '멈춤'과 '안전'이라는 단어로 대체되어 자기합리화의 함정에 빠지게 되는 것입니다.

예를 들어 이런 경우는 어떨까요? 삶이 자신의 뜻과 의지대로 되지 않을 때, 그때 우리는 자기계발과 동기부여를 위해 책을 읽습니다. 그러면 아직 아무런 행동도 하지 않았음에도 마음의 위안을 느낍니다. 심한 경우에는 책을 읽는 행위만으로도 마치 모든 변화와 성취가 이뤄진 것 같은 기분을 느낍니다.

그다음으로는 행동이 프로그래밍 되기 시작합니다. 자기계발이 필요한 순간에는 동기부여, 자기계발 책을 찾아 읽습니다. 정확히 말하자면 변화하고 있다는 느낌, 조금씩 성장하고 있다는 안정감이 필요한 순간에는 책을 읽습니다. 그러면 또다시 읽는 행위를 통해 얻을 수 있는 효능감(나는 열심히 노력하고 있다)을 느끼지만, 실제 현실에서 변한 것은 아무것도 없습니다. 그리고 이렇게 애써 진실을 외면하고 자신을 속임으로써 순간적인 만족감을 느낍니다. 그저 잠시 기분이 나아졌을 뿐인데 말입니다.

여기까지 오면 본질이 흐려집니다. 이제는 생각과 행동, 사고방식, 태도를 변화시키기 위해서 책을 읽는 것이 아니라 기분을 변화시키기 위해서 합니다. 이것이 바로 중독입니다. 사실상 게임중독, 알코올중독과 크게 다를 바 없습니다. 중독이 주는 혜택은 눈앞에 닥친 현실의 문제와 고통으로부터 벗어날 수 있게 한다는 점에 있습니다. 중독을 피해야 하는 이유를 모르는 사람은 없습니다. 하지만 그럼에도 불구하고 모든 중독은 벗어나기 힘듭니다.

당장 현실적 당위를 타협한 대가로 얻을 수 있는 쾌락의 수준이, 근본적인 문제를 해결하는 데 필요한 훈련과 고통의 수준보다 훨씬 더 크고 손쉽기 때문입니다.

중독이 주는 쾌락은 상식적, 지성적 사고를 통한 판단을 내리지 못하도록 논리적, 합리적 사고를 마비시킵니다. 결과적으로 충동적, 본능적 행위를 반복하게 되는 것입니다. 자기계발 중독도 마찬가지입니다. 결국 중독에 빠지게 되면 단순히 단기적 쾌락을 좇는 호르몬의 노예가 되었을 뿐인데, 정작 스스로는 이를 노력이라고 합리화하기 시작합니다.

결국 변화와 성장을 위해 투입해야 할 훈련과 노력은 중독과 쾌락으로 변질되어 일회성 헛수고로 끝납니다. 그러다 보면 중독은 학습이 되고, 문제의 근본적인 원인이 아닌 표면적 현상을 일시적으로 제거하는 대증요법은 삶의 루틴이 됩니다. 그 결과 대부분의 자기계발서에서 행동이 가장 중요하다고 말하지만, 정작 자기계발 중독에 빠진 사람들은 점점 더 행동하지 않게 되는 것입니다.

중독이 주는 매력은 속도와 효율에 기인합니다. 일반적으로 오랜 시간을 투입해야 얻을 수 있는 성취와 결과를 손쉽게 취할 수 있을 때 중독성은 높아집니다. 이때 뇌 보상 체계의 호르몬이 빠르게 분비되기 때문입니다. 이런 이유로 사람들에게 자기계발을 권하는 책들은 언제나 매력적입니다.

▎ "책 한 권으로 인생을 바꿀 수 있다."

책 한 권으로 인생이 바뀔 수 있을 거란 기대는 모든 중독이 그렇듯, 매혹되기 딱 좋은 조건을 가지고 있습니다. 그런데 아쉽게도 현실에서 그런 기적은 일어나지 않습니다. 왜냐하면 책 속에는 답이 없기 때문입니다. 지난 20년간 수천 권의 책을 읽어보고 한 가지 깨달은 것이 있습니다. 그것은 바로 "책 속에는 답이 없다."라는 사실입니다. 아무리 많은 책을 읽어도 인생은 바뀌지 않습니다. 하루에 한 권 읽으면 인생이 바뀔까요? 그럴 리 없습니다. 실제로 변하는 것은 아무것도 없습니다. 왜냐하면 답은 '책'이 아니라 '현실' 속에 있기 때문입니다.

동기부여, 자기계발에 관한 영상을 많이 보면 인생이 달라질까요? 아닙니다. 우리가 찾고 있는 해답은 현재 각자가 놓여있는 환경과 위치, 즉 실재하는 현실 속에 있습니다. 책과 강의는 해답을 찾기 위한 행동의 단서를 제공할 뿐입니다.

책을 많이 읽고, 강의를 많이 듣기만 하는 것은 배우기만 하는 행위입니다. 우리가 무언가를 배우는 이유가 무엇인가요? 현실에 적용하기 위해 배우는 것입니다. 그런데 대부분 그렇게 하지 않습니다. 읽고 배우는 행위에 위안 삼고 만족감을 얻는데 머무릅니다. 그 때문에 자기계발 방법에 대한 지식은 전문가 수준인데 이를 행동에 옮기는 실행은 걸음마 수준을 벗어나지 못하게 됩니다.

지식의 습득을 통해 현상을 이해할 힘이 생겼다면, 이제 그 힘을 무기로 현실에 직면하여 다뤄봐야 합니다. 아무리 좋은 무기를 많이 들고 있어도 이를 적극적으로 사용할 의지가 없다면 변화와 성장의 여지가 들어설 자리가 있을 리 없습니다. 이것은 변화하지 않기 위해 책을 읽었던 저의 실제 경험담입니다.

저는 왜 그렇게 이상한 노력을 반복했을까요?

변화하지 않는 편이 현실을 직면하고 삶을 변화시키는 것보다 훨씬 쉬웠기 때문입니다. 책장을 넘기는 일은 삶을 마주하는 것보다 쉽습니다. 따라서 실제로 해야 하는 행동은 미루고 회피하게 되며 상대적으로 하기 쉬운 책을 읽습니다. 왜냐하면 책을 읽고 나면 스스로가 쉽게 설득되곤 하기 때문입니다. 글을 읽고 이해했다는 사실만으로도 마치 책을 쓴 작가의 경험과 행동이 자신에게 내면화된 것처럼 느껴지기 때문입니다. 마치 누군가 평생을 바친 노력을, 나는 고작 몇 시간을 투자해서 아주 손쉬운 방법으로 깨달았다고 착각하는 겁니다.

  예를 들어 사업으로 큰 성공을 일구는 방법에 대해 아는 것은 어렵지 않습니다. 누구나 책 몇 권을 읽으면 거기에 다 나와 있기 때문입니다. 그런데 단순히 지식과 방법을 아는 것과 이를 체득하여 내면화하는 것 사이에는 엄청난 격차가 존재합니다. 자전거를 타본 적이 없는 사람이 자전거 타는 방법에 관한 지식을 알고 있다고 해서 자전거를 바로 탈 수 없듯이, 수영을 해본 적 없는 사람이 아무리 수영을 잘하는 방법에 관한 책을 읽어도 바로 수영을 할 수 없듯이, 단순히 아는 것을 이해하고 깨닫기 위해서는 계속 넘어지고 허우적거리는 경험을 오랫동안 꾸준히 반복하는 시간을 거쳐야 합니다. 연습과 훈련이 필요하다는 겁니다. 이 과정을 거치고 나면 비로소 그 대상에 대한 이해가 시작되었다고 말할 수 있을 것입니다.

  책 속엔 답이 없습니다.
  길이 있을 뿐입니다.

  그 길은 다른 누군가 대신 걸어주는 것이 아닙니다. 스스로의 힘으로 걸어야 하는 것이죠. 100권의 책을 읽고 한번 행동하는 것보다, 한 권의 책을 읽고 100번 행동하는 것이 진정한 이해로 향하는 유일한 지름길입니다. 적어도 한 권의 책을 읽었다면 최소한

한 가지의 행동이라도 해봐야 하는 것입니다. 아는 것은 생각으로 이룰 수 있지만 이해하는 것은 행동을 통해 얻을 수 있습니다.

생각은 행동이 아닙니다. 이 두 가지를 분명하게 구별하는 분별의 시각을 잃는 순간, 쉬운 것을 향한 본능적 충동과 중독이 시작됩니다. 자신을 변화시키고 싶은 의지 가운데 엉뚱한 벽을 쌓아 성과 없는 노력을 계속하고 있다면, 반복되는 악순환의 출발점을 아는 것이 중요합니다.

우리가 중독에 빠지는 이유는 단순합니다. 그 행위가 우리에게 주는 이익 때문입니다. 그 이익은 바로 '편안함'입니다. 몸과 마음이 편안한 선택을 한다는 것입니다. 하지만 불편한 곳에 기회가 있고, 기회가 있는 곳에 자유가 있습니다. 이를 위해 우리가 반드시 치러야 하는 대가가 있습니다. 바로 '불편함'입니다.

"우리의 몸과 마음은
불편의 크기만큼 성장합니다."

우리의 몸과 마음은 편안함에 대한 본능에 반복적으로 저항함으로써 단단해집니다. 지친 몸은 무게와 중력을 극복하며 흘리는 땀을 통해 강해지며, 다친 마음은 그 상처의 깊이만큼 이를 성찰하는 용기를 통해 단단하고 깊어집니다. 성장이란 불편한 것에 직면하고 이를 감수하는 대가로 얻는 것입니다. 우리는 결코 이런 불편함의 장벽이 없는 무균실 같은 환경에서는 성장할 수 없습니다.

성장을 위한 노력은 편안함을 추구하는 인간의 본능과 반대되는 행위입니다. 자연은 기본적으로 질서에서 무질서로 향하는 근본적인 법칙이 존재합니다. 즉 엔트로피가 점점 증가하는 것입니다. 하지만 인간은 이와 반대로 감정적 본능이 지배하는 무질서의 세계에 대항하여 이성과 지성을 통해 질서로 향하는 방향에 힘을 부여합니다. 무질서가 부여하는 편안함의 세계를 벗어나 스스로 불편함을 선택하는 것입니다. 자연의 법칙에 저항함으로써 질서의 법칙을 작동시키는 것이죠.

나의 몸을 불편하게 만드는 행동,
나의 마음을 불편하게 만드는 독서.

이제 우리는 불편함의 문 앞에 서있습니다. 그 문의 손잡이를 여는 것은 온전히 우리의 선택에 달려있습니다. 기억하세요. 우리는 우리가 능동적으로 선택한 불편함의 크기만큼 변화하고 성장합니다.

11. 성공을 비켜간 사람들

"사람들은 항상 자신의 한계를 기준 삼아 타인을 판단하고, 그들의
의견은 편견과 두려움으로 가득 차 있을 때가 많다." _ 파울로 코엘료

　　오랫동안 SNS를 하다 보면 본의 아니게 다양한 사람들을 관찰
하게 됩니다. 그중 한 가지 흥미로운 패턴을 가진 사람들이 눈에
띕니다. 바로 "나는 똑똑하다."라는 정체성을 가진 것이 틀림없어
보이는 사람들입니다.

　　이들이 SNS에 공유하는 내용은 나름 전문적이고 논리적으로
보입니다. 그리고 본인 스스로도 넌지시 자신의 지식과 통찰이 업
계 최고 수준임을 자부하는 글을 쓸 정도로 자신감도 있습니다.
더구나 그 글에 공감과 찬사를 보내는 팔로어의 댓글을 보더라도
이 사람의 전문성과 유능함은 의심의 여지가 없어 보입니다.

　　저는 SNS에서 지적 능력을 과시하는 사람들을 보면서 이들은

당연히 어느 정도 경제적인 안정과 성취가 있을 거로 생각했습니다. 그리고 몇 년의 시간이 흘렀습니다. 그런데 상황은 저의 예상과 달랐습니다. 그 똑똑한 사람들이 소위 이야기하는 경제적 자유는커녕, 당장 눈앞에 닥친 경제적 문제조차 스스로 해결하지 못하는 모습을 목격하게 된 것입니다. 참 이상한 일이죠?

"왜 똑똑한 사람들이 가지고 있는 지식과 통찰, 역량이 정작 자신의 경제적 안정으로 이어지지 않는 걸까요?"

물론 똑똑한 사람들이 모두 그런 것은 아닙니다. 똑똑하면서 유능한 사람, 똑똑하면서도 지혜로운 사람이 있는 반면 그렇지 않은 사람들이 있습니다. 많은 지식을 가지고 있고 공부도 많이 했지만, 이를 자신의 역량과 성과로 연결시키지 못하는 것이죠. 오랜 시간 동안 관심을 가지고 지켜보니 '똑똑하지만 성취를 이루지 못하는 사람', 이들에게 일정하게 반복되는 몇 가지 패턴을 발견할 수 있었습니다.

기본적으로 이들은 스스로 '똑똑하다'라는 비교우위의 정체성을 가지고 있습니다. 때문에 자신보다 압도적 우위에 있는 존재가 아닌 이상, 평범하다고 여기는 타인의 성취와 성공을 쉽게 인정하지 않습니다. 이 때문에 자신보다 지식과 경험이 부족해 보이는 사람들이 크게 성공하거나 성과를 내는 것에 대해 불편함과 부당함을 느낍니다.

그리고 마치 원래 내 것이었던 성공의 기회를 그럴 능력과 자격이 없는 이들에게 부당하게 빼앗겼다고 여깁니다. 자신은 이로부터 일종의 피해를 입었다고 생각하는 것입니다. 결국 이런 열패감을 극복하기 위해 대상을 낮추고 폄하하기 시작합니다. 이런 시도들이 자아의 안정과 내면의 평화로 이어지길 소망하면서 말이죠.

하지만 여기에는 모순이 있습니다. 정말 나보다 덜 똑똑하고, 나보다 못난 사람이 나보다 더 큰 성공을 거두었다면, 이보다 더 큰 기회가 어디 있을까요? 이들을 비하하고 깎아내릴 시간에 자신이 스스로 해당 분야에 뛰어들면 크게 성공할 텐데, 안타깝게도 이들은 그렇게 하지 않습니다. 대신 그들은 타인의 성공을 속임수 또는 사기라고 이야기하며 SNS를 통해 적극적으로 다른 사람의 일과 삶을 폄하합니다.

여기서부터 문제가 생기기 시작합니다. 지혜로운 사람들은 자기 능력을 자아 성찰과 발전, 나아가 다른 사람들의 성장과 성공을 돕기 위해 사용합니다. 하지만 대개 똑똑함과 어리석음의 경계를 분별하지 못하는 사람은 자기가 가진 능력을 자신의 가치를 높이는 데 사용하는 것이 아니라 타인의 가치를 부정하는 데 사용합니다. 그리고 이를 논리적으로 증명하기 위해 사용합니다. 자신이 옳다는 사실을 확인하고 자기합리화를 하기 위해 똑똑한 지능을 활용하는 것입니다.

결과적으로 자신의 근본적인 신념과 행동을 변화시키지 않기 위해 현상을 부정하고 스스로를 설득합니다. 이들의 논리적이고 똑똑한 장점이 역으로 작용하게 되는 것이죠. 이것을 자존심이라고 표현하면 적절할까요? 실제 자존감이 낮은 사람들은 자신의 낮은 자존감을 보상하려는 방편으로 자존심을 활용합니다. 그런데 이때 발동하는 자존심은 실제 자신이 정당하게 누릴 수 있는 만큼의 자격과 범주를 벗어나게 되죠. 결과적으로 자존심과 자격지심의 묘한 경계가 신경증의 형태로 표출됩니다.

외부의 대상에 대해 지나치게 예민해진다는 겁니다. 마치 언제라도 '나의 성공할 권리'가 침해당한 사실에 대해 분노하고 이러한 감정의 파편을 SNS에서 발산할 준비를 하는 듯합니다. 겉으로 똑똑하고 역량 있어 보이는 사람들이 유독 이런 취약점을 가지고 있는 경우를 관찰하게 됩니다.

역설적으로 이렇게 지능적인 방식으로 자존감을 보호하려는 사람들의 발언은 단기적으로 동일한 내면의 욕망을 감추고 있는 사람들에게 사이다로 칭송되곤 합니다. 대상을 낮추는 방식으로 논리적·도덕적 우월감의 쾌감을 공유하는 행위로 팬덤이 형성되면, 팬덤이라는 내집단을 통해 다시 자신이 옳다는 사실을 확인받습니다. 결과적으로 자신은 아무런 생산적 가치를 내놓지 않고도 다른 대상이 생산한 가치를 끌어내리며 자신의 가치를 높이고자 합니다.

비단 이런 마음이 특정한 몇몇 사람들에게만 있는 것은 아닙니다. 어쩌면 우리 모두의 마음속에 남을 끌어내려 자신의 가치를 쉽게 높이고 싶은 유혹이 있지 않을까요? 하지만 그럼에도 불구하고 지혜로운 사람들은 그렇게 하지 않습니다. 누구나 알고 있듯이것은 바람직한 방법도 지속 가능한 방식도 아니기 때문입니다.

이들은 장기적으로 성장하지 못하고 여전히 성공한 사람을 분석하여 비판의 실마리를 찾는데 에너지를 쏟곤 합니다. 대체 이들은 왜 타인에게 집착하는 것일까요? 그것은 바로 대상을 평가하고 등급을 나누고, 이를 다시 구분하고 구별 짓는 행위를 통해 자신의 존재감을 확인받기 때문입니다. 자신의 힘으로 자기를 존중하기 어렵다고 느끼는 사람은 계속해서 외부의 대상과 끊임없이 비교하는 가운데 자존감의 실마리를 찾으려고 합니다. 무엇보다 자존감이라는 스스로에 대한 존중의 원천이 타인의 결점과 약점을 기반으로 형성돼선 안 될 일인데 말입니다.

시간이 지날수록 지식의 반감기가 기하급수적으로 짧아지고,

이에 따라 성공의 공식과 방향도 빠르게 변화하고 다양해지고 있습니다. 과거에는 '지금 똑똑한 사람'이 5년 후에도 여전히 똑똑한 사람일 가능성이 높았습니다. 하지만 현재는 다릅니다. 새로운 것을 배우고 성찰하고 어제의 지식과 경험을 끊임없이 의심하지 않는다면, 오늘 가장 똑똑했던 사람도 당장 내일은 그 지식과 경험을 바탕으로 세상에서 가장 멍청한 사람이 될 수도 있습니다.

> **"우리가 위험에 빠지는 것은 무언가를 몰라서가 아니다.**
> **무언가를 확실히 안다고 착각하기 때문이다."**
> _ 마크 트웨인

다른 사람에게 무언가를 가르칠 때 가르치기 가장 어려운 사람이 있습니다. 바로 배우는 사람 스스로가 해당 분야에 대해 어느 정도 알고 있다고 생각하는 사람입니다. 이런 사람들을 앞에 두고 무언가를 가르치는 것은 꽤 큰 인내심이 필요합니다. 차라리 이들보다는 오히려 아예 모르는 사람을 가르치는 편이 훨씬 쉽습니다. 왜냐하면 자신이 모르고 있다고 생각하는 사람은 그저 알려주는 방법 그대로, 그냥 배운 대로 연습하고 실행합니다. 하지만 자신이 어느 정도 알고 있다고 생각하는 사람은 자신이 알고 있는 기존의 체계와 개념에서 벗어나기 어렵습니다.

이런 현상은 비즈니스 영역에서도 쉽게 찾아볼 수 있습니다. 자수성가로 큰 성공을 만들어낸 사람들은 말할 필요도 없이 대단하고 훌륭한 사람입니다. 그들은 대개의 사람이라면 포기했을 수많은 문제를 끝까지 포기하지 않았습니다. 또한 그 문제를 해결하는 과정에서 겪어야 하는 온갖 어려움과 역경을 이겨낸 사람들이니까요.

이처럼 어려움과 역경 속에서도 포기하지 않고 끊임없이 도전하여 얻은 사업가의 성공은 존중받아 마땅합니다. 그런데 이렇게 성공한 사업가에게도 취약점은 있습니다. 흥미롭게도 이들이 성공하지 않았더라면 가지지 않았을 취약점이 성공을 통해 발현됩니다.

그 취약점은 바로 '성공 경험' 그 자체입니다. 사업가가 자신이 원하는 목표를 달성하게 되면, 그 목표를 달성하기 위해 적용했던 기존의 지식과 경험에는 관성이 생기게 됩니다. 그간의 성공 경험을 바탕으로 자신의 방식에 대한 과도한 자신감과 확신이 생기는 것입니다.

물론 성공한 방법과 방식은 큰 의미가 있습니다. 하지만 그 과정을 통해 이루어낸 결과가 미래에도 똑같이 적용된다는 보장은 없습니다. 미래는 원래 불확실한 것이기 때문입니다. 따라서 성공한 사업가의 가장 큰 위험은 과거의 성공 경험이 됩니다. 이때 필요한 것은 지금까지의 성공 경험이 미래의 실패 요인이 될 수도 있다는 것을 끊임없이 의심하는 것입니다.

미국의 석유왕으로 불렸던 록펠러는 작은 성공 경험 하나가 그 사람의 판단을 흐리게 만들고 초심을 잃게 만든다고 말합니다. 그러면서 사업가는 성공으로부터 얻어지는 편향을 조심할 것을 경고했습니다. 이미 어느 정도 성공 반열에 오른 사업가일수록 자신이 '알고 있다.'라는 사실에서 벗어나, '틀릴 수도 있다.'라는 방법론적 회의를 품는 것이 필요한 것이죠.

인류가 소크라테스를 지혜로운 사람이라고 평가하는 이유가 무엇인가요? 소크라테스는 "나는 안다."라고 말합니다. 그는 "나는 내가 모르고 있다는 사실을 안다."라고 말했습니다. 그러므로 소크라테스는 자신이 모르고 있다는 사실을 모르는 소피스트보다 모르고 있다는 사실을 알고 있는 자신이 더 현명하다고 했던 것입니다. 열심히 연구하면 할수록 더 많은 연구가 필요했다고 말하는 어느 과학자는 지식의 역설을 다음과 같이 비유합니다.

> **"우리 지식의 섬이 커지면 이에 맞춰**
> **무지의 해변도 그만큼 더 커진다."**
> **_존 휠러**

어나더레벨

모든 일에 작용과 반작용이 있습니다. 아는 것이 많아질수록 동시에 모르는 것도 많아집니다. 따라서 책을 읽을수록 늘어나는 지식의 크기만큼, 무지를 찌르는 지식의 파편도 동시에 늘어납니다. 우리는 종종 많은 훈련과 경험을 통해 높은 수준의 지식과 통찰을 가진 사람들이 일반적인 사람에 비해 겸손하다는 인상을 받을 때가 있습니다. 하지만 그것이 그들의 겸손 때문만은 아닙니다.

다만 공부와 훈련을 통해 자신의 주제와 실재實在를 파악하는 능력이 생겼을 뿐입니다. 자신이 아는 것과 모르는 것, 이 둘을 구별하고 자신을 객관적으로 바라볼 수 있을 때 사람은 누구나 겸손해집니다. 높이 쌓을수록 그림자도 짙어지는 법이기 때문입니다.

따라서 현명한 사람일수록 스스로를 의심하는 능력도 발달하게 됩니다. 이를 하워드 가드너의 다중지능이론에서는 '자기성찰지능'이라고 합니다. 그런데 단순히 자신이 많이 안다는 사실에만 집중하는 사람은 주로 대상을 평가하고 평론합니다. 하지만 자신이 알아야 할 것이 더 많다고 생각하는 사람은 배우고 성찰합니다. 여기서 중요한 점은 평가와 평론은 자존감의 결핍과 지적 허영심을 채워줄지언정, 자신이 원하는 욕망의 실현에는 실질적으로 도움이 되지 않는다는 것입니다.

부정적 견해, 비관적 전망은 비교적 손쉽게 사람들의 이목을 집중시키고 합리적 결론을 추론하는 힘이 있습니다. 심지어 그런 태도는 사람들로 하여금 자신을 유능한 사람으로 보이게 만드는 효과가 있습니다. 그럼에도 불구하고 우리는 이같이 손쉽게 얻을 수 있는 욕망과 유혹으로부터 자유로워져야 합니다. 비판과 비난의 욕구에 수긍하여 대상을 비평하는 견해를 일삼는 사람은 정작 삶이 우리에게 선물하는 기회를 바라볼 여유가 없기 때문입니다.

똑똑한 사람들의 평가와 평론은 대부분 맞고 가끔 틀립니다. 왜냐하면 대부분의 도전은 실패하기 때문입니다. 하지만 우리는 실패하고 틀리는 것에 대한 두려움을 이겨내야 합니다. 왜냐하면 9번의 실패 뒤에 겪게 되는 한 번의 성공이, 그동안 실패했던 9번의 시간과 노력을 압도하는 가치를 가지고 있기 때문입니다. 그리고 그때가 되면 9번의 시행착오가 한 번의 성공을 위해 기여한 역할이 결코 작지 않았음을 깨닫게 됩니다.

중요한 것은 틀리지 않기 위해 노력하는 것이 아니라 자신을 위해 가치 있는 결정을 하는 것입니다. 시도와 실패를 반복하지 않으면 아무 일도 일어나지 않습니다. 어차피 몇 번을 실패하든 상관없습니다. 딱 한 번만 성공하면 됩니다. 그 한 번이 인생의 모든 것들을 바꾸어 놓게 됩니다.

동시에 우리 스스로가 똑똑한 비관론자의 욕망을 좇는 대신 지혜로운 성찰자의 길을 걷기를 원한다면 두 가지 사실을 기억해야 합니다.

> 첫째, 타인과 대상에 대한 평가와 평론의 욕망을 멀리 할 것.
>
> 둘째, 배움과 성찰의 고통을 곁에 둘 것.

3장

연습과 훈련
Training

연습과 훈련의 혜택은 누구의 것인가?

12. 우리는 언제 불안에 빠지는가?

"우리는 기대하는 수준까지 올라가는 것이 아니라, 훈련한 수준까지 떨어진다."_ 아르킬로코스

　　인류 역사상 가장 위대한 스포츠 선수가 있습니다. 그중에서도 마이클 조던은 우리가 제일 먼저 떠올리는 사람 중 한 사람입니다. NBA에서 활약한 그의 기록과 업적은 여기서 일일이 언급하는 것이 무의미할 정도로 전무후무합니다. 그런데 1987년부터 1993년까지 마이클 조던은 종종 슬럼프에 빠지곤 했습니다. 여기저기 쏟아지는 언론과 팬들의 관심, 이에 대한 심리적 부담을 안고 뛰어야 하는 경기, 그를 집중적으로 견제하는 상대팀, 빼곡한 일정과 충분한 휴식의 부재, 그럼에도 불구하고 참가해야 하는 팀 연습, 마이클 조던은 극도의 스트레스를 받았습니다.

　　결국 그는 번아웃에 빠지게 되었죠. 과도한 스트레스, 계속되는 경기와 훈련으로 농구는 물론 삶에 대한 의욕까지 잃게 되었

습니다. 당시 결승전을 앞두고 있던 시카고 불스는 난리가 났습니다. 왜냐하면 시카고 불스는 마이클 조던을 중심으로 움직이는 팀이었기 때문입니다. 하지만 그럼에도 불구하고 시카고 불스의 팀 닥터는 마이클 조던에게 휴식을 권했습니다. 어쩔 수 없이 마이클 조던은 의사의 권고대로 시카고 불스의 NBA 결승전 출전을 포기하고 2주 정도 휴식을 위해 여행을 다녀오기로 결심합니다.

마이클 조던만 그랬던 것은 아닙니다. 수영선수 마이클 펠프스와 피겨 여왕 김연아 선수에게도 비슷한 일이 있었습니다. 이들 역시 매일 같이 반복되는 고강도의 연습으로 무기력증에 빠졌습니다. 이럴 때마다 잠시 훈련을 멈추고 시간을 내어 취미생활을 하거나 여행을 하며 마음을 다스렸습니다. 이들은 컨디션이 좋지 않거나 무기력증, 또는 우울감이 찾아올 때면 각자 자신만의 방법으로 이를 지혜롭게 극복하곤 했습니다. 펠프스는 주로 게임과 쇼핑을 즐겼고 김연아 선수는 맛집을 찾아 좋아하는 음식을 먹거나 친구들과 영화를 보며 연습과 훈련에 지친 몸과 마음을 보살폈습니다.

아마 모든 언론의 그 어떤 기사에서도 찾아보기 힘든 이 이야기가 조금 낯설게 느껴지실 수도 있을 것 같습니다. 더구나 마이클 조던이나 펠프스, 김연아 선수를 좋아했던 팬들은 이런 사실이 믿기 힘들 수도 있겠다는 생각이 듭니다.

그 마음을 이해합니다. 그리고 믿기 힘든 것도 당연합니다. 왜냐하면 이 이야기는 제가 지어낸 거짓말이기 때문입니다. 그러니 그 어떤 매체를 통해서도 이와 같은 이야기는 들어봤을 리 없습니다. 왜냐하면 마이클 조던, 마이클 펠프스, 김연아는 제가 지어낸 이야기와는 정반대로 행동했던 사람들이기 때문입니다. 저는 이들이 어떤 이유로든 연습과 훈련을 멈추었다는 이야기를 찾아볼 수 없었습니다.

> 피아니스트 빌헬름 바크하우스에게 기자가 물었다.
> "선생님, 연주하지 않을 때는 주로 뭘 하십니까?"
> 물끄러미 그 기자를 쳐다보던 그는 퉁명스럽게 대답했다.
> "연주하지 않을 땐 연습을 하지!"

1987년부터 1993년까지, 마이클 조던은 NBA 득점왕을 연속으로 차지하며 최고의 전성기를 누리던 시기입니다. 동료 선수들이 술, 여자, 심지어 마약에 빠져있을 때도 그는 연습을 했습니다. 마이클 조던의 코치였던 팀 그로버는 마이클 조던이 가장 탁월한 선수임과 동시에 가장 연습과 훈련을 많이 하는 선수였음을 회상합니다. 또한 경기력의 0.01%라도 향상시킬 수 있는 훈련이라면 기꺼이 수긍하고 무섭게 몰입했다고 회고합니다.

그런 마이클 조던이 단지 기분이 별로 좋지 않다거나 컨디션이 나쁘다는 이유로 연습을 멈췄다면 그는 그저 그런 평범한 선수에 불과했을 것입니다. 그런데 실제 마이클 조던은 고등학교 시절 학교 팀 선발에서 탈락한 평범한 선수였습니다. 그렇다고 마이클 조던의 선천적 재능을 부정하는 것은 아닙니다. 하지만 연습과 훈련은 마이클 조던이 스스로 기대하는 최대의 잠재력을 발휘할 수 있도록 해주었습니다. 농구에 있어 NBA는 기본적으로 재능을 타고난 이들이 노력까지 하는 선수들로 이루어진 곳입니다. 지금까지 알려진 마이클 조던의 훈련과 노력에 대한 일화는 일일이 열거하기 힘들 정도입니다. 그 정도로 그는 최대의 노력, 극한의 훈련을 일상적으로 반복하였습니다.

여기 또 한 사람이 있습니다. 올림픽 역사상 가장 많은 금메달을 획득하며 수영의 전설적인 선수가 되어버린 마이클 펠프스는 말합니다.

"오늘이 무슨 요일인지도 몰라요.
날짜도 모르고요. 전 그저 수영만 해요."

그리고 김연아 역시 이렇게 말합니다.

> "다 끝나고 나면 느껴요.
> 아, 이게 연습의 결과구나."

　마이클 펠프스는 하루 종일 연습만 하는 것으로 유명합니다. 그는 수영을 더 잘하기 위해 잠을 자고, 수영을 더 잘하기 위해 밥을 먹고, 수영을 더 잘하기 위해 운동을 합니다. 펠프스의 하루 24시간, 삶의 모든 것이 수영을 잘하는 것에 초점이 맞춰져 있는 것이죠. 실제 한 인터뷰에서 그는 지난 5년 동안 단 하루도 훈련을 빼먹지 않았다고 말합니다. 우리 김연아 선수도 마찬가지입니다. 멋진 경기를 펼치기 위해 얼마나 많은 연습과 훈련을 반복했을까요?

　김연아 선수가 보여준 연기와 업적은 이와 같은 사실을 증명합니다. 어린 시절 친구들과 함께 어울리고 싶은 마음이 얼마나 컸을까요? 우리나라에서 피겨는 안 된다는 객관적인 역사와 선입견에 그냥 포기하고 싶은 순간은 얼마나 많았을까요? 연습과 훈련의 고통도 고통이지만, 똑같이 반복되는 시간의 지루함을 견디는 일 또한 정말 힘든 과정이었을 것입니다.

　지금까지 언급한 연습과 훈련은 비단 세계 최고의 선수들에게만 해당하는 특별한 이야기가 아닙니다. 사실 모든 프로선수가 매일 이렇게 합니다. 매일 연습과 훈련을 하지 않는 선수가 있다면 아마 그 선수는 프로가 아니라 아마추어일 겁니다. 그리고 기분이 좋을 때, 상황이 허락하는 때에만 하는 것은 취미나 여가 활동에 가깝겠죠.

> "훈련은 쉽다.
> 지속적이며 꾸준한 훈련이 어려울 뿐이다."
> _ 제시 잇츨러

그러면 여기서 질문이 생깁니다. 프로는 날씨와 기분, 상황에 상관없이 매일 연습하고 훈련하는 사람들입니다. 그리고 프로는 이에 대한 대가로 자신의 연봉을 요구하고 또 그의 실력과 성과에 합당한 가치를 책정받습니다. 이를 반대로 이해하면 자기 일에 대해 연봉을 요구하고 실력과 성과에 합당한 가치를 책정받는 모든 사람은 프로라고 할 수 있습니다.

그렇습니다. 사실 우리는 프로선수들에게 적용되는 것과 동일한 규칙이 적용되는 세계에서 살아가고 있습니다. 규칙은 앞서 언급한 그대로입니다. 프로 선수들이 매일 혹독한 훈련과 연습을 반복하는 것은 상식에 가깝습니다. 프로 선수들이 자신의 가치를 증명하기 위해 매일 연습과 훈련을 반복하듯, 직장인과 직업인 역시 매일 연습과 훈련을 반복해야 합니다.

그런데 대부분 직장인, 직업인들은 매일 치열한 연습과 훈련을 반복하고 있을까요? 만약 하고 있다면 매일 어떤 연습과 훈련을 하고 계십니까?

직장이나 작업의 현장에서 일하는 것은 연습과 훈련이 아닙니다. 우리가 실제 프로선수들의 경기를 연습이라고 표현하지 않듯 말입니다. 이에 따라 우리가 실전의 경기에서 좋은 성과를 내기 위해 열심히 준비하고 노력하는 것을 진정한 의미의 연습, 또는 훈련이라고 정의할 수 있을 것입니다.

그렇다고 단순히 연습과 훈련을 한다고 실력과 성과를 보장하는 것도 아닙니다. 프로들의 세계에서 연습과 훈련을 안 하는 선수들은 없습니다. 앞서 말했듯이 연습과 훈련의 루틴이 없다면 이것은 취미활동에 가까운 아마추어일 것입니다. 성과를 내는 프로선수들은 '열심히', '노력'하는 연습과 훈련을 반복했습니다. 그러면 '열심히', '노력'이란 단어의 뜻은 무엇일까요?

> 노력 : 〔명사〕 목적을 이루기 위하여 몸과 마음을 다하여 애를 씀.

> █ 열심히 : 〔부사〕 어떤 일에 온 정성을 다하여 골똘하게.

국어사전을 찾아보니 '열심히 노력한다'의 핵심은 '다하여'하는 것이었습니다. '온', '모든 것'을 걸고 말입니다. 사전적 정의에 의하면 일주일에 월.화.수.목.금, 이때만 하는 것은 다하는 것이 아닙니다. 일부만 하는 것입니다. 오전 9시부터 오후 6시까지만 하는 것도 다하는 것이 아닙니다. 일부만 하는 것입니다. '다한다'라는 것은 가지고 있는 365일, 24시간 동안 내가 가진 모든 것을 건다는 의미입니다. 하고 싶을 때만 하는 것은 '다하는 것'이 아닙니다. 하고 싶지 않을 때도, 가능하지 않을 때도 하는 것이 다하는 것입니다. 적어도 사전적인 의미로는 그렇습니다. 마치 앞에서 살펴봤던 조던, 펠프스, 김연아가 그랬던 것처럼 말입니다.

계속 대단한 선수들의 이야기를 하자니 갑자기 숨이 막히기 시작합니다. 그건 그런 사람들이나 할 수 있는 것 아니냐고 생각할 수도 있습니다. 맞습니다. 저도 그 정도의 절제와 인내, 노력은 극소수의 사람들이나 할 수 있는 것으로 생각합니다. 일반적이지 않다고 생각해요. 하지만 주변을 둘러보면 '열심히', '노력'은 고사하고 단순한 훈련과 연습의 습관을 지닌 사람도 흔하지 않습니다.

물론 매일 열심히 연습하고 훈련하는 사람도 있지만, 그런 사람은 극소수에 불과합니다. 대체로는 자신의 능력과 잠재력을 제대로 발휘해 보기도 전에 자신의 한계를 규정짓습니다. 세계 최고의 스포츠 선수들처럼 열심히 노력하여 연습하고 훈련하자는 것이 아닙니다. 적어도 지금 하는 일이 동아리나 취미가 아니라면, 프로답게 그에 걸맞은 최소한의 연습과 훈련 정도는 시도해 보자는 것입니다.

우리의 일상에서 일을 제외하고 연습과 훈련이 차지하는 비중은 얼마나 될까요? 혹시 프로 수준의 대우와 보상을 희망하면서도 정작 하루 일과는 아마추어 수준의 연습과 훈련으로 짜여있는 것은 아닐지요. 잠재적 희망과 현실적 행위 간의 간극을 극복하려는 연습과 훈련의 결핍, 이를 선택하고자 하는 의지력의 부재가 삶의 곤궁함에 대한 변명이 되고 있는 것은 아닐까요?

인사처럼 건네는 위로와 힐링, 조금 힘들면 번아웃이 온다고 습관처럼 말하는 풍토에 의문을 던지지 않을 수 없습니다. 물론 진짜 번아웃 증후군 상태에 있는 사람들이 있습니다. 이런 경우는 정말로 아픈 환자입니다. 그리고 아픈 사람은 제대로 된 치료를 받고 충분히 쉬어야 합니다.

하지만 아픈 것과 힘든 것은 다릅니다. 기본적으로 연습과 훈련은 힘듭니다. 이런 성장의 과정이 힘들지 않고 손쉽다면 오히려 그것이 이상한 일 아닐까요? 힘든 일을 힘들다고 느끼는 것은 당연합니다. 하지만 누군가 힘들다는 것을 이유로 아프다고 말한다면 이것은 잘못된 것입니다. 아픈 것과 힘든 것은 엄격하게 구분되어야 한다는 것입니다. 아픈 사람은 당장 멈춰야 합니다. 치료받아야 하기 때문입니다. 하지만 힘든 사람은 그 힘든 상황을 이겨내기 위해 노력해야 합니다. 이로써 아픈 사람은 치유될 수 있고 힘든 사람은 고통을 통해 성장할 수 있습니다.

그러나 원하는 것을 단기간에, 몸과 마음은 힘들이지 않고 크게 노력하지 않으면서 쉽게 얻으려는 이기적인 효율성의 풍조는 문화가 되어가는 것 같습니다. 때문에 힘든 것은 손쉽게 나쁜 것이 되고 아픈 것이 됩니다. 당장 SNS에 떠도는 광고와 돈을 다루는 책들의 제목만 봐도 그렇습니다. 쉽게 얻고 빨리할 수 있다는 다양한 광고와 책들이 즐비합니다.

하지만 쉬운 것에 빠지기 시작하면 중요한 것을 놓치게 됩니다. 쉽고 빠르게 하려는 마음은 불편하고 어려운 것을 쉽게 포기하는 습관의 단서가 됩니다. 만약 그렇게 쉽고 빨리할 방법이 있다면 마이클 조던과 펠프스, 김연아, 뿐만 아니라 자신의 분야에서 뛰어난 성취와 업적을 이룬 수많은 사람은 왜 그렇게 지루하고 힘든 연습과 훈련을 반복했을까요? 세계 최고의 코치와 조력자들이 옆에서 쉽고 간단하게 성공할 수 있는 방법을 알려줬을 텐데 말입니다.

> "사람들은 보통 훈련을 하려면 에너지가
> 많이 필요하다고 생각하지만 실은 그 반대다.
> 훈련을 통해 많은 에너지를 얻을 수 있다.
> 아침 달리기 같은 운동을 하고 나면 정신적으로나
> 육체적으로나 좋은 기운으로 가득 차게 된다."
> _ 라파엘 배지아그

힘든 과정과 고된 시간이 우리에게 주는 아이러니가 있습니다. 과연 마이클 조던이 혹독한 연습과 훈련 때문에 삶이 힘들었을까요? 아닙니다. 오히려 매일같이 힘들게 반복하는 연습과 훈련이 슬럼프와 번아웃을 극복하는 힘이 되었을 겁니다. 마이클 펠프스는 우울과 불안감을 이유로 연습과 훈련을 멈추지 않았습니다.

오히려 혹독한 연습과 훈련 덕분에 우울과 불안함을 이겨냈을지도 모릅니다. 김연아는 희망이 없다는 이유로 연습과 훈련을 포기하지 않았습니다. 오히려 연습과 훈련 덕분에 우리에게 새로운 희망과 꿈을 선물할 수 있었던 것입니다.

그런데 주변을 살펴보면 이와 반대로 연습과 훈련을 하는 사람보다 이를 소홀히 하는 사람들이 번아웃, 불안, 무기력을 호소하는 경우가 많습니다. 어쩌면 그 이유가 지나친 연습과 훈련 때문이 아니라 오히려 연습과 훈련에 대한 시간과 몰입이 부족해서 아닐까요? 연습과 훈련에 충실한 사람은 이를 자기 극복과 자기 신뢰의 도구로 삼습니다. 반대로 연습과 훈련을 충분히 하고 있지 않은 사람들은 이를 반대로 합니다. 연습과 훈련을 하지 않는 스스로를 합리화하기 위해 번아웃과 불안, 무기력에 빠집니다.

쉽게 말해 원인이 결과를 만드는 것이 아니라, 결과가 원인을 만드는 것입니다. 연습과 훈련이 번아웃 상태의 원인이 되는 것이 아니라, 마음속에 이미 번아웃이라는 결과를 먼저 정해놓았기 때문에 이것이 연습과 훈련을 하지 않아도 되는 원인이 되는 것입니다. 여기에는 분명한 이익이 있습니다. 연습과 훈련을 하지 않고 번아웃이 와야만 얻을 수 있는 이익이 있다는 겁니다.

그 이익은 무엇일까요? 아마도 안전함과 편안함일 겁니다. 당장 힘든 선택을 피할 수 있는 신체적 편안함과 미래에 어떤 결과가 닥쳤을 때 "나는 번아웃 때문에 어쩔 수 없었다."라는 심리적·정서적 편안함이 주는 순간적 이익 때문에 지속 가능한 가치와 이익을 놓치고 맙니다.

다시 강조하지만 번아웃이 잘못되었다는 것을 말하는 것이 아닙니다. 실제로 의학적인 번아웃 상태가 있습니다. 하지만 저는 아직까지 '연습'과 '훈련'을 '열심히' 반복하고 '노력'해서 의학적으로 번아웃 진단을 받은 사람을 본 적이 없습니다. 반대로 평소에 연습과 훈련을 전혀 하지 않은 사람이, 그 안전하고 편안한 상태의 대가로 맞이한 정신적 공황상태를 번아웃이라고 표현하는 경우를 종종 목격하게 됩니다.

공백의 과정으로 충실한 결과를 바라는 소망이 실현되지 않았을 때 마주하게 되는 심리적 상태, 그리고 그 심리적 상태가 신체적인 증상으로 발현되는 것을 대가나 순리라고 표현하기 불편할 때, 그때 좀 더 듣기 좋은 말로 번아웃이라고 표현하고 있는 것은 아닐지…

무엇이든 존재보다 부재가 아픈 법입니다. 어쩌면 우리가 번아웃, 우울, 불안, 절망에 빠지는 이유는 고된 연습과 훈련 때문이 아닌지도 모릅니다. 오히려 우리에게 혹독한 연습과 훈련이 부족한 이유로 번아웃, 우울, 불안, 절망에 빠지고 있는 것은 아닐까요? 여기에 우리가 선택할 수 있는 두 갈래 길이 있습니다.

> "훈련하거나, 아니면 후회하거나."

훈련의 고통과 회한의 고통이 있습니다. 둘 중 하나를 선택할 수 있는 기회가 왔을 때, 여러분은 어떤 선택을 하시겠습니까?

부디 그 순간, 참된 삶의 지혜를 발휘하시기 바랍니다.

13. 기브앤테이크: 월급중독 알고리즘

"거리를 보라 오늘도 수천 명의 세일즈 맨이 박봉에 허덕이면서 별다른 의욕 없이 피곤하게 거리를 누비고 있다. 그 이유는 무엇일까? 그들은 언제나 자신들이 원하는 것만 생각하고 있기 때문이다."_데일 카네기

▎ "테이크앤기브_Take and give"

혹시 이런 말을 들어본 적 있으신가요? 아마도 〈테이크앤기브〉라는 문장이 굉장히 어색하게 들리실 겁니다. 왜냐하면 전 세계 어디에서도 〈테이크앤기브〉, 즉 〈받고 주기〉라는 말은 사용하지 않기 때문입니다. 대신 일반적으로 사용하는 말은 바로 〈기브앤테이크〉_Give and take입니다.

여기서 우리는 본능적으로 알아차릴 수 있습니다. '받는 것이 먼저, 주는 것은 나중'이 아니라, '주는 것이 먼저, 받는 것은 나중'이라는 사실 말입니다. 그리고 굉장히 단순해 보이는 이 말에는

성장과 성공에 관한 본질적인 단서가 숨겨져 있습니다. 왜냐하면 주는 것과 받는 것, 이 둘 중 무엇을 우선순위로 하는 태도와 사고방식을 선택하느냐에 따라 그 사람의 운명은 완전히 달라지기 때문입니다.

부자와 빈자의 근본적인 격차는 어디에서 발생하는 것일까요? 부의 법칙을 정의하는 것은 어렵지 않습니다. 〈기브앤테이크〉(먼저 주고 나중에 받는다) 관점으로 보면 이 둘의 사고방식 차이를 자연스럽게 이해할 수 있습니다. 한 사람이 기대할 수 있는 가치(부의 크기)는 자신이 상대방에게 줄 수 있는 가치(혜택)와 영향력에 비례합니다. 따라서 다른 사람에게 줄 수 있는 가치와 영향력의 크기는 그 사람이 획득할 수 있는 객관적인 부의 척도가 되는 것입니다.

하지만 이렇게 상식선에서 이해 가능한 문제도 한 가지 전제가 바뀌면 문제가 복잡해지기 시작합니다. 지금까지 기본 전제였던 〈기브앤테이크〉(먼저 주고 나중에 받는 것)를 〈테이크앤기브〉(먼저 받고 나중에 주는 것)의 관점으로 바꾸어 적용하는 것입니다. 내가 상대방에게 줄 수 있는 가치를 먼저 생각하는 것이 아니라, 내가 상대방에게 받을 수 있는 가치를 우선순위로 생각하는 것이죠. 시작은 어떨지 모르나 결국 어긋난 결말을 향하게 됩니다. 첫 단추를 잘못 끼우면 그다음 단추가 잘못 끼워질 것을 예상하는 것이 어렵지 않듯 말입니다.

　모든 변화의 첫 단추는 바로 압도적 인풋_Input입니다. 그리고 변화와 성장은 고통과 불편을 동반합니다. 따라서 압도적 변화와 성장을 위해서는 압도적 인풋, 즉 고통과 불편을 감수할 용기가 필요한 것입니다. 하지만 고통과 불편이 없는 변화와 성장, 다시 말해 인풋 없는 아웃풋_Output을 기대하는 사람은 필연적으로 모순에 빠지게 됩니다. 하지만 그 모순을 마주하면 이를 임시방편으로 해결하기 위해 궤변을 늘어놓고 스스로를 설득합니다. 그리고 자기 생각이 궤변이 아니라는 것을 입증하기 위해 또 다른 논리적 모순을 발생시킨 후, 다시 마음을 안심시킵니다.

　만약 첫 단추가 잘못 끼워졌다면 단추를 풀고 다시 올바른 위치에 끼우면 됩니다. 하지만 이 사실을 제대로 인식하지 못하는 경우가 있습니다. 대부분 마지막 단추를 끼우려고 할 때야 비로소 첫 단추가 잘못 끼워졌다는 사실을 확인하게 되죠. 심지어 가끔은 다른 사람이 잘못 끼워진 단추를 말해줬을 때, 그제야 이를 알게 되는 경우도 있습니다. 그리고 이때 우리는 더욱 분명하게 첫 단추의 위치가 잘못되었다는 것을 깨닫게 됩니다.

　일 안 하고 돈 벌기.
　운동 안 하고 근육 만들기.

영상 만들지 않고 유튜버 되기.
글을 쓰지 않고 작가 되기.

'인풋 없는 아웃풋'
'불편과 고통이 없는 변화와 성장'

건강한 상식을 가진 사람이라면 이런 일들이 모순이라는 사실을 쉽게 알아차릴 수 있습니다. 이것이 바로 잘못 끼워진 단추입니다. 그런데 문제는 여기서 한 번만 논점을 흐리고 궤변을 얹게 되면 마지막 단추를 끼우기 전까지는 제법 그럴듯하게 들어맞는다는 겁니다.

제때 물을 주지 않은 꽃이 시들지 않길 바라는 마음을 그럴듯하게 설명하려면 많은 노력이 필요한 법입니다. 그냥 제때 물을 주는 편이 훨씬 더 쉽고 지혜로운 방법이죠.

얼마 전 카페에서 옆 테이블에 앉아있던 직장인 몇 명이 다음과 같은 대화를 나누고 있었습니다. "회사에서는 딱 내가 받는 월급만큼 일하면 되는 거야." 누군가 먼저 이렇게 말한 뒤 상대방에게 조언합니다. "너도 네가 회사에서 받는 만큼만 일해. 굳이 어렵게 갈 필요 없어." 이런 대화를 나누며 자신들은 마치 다른 사람들은 아직 발견하지 못한 새로운 삶의 지혜를 얻은 것처럼 즐거워하

어나더레벨

는 모습이었습니다.

이것이 바로 〈테이크앤기브〉 사고방식입니다. 그런데 자신이 줄 수 있는 가치보다 얻을 수 있는 혜택에 우선순위를 두면 원하는 답은 나오지 않습니다. 서로가 서로의 이익을 위한 투쟁의 장 속에 머물게 되면 계속 새로운 변수가 발생하고 원하는 결과의 도출 과정이 복잡해집니다. 고려해야 할 사항이 점점 많아지고 예측할 수 없는 변수가 상수로 고정되어 삶의 주도권을 잃게 된다는 것입니다. 그뿐만 아니라 이러다 보면 늘어가는 것은 자신의 역량과 가치가 아닌 꼼수와 잔머리입니다.

물론 이해는 됩니다. 인간은 누구나 자신의 이익을 위해 노력해야 합니다. 스스로 자신의 이익을 생각하지 않는다면 그 누구도 나의 이익을 대변하지 않기 때문입니다. 또한 자신이 원하는 것을 손쉬운 방법으로 획득할 수 있다면 그보다 좋은 것은 없습니다. 그런데 여기서 한 발 더 나가면 이야기가 달라집니다.

한번 반대 입장에서 생각해 볼까요? 만약 상대방도 〈테이크앤기브〉의 사고방식으로 나를 대한다면 어떨까요? "내가 먼저 받으면 딱 그만큼만 준다."라는 나의 입장과 "네가 먼저 주면 나도 딱 그만큼만 준다."라는 상대방의 입장이 충돌하면 어떻게 되는 것일까요? 결국 그 어느 쪽도 지금보다 더 가치 있는 관계와 이익을 얻지 못한 채 시간만 낭비하게 됩니다. 결국 누가 더 큰 손해를 보게 될까요?

따라서 서로에게 이익이 되는 가치 있는 결론에 도달하려면 누군가는 먼저 균형을 깨뜨려야 합니다. 자신이 줄 수 있는 최고와 최선의 것을 먼저 주고 난 뒤, 그러고 나서 받는 쪽이 되어야 한다는 것입니다. 그리고 사실 우리는 이미 알고 있습니다. 회사에서 연봉을 미리 두 배로 올려 줄 테니 그만큼 성과를 보여달라고 하는 일이 현실에서 일어날 가능성은 불가능에 가깝습니다. 그리고 설마 그런 일이 나에게 일어난다 해도 내가 연봉의 두 배를 받는 만큼, 그 이상의 성과를 낼 수 있다고 장담할 수 있는 사람은 얼마나 될까요?

"만약 정말 두 배의 성과를 낼 수 있다면,
지금까지 왜 그렇게 하지 않았을까요?"

"혹시 회사가 나에게 두 배의 연봉을
먼저 주지 않았기 때문에…?"

누구라도 지금 자신이 가지고 있는 역량과 실력으로 두 배 더

     어나더레벨

높은 가치를 획득할 수 있다면, 당장 두 배의 가치를 더 할 수 있는 그곳으로 이직하지 않을 이유가 없을 것입니다. 만약 그런 선택이 불가능하다면 답은 분명합니다. 현재 내가 제공하는 가치와 상대방이 제공하는 가치는 합리적 균형을 이루고 있는 것입니다. 그리고 여기서 가치 교환의 평형 상태를 깨뜨리고 싶다면 둘 중 누군가는 먼저 합리적 균형의 틀을 깨뜨려야 합니다. 그 균형의 틀을 깨뜨려야 하는 분명한 이유와 절실한 명분을 가지고 있는 사람, 이를 통해 가장 큰 이익을 얻게 될 사람, 그 사람은 과연 누구일까요?

〈테이크앤기브〉의 태도로 월급에 삶을 맡기는 것은 마치 운에 인생을 맡기는 것과 다를 바 없습니다. 이런 방식으로 회사에서 월급을 받아 생활하는 한 안타깝게도 시간은 당신의 편이 아닙니다. 시간이 지날수록 받는 사람의 선택권은 줄어들고 주는 사람의 재량권은 늘어나게 되는 결과를 향하게 될 뿐입니다.

> "어떤 사람의 가치는
> 그 사람이 무엇을 받을 수 있는지가 아니라
> 그 사람이 무엇을 주는지를 보면 알 수 있다."
> _ 알베르트 아인슈타인

좀 더 근본적인 이야기를 해야 할 것 같습니다. 대부분의 사람들이 똑같이 회사에서 월급을 받지만 여기에도 두 가지 부류의 사람이 있습니다. 하나는 '월급의 대가로 일하는 사람', 또 하나는 '일의 대가로 월급을 받는 사람'입니다. 월급의 대가로 일하는 사람은 받는 월급만큼 일할 것이고, 일의 대가로 월급을 받는 사람은 자기 일의 대가만큼 월급을 기대하게 됩니다.

자연스레 전자는 현재에 안주하며 시간을 흘려보내지만, 후자는 자신이 하는 일의 가치를 높이기 위해 노력하게 될 것입니다. 따라서 '월급을 받기 위해 일하는 것'과 '일의 대가로 월급을 받는 것'이라는 태도의 차이는 시간이 지남에 따라 필연적으로 엄청난 차이를 발생시킵니다.

월급의 대가로 일하는 '관점'이 '태도'로 전환되면 월급을 받는 반복적 루틴은 점점 더 자기 삶의 중요한 의식으로 자리 잡게 됩니다. 그리고 점점 월급을 위한, 월급을 향한, 월급에 의한 존재로 변질되어 갑니다. 결국 〈나〉라는 존재도 시간이 지날수록 받는 월급만큼 작아지기 시작하죠.

월급보다 더 큰 존재로 팽창하지 못하고 그 안에서 수축되는 삶을 살기 시작할 때, 삶은 불안해지고 정신은 무기력해집니다. 결국 월급 받는 삶이 아닌 다른 인생은 상상하거나 시도하는 것 자체가 아예 불가능하다고 확정 짓게 되어버리는 것입니다.

따라서 〈기브앤테이크〉의 규칙을 잊어선 안 됩니다. 월급의 대가로 일하는 '월급쟁이'가 아닌, 일의 가치로 돈을 받는 '직업인'이 되어야 한다는 겁니다. 물론 쉽지 않습니다. 한 달에 한 번씩 들어오는 월급은 우리 뇌의 도파민 버튼을 누릅니다. 여기서 우리는 쾌감을 느끼고 꼬박꼬박 들어오는 월급에 일시적인 안온함을 느끼게 됩니다. 이것이 바로 월급의 힘입니다. 월급이 선사하는 안전한 느낌이 반복되면 반복될수록 이런 중독에서 점점 더 벗어나기 힘들어지는 것입니다.

그런데 중독이라는 것이 어떤가요? 처음에는 쾌락이라는 보상을 추구하기 위해 반복하지만, 시간이 지나면 쾌락은 기본값이 됩니다. 이렇게 쾌락이 기본값이 되고 나면 그다음부터는 보상을 얻는 것이 아닌 손실을 회피하기 위한 자극을 무의식적으로 반복하게 됩니다. 손실회피 성향은 인간의 본능입니다. 따라서 중독에 대한 행위가 보상 추구에서 손실회피로 전환되면 이를 중단하는 것이 더욱 어려워집니다. 왜냐하면 처음에는 〈시스템2〉를 통해 의도적·의식적으로 하지만, 이것이 익숙해지면 그다음은 〈시스템1〉을 통해 무의식적으로, 본능적으로 찾게 되기 때문입니다.

넷플릭스 드라마 〈수리남〉에는 마약의 중독성을 적나라하게

묘사하는 장면이 나옵니다. 마약상이 처음 몇 번은 사람들로 하여
금 마약을 무료로 경험할 수 있도록 하는데, 한번 마약을 경험한
사람은 그다음부터 자신이 가진 전 재산과 모든 것을 들고 와 제
발 약 좀 달라고 애원합니다. 그리고 마약상에게 자신이 가진 모
든 것을 내어주면서도 정작 스스로는 마약을 통한 순간적인 쾌락
을 멈추지 못합니다.

월급을 대하는 의존적 태도를 의도적·의식적으로 경계하지 않
는다면 중독으로 이어지기 쉽습니다. 아무리 회사가 어쩌고 상사
가 어쩌고 해도 매월 통장에 월급이 들어오는 순간 느껴지는 쾌락
과 안정적인 느낌은 거부하기 힘든 중독으로 이어집니다. 그리고
중독성의 크기가 자존감의 크기보다 높아지면 자신의 자존감을
훼손시켜 가면서까지 일을 하고 직장을 유지하려고 합니다. 자신
이 원하지 않는, 또는 부당함을 느끼는 일과 상황 속에서도 그저
윗사람이 시키는 대로 맞추어 가면서 일하는 것입니다.

메피스토와 영혼의 계약을 맺은 파우스트의 일상이 순조로울
리 없습니다. 평일 업무시간에는 앉아있는 척하다 퇴근 시간, 주
말만 기다리며 삶의 균형을 외칩니다. 이렇게 월급이라는 중독에
빠지면 자기 삶 속에 자기 자신이 점점 사라지기 시작합니다. 자
신의 생각, 의견, 취향 같은 것들이 사라지고 회사의 목표, 상사의
지시 같은 것만 남습니다. 결국 스스로 삶과 일의 목표를 주도적

으로 설정하고 생각하는 힘을 잃어버리는 겁니다. 점점 시간이 지날수록 월급에 대한 의존은 더욱 커지고, 월급에 대한 의존의 크기가 커지는 만큼 자존감은 낮아집니다. 〈테이크앤기브〉의 태도로 월급을 지향하다 보면 이렇게 된다는 겁니다.

월급 지향적 사고방식의 더 큰 문제는 삶을 바라보는 시야가 좁아지게 된다는 것입니다. 월급에 중독되면 앞으로 1년, 5년, 10년의 긴 타임라인을 바탕으로 거대한 미래와 큰 그림을 바라보고 생각하는 능력이 사라지기 시작합니다. 즉 자기 미래에 대한 상상력을 빼앗기게 되는 것입니다. 대신 자신의 인생을 월급이 들어오는 고작 한 달 단위로만 계획하고 예측하는 일이 상식이 되어버립니다. 이렇게 삶의 시선을 월급에 빼앗기고 나면, 우리는 전체적인 삶의 시야를 잃어버리게 되는 것입니다.

> **"매일매일 새롭게 도전하고 얻은 사람만이
> 자유와 생명 역시 얻을 수 있다."**
> _ 괴테, 『파우스트』 중

회사와 월급이 악마라는 이야기를 하는 것이 아닙니다. 다만 회사와 월급이 주는 '성장의 기회'를 '성공의 열매'라고 착각해선 안

된다는 것입니다. 지금 우리가 한 달에 받는 월급의 가치는 오늘부터 우리가 성장함으로써 기대할 수 있는 5년, 10년 후 미래가치에 비하면 터무니없이 낮은 금액일 것이 분명합니다. 그렇기 때문에 지금 당장의 월급에 휘둘리지 않고 이를 미래의 변화와 성장을 위한 수단으로 활용해야 한다는 것입니다.

〈기브앤테이크〉, 이것이 열쇠입니다. 결국 우리는 가치 있는 무언가를 먼저 줄 수 있는 사람이 되어야 합니다. 줄 수 있는 가치만큼 받게 될 것이기 때문입니다. 그리고 다른 사람을 위해서가 아니라 나 자신을 위해 그렇게 해야 한다는 것입니다. 하물며 친구들 사이에서도 밥이라도 먼저 사는 사람이 잠깐의 주도권을 잡게 되는 것입니다. 먼저 줄 수 있는 가치에 집중하여 이를 증명하고 나면 받는 것은 시간이 해결해 줍니다.

세상은 내가 가지고 있는 미래의 원대한 목표와 다짐을 기준으로 나의 가치를 평가하지 않습니다. 지금까지 내가 실제로 이루어낸 성취, 지금까지 만들어낸 일의 결과를 바탕으로 평가합니다. 이를 바꿔 말하면 자신이 이룬 분명한 결과와 성취를 바탕으로 누군가와 동일한 위치에서 협상할 수 있다면 상대방의 선택권은 줄어들고 나의 재량권은 확장된다는 것입니다. 일과 삶에 대한 주도권이 생기기 시작하는 시점도 바로 이때부터입니다.

이를 위해 관점과 행동을 바꿔야 합니다. 자기 자신의 이익을 중심으로만 생각하는 사람과 같이 일하고 싶은 사람이 있을까요? 아마 누구도 자기 자신의 이익만 생각하는 사람과 같이 일하고 싶은 사람은 없을 것입니다.

받는 것이 기본이 되는 삶은 종국에는 불행해집니다. 일도 누군가에게 받는 거고, 지시도 누군가에게 받는 거고, 월급도 누군가에게 받는 거고, 명절이나 생일선물도 누군가에게 받는 거고, 휴가도 누군가에게 받는 거고, 보너스도 누군가에게 받는 거고, 교육도 누군가에게 받는 겁니다. 자신의 삶을 능동적으로 결정하거나 통제하지 못하는 피동적 존재를 지향하는 사람이 어디 있을까요?

> **"당신의 생각과 행동 방식이 당신을 지금 이 자리에 데려다 놓았다는 사실을 깨달아야 한다."**
> **_ 하브 에커**

이제부터 받는 게 아니라 먼저 주는 겁니다. 다른 사람에게 이익이 되는 가치 있는 행동과 생각에 초점을 맞춰보는 것이죠. 먼저 회사와 고객의 가치가 극대화되는 방향으로 생각하고 행동하면 내가 원하는 가치와 성과는 자연스레 따라옵니다. 왜냐하면 결국 지금 내가 속한 회사의 이익을 위해 헌신하는 것은 미래의 자신을 위해 헌신하는 가장 지혜로운 방법이기 때문입니다.

물론 함께 일하는 동료, 상사, 회사가 나와 맞지 않는다는 생각이 들 수 있습니다. 그런데 바로 이 점이 모순입니다. 지금 그 회사에서 일하는 것을 선택한 사람은 누구인가요? 혹시 본인의 의사와 상관없이 다른 사람에게 억지로 끌려와 일하고 있는 건가요? 그렇다면 맞지 않는 회사, 동료, 상사… 노예처럼 끌려온 상황 속에서도 그 회사를 지금까지 다니고 있는 것은 과연 누구의 선택일까요?

알고 있습니다. 각자 나름의 사정과 변명, 정말 어쩔 수 없는 상황과 사연이 많을 겁니다. 하지만 이제 그 온갖 억울함을 이겨내고 그것들을 딛고 일어서 도약할 시간입니다. 그럴 의지와 희망을 원하기 때문에 지금도 책을 읽으며 노력하고 있는 것 아닌가요? 무슨 일을 언제 어디서 누구와 하더라도 결국 내가 피하고 싶어 했던 동일한 상황과 비슷한 사건은 시간, 장소, 사람만 바뀔 뿐 끊임없이 반복하여 재생됩니다.

그때마다 도망치고 새롭게 다시 시작할 수는 없습니다. 삶의 아이러니가 있습니다. 바로 문제가 있는 곳에 반드시 기회가 있다는 것입니다. 만약 여러분이 어떤 문제에 놓여 있다면 이것은 분명한 신호입니다. 이제 당신이 그 문제보다 더 큰 존재가 되어야 할 때가 되었다는 것입니다.

무조건 지금 다니고 있는 회사에 뼈를 묻어야 한다고 말하는 것
이 아닙니다. 똑같은 능력을 가지고도 누군가는 수억대 연봉을 받
고 누군가는 그 절반도 안 되는 연봉을 받습니다. 그것은 단지 능
력이 아닌 장소와 위치, 운과 환경의 차이일 수 있습니다. 예를 들
어 산업의 규모와 영업이익이 큰 회사는 보상에 후할 테고, 산업
규모와 영업이익이 작은 회사는 더 많이 주고 싶어도 그럴 형편이
되지 않을 수 있습니다.

따라서 지금 내가 서 있는 위치가 나의 능력에 대한 합당한 보
상이 가능한 장소인지 확인하고 이를 객관적으로 판단하는 것도
중요합니다. 하지만 이 같은 결론을 내리기 전에 먼저 자신의 역
량과 성과를 증명하는 것, 이것이 중요하다고 이야기하는 겁니다.
회사라는 장소의 본질은 월급을 받으며 최대한 오랫동안 머무르
는 것이 아닙니다. 오히려 그 반대에 가깝습니다.

> "직장은 어쩌면 자기 자신을 찾기보다
> 더 쉽게 자기 자신을 잃어버릴 수 있는 곳이다."
> _ 데이비드 화이트

회사는 훈련하기 안전한 곳이지만 정착하기 위험한 곳입니다. 회사는 머무르는 장소가 아니라 성과와 성장을 증명하고 훈련하기 위한 장소가 되어야 한다는 것입니다. 따라서 회사에서는 최소한의 기간 동안 최대한의 훈련을 경험하고 이를 습득하여 회사의 이익을 극대화하고 자신의 가치를 빠르게 높여가야 합니다. 월급에 안락함을 느끼고 우물쭈물 시간을 보내다가는 이러지도 저러지도 못하는 상황에 빠지기 십상입니다.

시간이 지날수록 '회사가 필요로 하는 사람'의 가치는 점점 높아집니다. 하지만 '회사를 필요로 하는 사람'의 가치는 점점 낮아집니다. 회사는 월급에 안주하여 거주하고 머무르려고 하는 사람에겐 가혹합니다. 하지만 월급의 한계에서 탈출하려고 몸부림치는 사람에겐 더 나은 조건을 제시하며 붙잡아두려고 합니다.

그러니 지금 그곳에 머물러 있는 동안 회사라는 안전 펜스 안에서 최대한의 경험과 훈련을 쌓아 자신의 가치를 높여야 합니다. 그리고 나면 주도적 선택의 여지가 생깁니다.

회사에 다닐 것인가?
이직할 것인가?
사업할 것인가?
프리랜서로 살 것인가?

아예 새로운 도전을 할 것인가?

이렇게 회사에서 쌓은 경험과 훈련을 바탕으로 원하는 삶과 일의 형태를 스스로 결정할 수 있을 때, 우리는 진정으로 '일로부터의 자유'가 아닌 '일을 향한 자유'에 닿을 수 있게 됩니다.

책임과 의무를 피하면서 얻게 되는 자유는 자신의 세계를 점점 축소하고 고립하면서 획득하게 됩니다. 반면에 책임과 의무를 지면서 얻게 되는 자유는 자신의 세계를 확장시키고 독립시킵니다. 감옥 안에서의 자유를 진정한 자유라고 할 수 있을까요? 그저 월급 받는 만큼 일하겠다는 〈테이크앤기브〉, 월급 중심적 사고방식은 자유를 축소시키고 〈나〉라는 세계의 크기를 월급의 틀 안으로 고립시킵니다. 또한 기대할 희망의 크기가 점점 작아지는 미래를 맞이하게 됩니다. 무엇보다 자신의 영혼에 해롭습니다.

반면에 먼저 주는 것이 쌓여갈수록 시간은 나의 편이 되어줍니다. 현명한 농부라면 자신이 뿌리지도 않은 씨앗이 싹트길 기다리는 어리석은 짓은 하지 않습니다. 또 제아무리 부지런한 농부가 뿌린 씨앗이라 할지라도 하나의 씨앗이 열매를 맺기까지 비옥한 토양, 적절한 일조량, 강우량 등 많은 것들이 필요합니다. 우리 모두의 삶에는 각자 조금은 덜 비옥한 토양, 부족한 일조량과 강우량 같은 저마다의 사정들이 있습니다. 그렇다고 아예 씨앗 심기를 포기해서야 될까요? 먼저 주는 사람, 씨앗을 뿌리는 사람이 될 수 있다면 시간은 레버리지 수단이 됩니다.

> **"이 세상이 제공하는 가장 최상의 것을 원한다면
> 너 또한 세상에 최상의 너를 제공하라."**
> _ 오프라 윈프리

어떤 이는 반문할지 모릅니다. 먼저 주는 것을 이용하고 악용하는 사람들이 있다고요? 맞습니다. 물론 그런 사람들도 있습니다. 하지만 받은 것에 대해 감사하고 보답하려는 마음을 가진 사람은 훨씬 더 많습니다. 우리는 우리에게 이익이 되는 생각과 행동을 하면 됩니다. 그것이 전부입니다. 우리의 선한 마음을 악용하려는 사람보다 이 마음을 알아보고 보답하려는 사람들이 훨씬 더 많다면, 어느 쪽이 우리에게 이익이 되는 행동일까요?

모든 사람은 자기 이익에 본능적으로 민감합니다. 누구나 손해 보는 것을 싫어합니다. 이 때문에 자신의 입장에서 자신의 이익만 챙기는 사람이 지속적으로 잘 되기를 기대하는 것은 어렵습니다. 물론 인생의 어느 시기에 잠깐 잘될 수는 있겠죠.

우리가 이미 알고 있는 상식적 수준의 지식과 관념 속에는 우리가 찾고자 하는 대부분의 본질이 깃들어 있습니다. 하지만 사람들은 때로 어떠한 사실이 너무나도 당연하고 상식적이라는 이유로 그 사실이 암시하는 본질적 맥락을 쉽게 지나치곤 합니다. 또한 아주 중요한 사실이 반복되어 흔해지면 이를 진부한 클리셰로 치부하고 하찮게 여기는 경향이 있습니다.

　참 이상한 일이죠? 수많은 책에서 동일하게 반복되는 메시지가 있다면 대부분의 사람들은 이것을 중요한 이야기로 받아들이기보다는 뻔한 이야기로 받아들이곤 합니다. 그런데 생각해 보면 어떠한 메시지가 다양한 사람들에 의해 진부하게 받아들여질 만큼 반복되고 있다면 이것이야말로 깊이 생각해 봐야 할 가치가 있는 명제일 가능성이 높습니다.

　그럼에도 불구하고 이미 자신이 익숙한 내용은 알고 있다고 생각하고, 이미 알고 있는 것은 중요하지 않다고 생각합니다. 마치 우리가 이미 가지고 있는 것들에 대해 감사와 사랑의 마음을 가지는 것보다 아직 자신이 가지고 있지 않은 것에 대한 욕망의 발현이 훨씬 더 쉽고 매력적으로 느껴지는 것처럼 말입니다.

　'사행습인운'이라는 말이 있습니다. 제가 항상 몸에 지니고 다닐 정도로 중요하게 여기는 문장입니다. 생각을 바꾸면 행동이 바꿔고, 행동을 바꾸면 습관이 바뀌고, 습관을 바꾸면 인격이 바뀌고, 인격을 바꾸면 운명이 바뀐다는 뜻입니다.

"생각을 바꾸면 운명이 바뀐다."

14. 절대 놓쳐선 안 되는 사람

"자신에게 평화를 가져다주는 것은 자신밖에 없다. 근본 원리에서
이기지 못하면 그 어떤 것도 당신에게 평화를 가져다주지 못한다."
_ 랄프 왈도 에머슨

　　우리가 원하는 것을 얻고 싶을 때 집중해야 하는 것들이 있었습
니다. 바로 〈기브앤테이크〉_Give and take, '먼저 주고, 나중에 받
기'였습니다. 내가 상대방에게 줄 수 있는 가치만큼 자신이 원하
는 것을 얻을 수 있는 것입니다. 여기서 핵심은 먼저 주는 것이죠?
그런데 여기에 한 가지 중요한 사실이 있습니다.

　　상대방에게 먼저 주어야 한다고 했는데, 〈기브앤테이크〉를 이
보다 먼저 적용해야 할 대상이 있습니다. 바로 〈나〉라는 존재입니
다. 나는 늘 나와 함께 합니다. 그런데 우리는 〈나〉라는 존재를 잠
시 뒤로 한 채, 오늘의 삶을 살아내야만 하는 수많은 순간을 마주
치게 됩니다. 그 장면을 하나씩 이겨내다 보면 어느새 〈나〉라는
존재는 시간의 저편으로 뒤처지게 되죠. 그러다 보면 갑자기 〈나〉

라는 존재를 회복하고 싶은 순간이 찾아오게 됩니다. 나에 대해
너무 많은 것을 잊고 살았기에, 많은 것을 잃어버리게 되었다는
사실을 깨닫고 그제야 자신의 삶을 본래의 것으로 원위치시키는
것입니다.

나는 누구와 무엇을 할 때 가장 자연스럽게 웃음 짓는지,
나는 어떤 장소와 소리에 편안함을 느끼는지,
내가 좋아하는 혹은 싫어하는 것은 무엇인지,
내가 진정으로 원하는 현재와 미래는 어떤 모습인지,
나는 나에게 어떤 기대와 희망을 품고 있는지…

만약 우리가 누군가에게 〈나〉라는 존재에 대해 설명해야 한다
면 얼마나 선명하고 생동감 있는 묘사를 할 수 있을까요? 혹은 우
리가 다른 사람에 대해 설명할 수 있는 수준만큼 자신을 이해하고
헤아리고 있는 것일까요?

모든 부모는 자신의 아이들에게 줄 수 있는 가장 좋은 것을 주
고 싶어 합니다. 사랑이 담긴 말, 진심 어린 교육과 조언, 건전한
생각과 건강한 먹거리, 여행의 경험과 추억의 장소를 선물하고 싶
어 합니다. 부모라면 이렇게 누구나 자신이 줄 수 있는 최고의 것
을 주고 싶어 합니다. 아무런 대가를 바라지 않고도, 오직 기쁘고
행복한 마음 하나만으로 말입니다.

하지만 모든 일에는 우선순위가 있습니다. 만약 비행기에서 위급상황으로 인해 산소마스크가 내려오면 우선순위는 아이가 아니라 보호자입니다. 나 자신의 안전을 먼저 확보하는 것이 동반자의 안전을 지키는 최선의 방법이기 때문입니다. 물놀이를 할 때도 마찬가지입니다. 위급한 상황에서 가장 먼저 해야 할 일은 먼저 나 자신의 안전을 확보하는 것입니다. 그다음 물에 빠진 옆 사람을 도와야 합니다. 하지만 이 순서가 바뀌면 자신은 물론 상대방까지 위험에 빠지게 될 확률이 높아지는 것이죠. 어떤 상황에서도 나를 먼저 구하고, 그러고 나서 상대방을 구해야 한다는 것입니다.

마찬가지로 타인에게 기쁨과 행복, 감사한 하루를 선물하기 위해서는 먼저 나 자신에게 그 선물을 안겨줘야 합니다. 하지만 우리는 정작 나 자신에게만큼은 그만큼 친절하고 다정하지 못합니다. 만약 우리가 이 사실을 좀 더 일찍 배울 수 있었다면 어땠을까요? 자신이 세상에서 가장 소중하게 여기는 존재를 대하듯 나 자신을 조금 더 다정하고 친절하게 대했더라면, 그리고 때로 더 엄격하고 단호하게 대했더라면, 나 자신은 분명 지금보다 더 많은 것이 달라졌을 겁니다.

나 자신에게 달고 맵고 짜고 자극적인 음식을 대접하는 대신 건강에 더 좋은 음식을 먹었을 겁니다.

게임하고 스마트폰을 보는 대신
더 많은 책을 읽고 보다 깊은 사색을 했을 겁니다.

클럽에서 돈과 시간을 사용하는 대신
다양한 곳을 여행하고 길을 잃는 경험을 했을 겁니다.

피자, 치킨을 먹으며 드라마를 보는 대신
헬스장이나 밖으로 나가 더 많이 운동하고 뛰었을 겁니다.

나 자신에게 자책과 자조의 말을 건네는 대신
위로와 응원의 말을 건넸을 겁니다.

상대방의 말을 끊고 가르치려는 말 대신
그의 말을 끝까지 경청하고 그저 고개를 끄덕였을 겁니다.

나보다 뛰어난 사람들을 시기하고 질투하는 대신
그들을 찾아가 배움을 청했을 겁니다.

세상으로부터의 자유를 외치는 대신
세상을 통한 자유를 위해 더 노력했을 겁니다.

누군가를 원망하고 그와 나의 삶을 비하하는 대신

용서하고 그저 오늘 주어진 삶에 더욱 감사했을 겁니다.

> **"자신에게 최대한 많이 투자하라.**
> **당신은 당신의 가장 큰 자산이다."**
> **_ 워런 버핏**

그때 미처 깨닫지 못한 아쉬움의 항목이 있습니다. 가장 뼈아픈 것은 바로 '책'입니다. 만약 과거의 나에게 돌아가 가장 필요한 조언을 해줄 수 있다면 저는 이 이야기를 꼭 해주고 싶습니다.

하루라도 빨리 책과 만날 것.
그 속으로 흠뻑 빠질 것.
비판하는 독서를 하지 말 것.

책을 하루라도 더 일찍 만났더라면 어땠을까요? 아마 삶은 그 시간만큼 좀 더 긍정적으로 변화되었을 것이 분명합니다. 1분이면 1분만큼, 하루면 하루만큼, 1년이면 1년만큼 말입니다.

다시 돌아갈 수 있다면 저는 그렇게 할 겁니다. 지금 생각해 보니 이 사실을 너무 늦게 깨달은 나 자신에게 미안하다는 생각마저

듭니다. 만약 나 자신에게 좋은 것만 대접하고 스스로에게 할 수 있는 최고의 경험과 시간을 선물할 지혜가 있었다면 어땠을까요? 그런데 생각해 보니 기회가 없었던 것이 아니었습니다. 다만 기회를 문제라고 생각했던 저 자신의 시야가 부족했던 것입니다.

모든 부모님들과 마찬가지로 저의 부모님도 저에게 줄 수 있는 가장 좋은 것을 주셨을 겁니다. 또 가장 좋은 것들을 권하고 경험할 수 있게 말씀해 주셨을 겁니다. 특히 건강과 운동에 관해 그렇습니다. 결과적으로 매 순간 나에게 좋은 것을 줄 수 있는 인생 일대의 기회를 마주했던 것입니다.

그런데 저는 삶의 순간을 해석하고 행간을 분석하는 능력과 의지가 부족했습니다. 그래서 이 찰나의 작은 순간들을 '인생 일대의 기회'라는 말 대신 '부모님의 쓸데없는 잔소리'라고 부르기로 했던 것입니다. 그런데 그 쓸데없는 잔소리 중에는 나 자신에게 최선의 것을 줄 수 있는 가장 좋은 방법이 있었습니다.

하지만 아직 늦지 않았습니다. 저는 저에게 줄 수 있는 가장 좋은 것을 주기로 했습니다. 좋은 경험을 하는 데, 좋은 것을 먹기 위해, 좋은 사람과 여행을 떠나는 데, 건강을 유지하고 멋진 몸을 만드는 데, 사람들을 좀 더 존중하고 깊이 헤아리는 데, 좋은 공연과 좋은 책을 보는 데 연습과 훈련의 노력을 아끼지 않을 것입니다.

그러면 그 좋은 것들이 나를 성장시킬 테고, 성장하는 나는 그만큼 더 가치 있는 것을 주변 사람들에게 나눌 수 있는 사람이 될 것이기 때문입니다.

행복한 결혼에 대한 연구 결과가 있습니다. 어떤 사람과 만나야 행복한 삶을 함께할 수 있을까요? 서로에 대한 배려? 외모? 경제적 여건? 아마 많은 조건들이 떠오르실 겁니다. 그런데 그게 아니었습니다. 행복한 관계의 출발점은 바로 나 자신에게 있었습니다. 나 스스로에 대한 만족감이 높을 때, 즉 건강한 자존감의 정도가 높고 이런 이유로 혼자 있어도 행복할 줄 아는 사람이 결혼해도 행복하다는 것입니다.

생각해 보면 당연합니다. 내가 행복하고 충만할 때 상대방도 행복할 수 있습니다. 그리고 그 반대로 상상하면 이 사실은 더욱 분명해집니다. 과연 내 가족과 주변 사람이 모두 불행할 때 나 혼자 행복할 수 있을까요? 행복과 불행은 상대적이고 관계적입니다. 그리고 그 감정들은 엄청난 전염성을 가지고 있습니다. 따라서 가장 먼저 나의 가족, 다른 사람들의 주변 사람인 내가 먼저 행복해져야 한다는 겁니다. 남을 먼저 챙기는 것이 아니라, 나를 먼저 챙겨야 한다는 것입니다. 그래야 그들도 행복하게 될 테니까요.

자기 자신에게 줄 수 있는 가장 좋은 것을 주세요. 설마 정말 아끼고 사랑하는 존재에게 술, 담배 같은 발암물질을 권하지는 않겠죠? 건강을 염려하는 마음으로 햄버거와 콜라를 권하는 사람은 아마 없을 겁니다. 또한 시간 낭비하는 데 좋다며 하루 종일 스마트폰만 들여다보는 일도 하지 않을 것입니다.

> "꽃을 보고 좋아할 때 누가 제일 좋을까요?
> 꽃을 보고 좋아하는 자신입니다."
> _ 법륜 스님

우리는 우리가 원하는 무언가를 이루면 행복해질 거라는 기대, 구체적으로 얼마만큼의 재산이 있으면 충만해질 수 있을 거라는 상상을 합니다. 하지만 그 반대로 먼저 행복해지고 나면 행복한 일이 생깁니다. 그리고 행복한 사람에겐 감사와 사랑이 있고, 삶에 대한 긍정과 할 수 있다는 믿음, 일상에 대한 무한한 애정과 기대 그리고 희망이 있습니다. 이걸 먼저 하면 이 생각과 행동에 걸맞은 선물이 나의 삶을 향해 다가오기 시작합니다.

그 출발이 바로 〈나〉라는 존재에서부터 시작된다는 겁니다. 바로 여기, 현재 치한 지금의 이 상태와 이 상황, 이 자리에서 시작해야 합니다. 이 순간부터 사랑하는 가족, 다른 사람을 아끼는 정도

어나더레벨

의 마음만큼 나에게도 좋은 것만 주는 겁니다. 그렇게 내가 나에 대해 점점 만족스러워지고 행복해지면 우리를 아끼고 사랑하는 주변 사람들도 모두 그 감정에 전염되기 시작할 것입니다.

> "나에게 줄 수 있는 가장 좋은 것을 주세요.
> 받을 수 있는 가장 좋은 것을 받게 될 것입니다."

15. 최고의 나를 만나는 방법

"나무에 앉은 새는 가지가 부러질까 두려워하지 않는다. 새는 나무가 아니라 자신의 날개를 믿기 때문이다." _ 작자 미상

모든 사람은 저마다 자신이 원하는 것이 있습니다. 그리고 이것을 이루어냄으로써 자아를 실현하고자 합니다. 자아실현이란 무엇일까요? 그것은 바로 스스로 설정한 자기규정의 한계를 넘어 자신에게 잠재되어 있는 자아의 본질을 들추어내는 것입니다. 삶은 결국 자기(Self)를 극복하고 훈련함으로써 참자아에 가까워지는 과정이라는 것입니다.

우리는 자신의 선택과 의지에 관계없이 삶 속에 툭하고 던져졌습니다. 그리고 자신의 선택과 의지에 관계없이 필연적으로 소멸하게 됩니다. 삶의 시작과 끝, 우리는 그 어느 것도 스스로의 의지에 따라 결정하고 선택할 수 없습니다. 그만큼 인간은 태생적인 한계 앞에 무기력하고 나약한 존재라는 것입니다.

하지만 우리는 초월할 수 없는 타고난 한계에도 불구하고 이를 극복하려는 의지를 발현하곤 합니다. 어쩔 수 없는 한계 앞에 자포자기하기보다 주어진 한계를 나름의 방식으로 최대한 부딪치는 모험을 감행하는 것입니다. 이때 새로운 국면을 맞이하게 됩니다. 이 과정을 통해 우리는 내 안의 또 다른 '잠재적 나'를 발견하게 되는 것입니다. 주어진 운명에 맞서 자기를 극복하고 스스로에게 기대할 수 있는 '최고의 나'에 도달하게 되는 것입니다.

따라서 자신의 잠재력을 발휘하는 것은 자아실현의 전제조건입니다. 때문에 우리는 스스로 기대할 수 있는 '최고의 나'에 대한 호기심을 갖게 되고 이를 욕망하게 됩니다. '최고의 나'를 기대하는 것은 모든 인간의 공통적인 욕구입니다. 왜냐하면 '최고의 나'를 향한 '최대의 잠재력'이 발휘될 때 자아실현의 욕구가 달성되기 때문입니다. 결과적으로 잠재력을 발휘하기 위한 노력과 시도는 한 사람의 삶의 수준을 규정하게 됩니다. 투입되는 노력과 시도의 총량은 산출되는 결과의 질적 향상으로 이어지기 때문입니다. 이렇게 양질 전환된 삶의 법칙은 자연스레 자아실현이라는 결과를 향해 발현됩니다.

삶에서 원하는 것을 얻는다는 것은 단순히 무언가를 가진다는 것 이상의 의미가 있습니다. 자아실현의 욕구가 근본적인 삶과 존재의 이유를 실존하게 만드는 본질이 되는 것입니다.

> ## "삶의 기본 법칙은 극복이다."
> ### _ 알프레드 아들러

이 때문에 '최고의 나'를 만나는 것은 하나의 목표일뿐만 아니라 반드시 시도해야 하는 삶의 의무가 됩니다. 하지만 너무나도 많은 사람이 자신이 가지고 있는 잠재력의 크기를 섣불리 단정하고 축소합니다. '최고의 나' 근처에도 가보지 못한 채, 스스로의 가능성과 한계를 고작 몇 번의 경험에 의존하여 손쉽게 규정하는 것입니다. 그리고 그렇게 설정한 컴포트존_Comfort zone을 벗어나지 않기 위해 부단히 노력합니다. 그 노력이 평범함이라는 목적지를 향한다는 사실도 망각한 채 말입니다.

혹시 평범함에 대해 생각해 보신 적이 있나요? 그렇다면 평범한 사람은 어떤 사람인가요? 아마 우리가 생각하는 평범한 사람을 어떤 방식으로 묘사한다고 해도 쉽지 않을 겁니다. 왜냐하면 평범한 사람이라는 인물에 대해 구체적으로 설명하면 할수록 그 사람은 점차 평범한 사람이 아닐 확률이 높아지기 때문입니다. 사실 평범함이라는 개념은 실제로 존재하지 않는 가상의 단어입니다. 여러분은 스스로 평범한 사람이라고 생각하시나요? 계속해서 좀 더 깊은 질문을 던져보세요. 아마 질문을 거듭하면 할수록 자신이 결코 평범하지 않다는 사실을 알게 될 것입니다. 그것이 좋은 쪽이든 아니든 말입니다.

평범함은 우리 상상의 산물입니다. 현실에서 실존하지 않은 가상의 개념입니다. 실제로 존재하지 않는 개념 안에 자신을 아무리 밀어 넣으려 해봤자 소용없는 일입니다. 어떻게 노력해도 죽을 때까지 평범하게 살 수 없게 되는 것입니다. 우리는 단 한 사람도 평범하지 않습니다. 개인은 각자 개성을 가지고 있습니다. 성격과 취향, 그리고 삶의 방식과 생각의 결에 따라 추구하는 가치도 저마다 다릅니다. 이렇게 독특하고 다르게 존재하는 모든 사람들이 어떻게 동일한 삶의 방식으로 살아갈 수 있을까요?

엄밀히 말하면 평범하게 산다는 것의 의미는 각자 특수성과 비범한 개성을 바탕으로 다르게 살아가는 것에 가깝습니다. 모두 같은 것이 평범하고 일반적인 것이 아니라 각자 다른 것이 일반적이고 평범한 것이 되는 것입니다. 모든 사람이 일반적으로 평범하다면 이것이야말로 특별한 사건 아닐까요?

여기까지 동의가 될지 모르겠습니다. 평범한 삶, 평범한 사람이란 존재하지 않습니다. 모두가 다르기 때문에 모두가 각자의 방식으로 존재하게 되고, 결론적으로 각자 다른 삶은 곧 일반적인 범주의 평범함이 됩니다. 개성적인 삶이야말로 평범한 삶이라는 것입니다.

> ## "나라는 존재가 타인이 나에게 기대하는 존재에
> 불과하다면 나는 과연 누구인가?"
> ## _ 에리히 프롬

그럼 이제부터 우리가 그토록 바라던 '개성 넘치는 삶', '가슴 벅찬 삶'을 살아내기 위해 무엇이 필요할까요? 그것은 바로 내가 나의 인생에서 기대할 수 있는 '최고의 나'를 만나는 것입니다. 그런데 내가 기대하는 '최고의 나'를 만나는 일은 매우 형이상학적인 개념에 가깝습니다. 현실에서 쉽게 손에 잡히지 않는다는 것입니다. 때문에 '최고의 나'라는 개념을 현실에서 손에 바로 잡힐 수 있는 형태로 전환해야 합니다. 이것이 바로 최고의 나를 만나기 위한 첫 번째 과정입니다.

지금 바로 '최고의 나'를 만날 수 있는 정확하고 쉬운 방법이 있습니다. 바로 운동입니다. 운동은 〈나〉라는 존재의 물리적 환경인 신체를 객관적으로 측정하고 확인할 수 있는 효과적인 수단입니다. 왜냐하면 인간의 정신적인 활동은 추적하고 측정하는 것은 어렵기 때문에 먼저 몸을 통하는 것입니다. 몸과 마음이 서로 연결되어 있다는 점을 이용하는 것이죠.

예를 들어볼까요? 저는 어제 회사에서 프로젝트를 기획하고 회의를 하고 원고를 작성하는 일을 했습니다. 그런데 이 일을 하는 〈나〉라는 존재는 과연 실제로 내가 이 일을 해낼 수 있는 '최고의 나'를 통해 한 것일까요? 자신이 할 수 있는 최고의 잠재력과 역량을 발휘했냐는 겁니다.

아마 이 경우 누구도 장담할 수 없을 겁니다. 이를 어떻게 알 수 있을까요? 어제 자신이 해낸 일의 과정과 결과가 스스로 할 수 있는 최선의 노력과 최고의 결과라는 것을 장담할 수 있는 사람은 극소수에 불과합니다. 왜냐하면 최선의 노력과 최고의 결과를 측정할 만한 지표가 마땅치 않기 때문입니다. 그런데 이것을 아주 분명하고 명확하게 측정할 수 있는 분야가 있습니다.

그것이 바로 운동이라는 겁니다. 운동은 정직합니다. 누군가 축구 경기를 보면서 골문 앞에서 아쉽게 골을 놓치는 스트라이커를 보면서 실컷 아쉬워합니다. 그리고 이렇게 말합니다. "저건 내가 해도 넣겠다!" 하지만 아무리 그렇게 이야기한들, 막상 축구장에 가면 축구장 한 바퀴를 전력 질주하는 것도 힘든 게 현실이라는 것을 금방 깨닫게 됩니다.

또 지금 당장 나가서 러닝을 하면 웬만큼 할 것 같은 기분, 마음 같아서는 팔굽혀 펴기 수십 개, 턱걸이 몇 개 정도는 거뜬히 해낼 것 같은 느낌을 가진 사람도 막상 해보면 몇 개 하지 못하고 쉽게 지쳐 나가떨어집니다.

저는 자전거 타는 것을 좋아합니다. 흔히 자전거는 웬만하면 누구나 다 잘 타는 것으로 생각합니다. 단순히 페달만 돌리면 되니까 체력에 조금이라도 자신이 있는 사람은 더욱 그렇게 생각하죠. 그런데 막상 자전거를 타보면 그렇지 않습니다. 자전거를 잘 타는 것은 사실 굉장히 어려운 일이기 때문입니다.

오랜 시간 훈련해야 하고, 흔히 케이던스라고 하는 페달의 회전수, 여기에 가해지는 토크, 그리고 자신의 심박수와 파워 등을 알고 이해하고 이를 바탕으로 훈련해야 비로소 잘 탈 수 있게 됩니다. 자전거 초보자는 평소 자전거 연습과 훈련이 되어있는 사람만큼 타기 어렵습니다. 심지어 아무리 운동을 열심히 하고 힘이 센 남자라 할지라도 평소 자전거를 훈련의 개념으로 꾸준히 타고 있는 여성 라이더를 절대 이길 수 없습니다.

운동을 제대로 경험해 보지 못한 사람들은 자신이 할 수 있을 것 같은 기분에 쉽게 빠집니다. 연습과 훈련을 통해 자신의 한계에 도전하고 시험해 본 경험이 부족하기 때문입니다. 즉 체계적인 운동의 경험이 없는 사람들은 자신의 현재 상태는 물론 자신의 한계가 어디까지인지 가늠조차 하기 어렵다는 이야기입니다.

이런 면에서 운동은 우리에게 엄청난 통찰을 줍니다. 무엇보다 현재 내가 가지고 있는 한계를 분명하게 정의해 주는 역할을 해줍니다. 현재 상태에 대한 주제 파악을 할 수 있게 도움을 주는 것입니다. 뿐만 아닙니다. 운동은 우리가 언제 어떤 방식으로 성장하는지에 대한 구체적인 단서를 줍니다.

예를 들어 웨이트를 통해 근육을 성장시키고 싶다면 이때 가장 중요한 것은 무엇일까요? 딱 세 가지를 꼽을 수 있습니다. 그것은 바로 식단, 운동, 휴식입니다. 먼저 적합한 음식을 먹어야 하고, 정확한 동작으로 근육 운동을 하고, 마지막으로 근육이 충분히 쉴 수 있도록 해야 합니다. 여기에서 다시 운동에 초점을 맞춰보겠습니다.

운동이 훈련으로써 효과를 발휘하려면 가장 중요한 것이 있습니다. 바로 한계점까지 가야 한다는 것입니다. 턱걸이 10개를 할 수 있는 사람이 5개를 했을 때 이것은 훈련이 아닙니다. 몸을 푸는 것에 불과합니다. 자전거로 1시간 동안 40km 속도로 달릴 수 있는 사람이 20km의 속도로 달리면 이것은 동네 마실이지, 훈련이 아닙니다.

훈련이란 자신의 한계 지점까지 가보는 겁니다. 팔굽혀 펴기 20개를 할 수 있는 사람에겐 이미 자신이 할 수 있는 20개를 다 하고 난 뒤, 더 이상 한 개도 할 수 없을 정도로 고통스러울 때, 그때 하나를 더 하는 것이 성장을 위한 훈련이 되는 것입니다. 훈련은 반드시 고통을 동반합니다. 그리고 이 훈련을 할 때, 함께하는 동료와 파트너가 있다면 더 나은 훈련을 할 수 있습니다. 자전거, 달리기도 마찬가지입니다. 숨이 차고 다리가 터질 것 같은 느낌이 들 때, 그때부터 그 상태로 5초, 10초를 억지로 버티고 쥐어짤 때 더 나아질 수 있습니다.

> "난 윗몸 일으키기를 몇 회나 하는지 세지 않아.
> 힘들기 시작할 때부터 세지.
>
> 내가 고통을 느끼기 시작할 때,
> 그때가 내가 숫자를 세기 시작할 때야.
>
> 그때부터가 진짜니까.
> 그게 당신을 챔피언으로 만들어주는 거야."
>
> _ 무하마드 알리

기본적으로 운동은 자신을 고통과 인내의 한계까지 몰고 갔을 때 그 능력이 향상되고 성장합니다. 이런 훈련을 경험하고 나면

어나더레벨

비로소 자신의 한계와 가능성에 대한 메타인지가 생기게 되는 것입니다. 그런데 여기서 한번 생각해 볼 점이 있습니다. 과연 우리는 우리의 생계와 미래가 달린 일을 하면서 얼마나 많은 훈련을 하고 있을까요? 아마 대답하기 쉽지 않을 겁니다. 그 분명한 대답을 알고 싶다면 오늘부터 운동을 시작하면 됩니다. 그리고 그 운동을 통해 자신의 한계 지점을 확인하고 지금 내가 할 수 있는 최선의 준거점으로 활용하면 분명히 도움이 될 겁니다.

우리가 평소에 정말 죽을 만큼 힘들게 최선을 다할 수 있는 것이 무엇이 있을까요? 운동을 해보면 알 수 있습니다. 최선을 다하는 그 기분을 직접적으로 느껴보는 겁니다. 자신의 신체적 한계에 도전하고 그것을 넘어서려는 시도를 해보는 것이죠. 그러면 운동을 통해 겪게 되는 성장의 경험이 자신의 일과 삶에도 적용되는 것을 느낄 수 있을 것입니다. 뿐만 아니라 이 과정을 통해 더 건강해지고, 더 다양한 생각을 가능하게 하고, 메타인지가 훈련되고, 쉽게 지치지 않는 체력을 가지게 됩니다.

운동 이야기를 왜 이렇게 길게 했을까요? 바로 여기에 '최고의 나'를 만나는 순간과 기쁨이 존재하기 때문입니다. 최고의 나를 만나고 싶을 때, 하지만 방법을 모를 때, 지금 내가 할 수 있는 것이 무엇인지 고민이 들 때, 그때 운동은 이 모든 변화의 출발점이 됩니다.

다시 한번 강조하지만 자신의 한계까지 경험해 보는 것이 중요합니다. 바로 여기에 성장과 성취의 비밀이 있기 때문입니다. 99%의 사람들은 어느 정도 적당히 힘든 지점에서 멈추고 그만둡니다. 이때 누구나 똑같이 힘들고 포기하고 싶은 마음이 생깁니다. 하지만 99%의 사람이 포기하게 되는 그 지점을 통과하는 순간, 지금까지 자신이 극복한 훈련의 고통, 절제와 인내는 다른 사람들에게 진입장벽이 됩니다.

> **"고통이 남기고 간 뒤를 보라!**
> **고난이 지나면 반드시 기쁨이 스며든다."**
> _ 괴테

생각해 보면 사업이든 달리기든 그 어떤 도전도 마찬가지입니다. 출발선에서부터 포기하는 사람은 아무도 없습니다. 대개 출발점에서 어느 정도 지난 뒤 조금 힘들고 지루한 시점이 되면, 그때 포기합니다. 운동은 매 순간 이런 포기하고 싶은 상황과 환경을 만들어 줍니다. 이때 딱 한 번 참고 이겨내는 것을 미리 연습하고 훈련해 볼 수 있는 것이 바로 운동인 것입니다.

> "훈련이 습관이 되면 노력하는 것이 자연스러워집니다.
> 노력하는 것이 자연스러운 사람은 반드시 성공합니다."

그리고 그 성공은 지극히 자연스러운 것입니다. 스스로에게 '최고의 나'를 기대하세요. 먼저 자신이 할 수 있는 최대의 노력으로 한계 지점까지 운동해 보는 겁니다. 밖에 나가서 뛰어보고 할 수 있는 최대한으로 팔굽혀 펴기, 윗몸 일으키기 등을 해보는 것이죠. 그리고 정말 단 한 걸음도 더 뛸 수 없을 것 같을 때, 단 하나도 더 할 수 없을 것 같을 때, 그때 딱 한 걸음, 딱 한 개만 더 해보세요. 그렇게 최선을 다하고 나면 그 최선을 다해본 경험의 전과 후는 완전히 다른 생각, 다른 세상으로 구별되기 시작할 것입니다.

분명히 〈나〉라는 사람은 생각보다 더 성장할 수 있는 존재이고, 〈나〉는 내가 상상했던 것보다 더 큰 잠재력을 가진 사람이라는 사실을 깨닫게 될 겁니다. 무엇보다 그동안 자신이 의외로 최선을 다한 순간과 경험이 별로 없었다는 것을 알게 될 것입니다. 동시에 이렇게 최선을 다할 수도 있는 사람이라는 사실도 발견하게 될 것입니다.

16. 미래가 결정되는 시간

"어제와 똑같이 살면서 다른 미래를 기대하는 것은 정신병 초기 증상이다."_ 알버트 아인슈타인

제 주변에는 작가를 꿈꾸는 사람들이 많습니다. 이들은 저에게 수많은 질문을 던집니다. 책을 출간하려면 어떻게 해야 하는지, 베스트셀러의 판매량은 어느 정도인지, 작가의 수입은 얼마 정도인지… 저는 이런 질문에 대해 구체적인 방법과 방향을 열심히 답변합니다. 그리고 이들이 지속 가능한 생산자가 될 수 있길 진심으로 소망하며 응원의 말을 건네곤 합니다.

그리고 몇 년의 시간이 지났습니다. 당시 이야기를 나눌 때만 해도 그들은 모두 들떠 있었습니다. 왜냐하면 작가라는 직업이 결코 특별한 능력을 가지고 있거나 선택받은 소수의 사람만 가능한 것이 아니라는 것을 확인했기 때문입니다. 자, 이제 글을 쓰고 책을 내는 방법, 저의 영업 비밀까지 공유 받았던 이들의 결과를 확

인할 시간입니다. 과연 이들 중 몇 사람이 자신의 책을 출간하고 독자와 그 기쁨을 나눌 수 있는 경험을 하게 되었을까요?

아쉽게도 저에게 직접적으로 도움을 요청한 수십 명의 사람 가운데 아직까지 자신의 책을 출간한 사람은 한 사람도 없습니다. 그런데 저는 이런 결과가 나올 거라는 사실을 어느 정도 짐작하고 있었습니다. 그리고 이런 예측을 하기까지 불과 며칠의 시간도 채 걸리지 않았습니다.

저는 자신의 책을 출간하는 이들에게 기본의 중요성을 이야기 했습니다. 작가라는 직업의 기본은 무엇일까요? 바로 많이 읽고, 많이 쓰는 것이죠. 그리고 단순히 많이 읽고 쓰는 것을 넘어 '의식적 읽기'와 '의도된 쓰기'에 대해 조언했습니다.

'의식적 읽기'란 단순히 독자의 입장에서 주어진 글을 수동적으로 읽는 것이 아니라, 마치 자신이 지금 읽고 있는 책의 작가 입장으로 읽어 보는 것입니다. 예를 들어 '내가 작가라면 이 부분은 이렇게 썼을 텐데', '이 부분에서 이런 단어와 표현을 쓰다니 정말 신선하고 대단한걸', 이런 식으로 적극적 읽기를 시도하는 것입니다.

'의도된 쓰기'란 주제 의식과 목적을 가지고 쓰는 것입니다. 무언가를 단순히 기록하는 글쓰기가 아니라 누군가를 설득하는 글, 또는 사실과 현상을 설명하는 글, 특정 주제에 대한 비평의 글 등 애초부터 글쓰기 '훈련'을 위해 의도된 목적과 방향으로 글을 써 보는 연습을 하는 것입니다.

이런 방식으로 많이 읽고 많이 쓰는 것은 작가의 기본입니다. 그리고 그 기본을 넘어 자신을 성장시킬 수 있는 저마다의 훈련 방법이 일상의 영역이 되어 자연스러워지기 시작할 때쯤, 자신의 이름이 적힌 책을 출간하는 기쁨을 경험하게 됩니다. 사실 이런 방식으로 꾸준히 연습하고 훈련해도 책을 출간하는 것은 쉽지 않습니다. 원고를 완성한 후에도 넘어야 할 산이 많기 때문입니다. 그런데 하물며 가장 기본적인 인풋과 아웃풋을 하지 않는 작가가 어떻게 작가라는 직업으로 세상에 존재할 수 있을까요?

반면에 오랜 시간 작가라는 직업을 살아가는 사람은 어떤 방식으로 작업을 하고 있을까요? 제가 정말 좋아하는 작가가 있습니다. 사람을 향한 따뜻한 시선, 섬세한 문장과 배려, 전달하고자 하는 주제를 자신만의 관점으로 분명히 정의하면서도 서두르지 않고 차분하게 자신의 이야기를 써 내려가는 작가입니다.

'이런 글을 쓰는 작가는 대체 어떤 사람일까?'

배움에 대한 갈증과 호기심, 작가에 대한 존중의 마음을 담아 SNS를 통해 연락했습니다. 그리고 며칠 뒤, 첫 만남에서 J 작가의 글이 가지고 있는 힘이 어디에서 나오는지 단번에 알아차릴 수 있었습니다.

점심 식사 도중, 노트북이 눈에 띄었습니다. 이리 치이고 저리 치여 노트북에는 흠집이 잔뜩 나 한눈에 봐도 외관의 상태가 좋아 보이지 않았습니다. 그래서 질문했습니다.

"작가님, 노트북 파우치 같은 건 사용하지 않나요?" 이 질문에 답하기를, "생각나는 글이나 아이디어를 바로 적어야 해서요. 케이스나 파우치 같은 것을 사용하면 들고 다니기 무겁고 자주 꺼내기도 번거롭더라고요."

그 후 몇 달의 시간이 지나 J 작가의 신간이 출간되었고 저는 신간을 주제로 한 북토크의 사회를 맡게 되었습니다. 북토크 시작 전, 30분 정도의 시간이 남았습니다. J 작가는 무엇을 하고 있었을까요? 맞습니다. 조용히 자리에 앉아 글을 쓰고 있었습니다. 나중에는 제법 가까워져 작업실을 구경할 기회도 생겼는데, 다양한 책상과 의자들이 곳곳에 배치되어 있었습니다.

눈에 보이는 모든 것이 글을 쓰는 데 집중할 수 있는 최적의 환경으로 꾸며져 있다는 것을 단번에 눈치챌 수 있었습니다. 그리고 몇 년의 시간 동안 꾸준히 교류하다 보니 작가 J의 삶을 엿볼 수 있었습니다. J는 글쓰기에 자신의 모든 삶을 던진 사람, 반드시 그 일을 통해서만 살 수 있는 사람이라는 느낌이 들었습니다.

얼마 전 한 영상을 보게 되었습니다. 장항준 감독이 한 TV 예능 프로그램에 나와 드라마 〈사인〉, 〈시그널〉, 〈킹덤〉을 쓴 자신의 아내, 김은희 작가의 작업 시간에 관해 이야기합니다. 김은희 작가는 하루 17시간 정도 책상에 앉아 작업한다고 합니다. 이 덕분에 김은희 작가는 돈을 쓸 시간도 없다는 이야기를 웃으며 전합니다. 하루 17시간이면 사실상 자신의 모든 것을 원고에 쏟아붓고, 먹고 자는 시간까지 아껴가며 작업을 하는 것입니다. 하루 17시간씩 원고 작업을 하다니! 정말 돈 쓸 시간도 없겠다는 생각이 듭니다.

반면에 단순히 작가를 희망하는 사람들은 어땠을까요? 기본적으로 작가를 희망하는 '생각'에는 열정을 보였지만, 작업을 '실행'하는 일에는 그렇지 않았습니다. 작가의 여지는 남겨두는 반면 작업의 의지는 약했습니다. 옆에서 지켜보니 대부분 처음 며칠 정도 독서를 하고 SNS에 글을 써보는 정도였습니다. 그리고 시간이 지날수록 슬슬 책을 읽고 글을 쓰는 빈도가 줄어들기 시작했습니다. 대외적으로 보이는 작가라는 '직업'의 표면적 속성은 잠시 모방했을지 모르지만 '작업'의 과정으로 정의되는 직업의 정체성을 놓치고 만 것입니다. 그런데 진정한 열정이라는 것은 무엇입니까? 전작 『브랜드가 되어간다는 것』에서 한차례 이야기한 적이 있습니다.

사람들이 기분과 쉽게 혼동하는 것이 있습니다. 바로 '열정'입니다. 대부분 무언가 할 수 있을 것 같은 기분, 또는 순간적으로 벅차오르는 감정을 열정이라고 착각합니다. 주위에서 우리가 무심코 열정적인 사람이라고 평가하는 사람들을 유심히 관찰해보면 열정보다는 좋은 기분을 잘 유지하는 사람들인 경우가 많습니다. 열정과 기분은 완전히 다른 형태의 기질입니다. 기분에는 데드라인이 존재합니다. 기분을 일으키는 이벤트는 물리적으로, 시간적으로 멀어질수록 약화됩니다. 반면에 열정은 감정이라기보다는 습관에 가깝습니다. 특정한 이벤트와 명분에 상관없이 꾸준히 작동되는 행동이며 따라서 열정은 소멸되는 데드라인이 없습니다.

흔히 "열정이 식어간다."라는 표현을 일상에서 자주 사용합니다. 하지만 열정은 식지 않습니다. 왜냐하면 열정이란 직관적으로 떠올리는 것처럼 뜨겁거나 차가운 것이 아니며, 따라서 온도가 내려가거나 올라갈 수 있는 형태가 아닙니다. 열정은 그 상태 그대로 꾸준히 존재하는 것이기 때문입니다. 만약 열정이 식어가는 것을 느끼고 있다면 그것은 열정이 아닙니다. 그냥 기분이 사라지는 것일 뿐입니다. 그리고 열정이라고 생각했던 그 기분은 생각보다 꽤 오래갔다는 사실, 그 이상 그 이하도 아닌 것입니다.

(중략)

> **열정에는 조건이 있습니다.**
> **그것은 바로 '빈도, 강도, 기간'입니다.**

　만약 운동에 열정을 가진 사람이라면 그 사람은 분명 일주일 중 여러 번, 많은 시간을 운동하는 데 할애할 것입니다. 이것이 빈도입니다. 두 번째는 강도입니다. 운동에 열정적인 사람은 운동의 강도를 자신의 한계까지 몰아붙입니다. 운동에 열정을 가진 사람은 결코 자신이 쉽게 할 수 있을 정도의 무게와 강도를 유지하며 시간을 낭비하지 않습니다. 마지막으로 기간입니다. 운동에 열정을 가진 사람은 오랜 기간 동안 빈도와 강도를 유지하는 사람입니다. 쉽게 이야기해서 그에게 운동은 열정이라고 할 것도 없이 빈도, 강도, 기간이 자동적으로 유지되는 습관인 것입니다.

_ 강민호, 『브랜드가 되어간다는 것』 중

우리는 이미 알고 있습니다. 평소 운동을 하지 않는 사람이 어느 날 갑자기 멋진 몸을 갖게 될 가능성, 영어 공부를 하지 않던 사람이 어느 날 갑자기 영어를 잘하게 될 가능성, 이와 마찬가지로 '글을 쓰지 않는 작가'가 작가로 성공할 가능성은 0%라는 사실 말입니다.

누군가 이루고 싶은 목표가 있다고 말합니다. 생각만 해도 가슴 뛰는 꿈이 있다고 이야기합니다. 스스로 원하는 존재로 살고 싶다는 욕망을 표현합니다. 그리고 만약 당신이 그 이야기를 나에게 건넨다면, 저는 자기 자신에게 한 가지의 질문을 던져볼 것을 권하고 싶습니다.

"오늘, 내가 실제로 한 일은 무엇인가?"

오늘 자신이 한 일을 글로 적어 보는 것입니다. 각각의 수많은 직업이 가지고 있는 고유의 정체성은 무엇으로 만들어지는 것일까요? 그것은 바로 시간을 사용하는 방식입니다. 작가라는 직업이 가지는 정체성의 본질은 작가가 하루 24시간을 보내는 방식과 형태로 규정됩니다. 작가는 대부분의 시간을 읽고 쓰는 데 사용합니다. 또한 여행, 영화, 음악, 운동, 친교 등 작가가 하는 모든 경험과 감정의 종착지는 결국 글쓰기로 귀결됩니다. 이것이 사람들이 누군가를 작가라고 정의하는 정체성의 본질입니다. 우리는 결코 어떤 사람이 작가가 되고 싶다는 생각을 가지고 있다는 이유만으로 그 사람의 정체성을 작가라고 정의하지 않습니다. 다른 어떤 분야도 이와 다르지 않을 것입니다.

사람은 누구나 자신의 미래에 대한 궁금증과 호기심을 가지고 있습니다. 불확실성을 해소하고 싶어 하기 때문입니다. 그렇다고 굳이 용하다는 점쟁이를 찾아가 자신의 미래를 확인할 필요가 있을까요? 미래를 궁금해할 필요가 없다는 것입니다. 자신이 오늘 하루 동안 무슨 일을 했는지 살펴보면 미래가 뚜렷하게 보일 것이기 때문입니다.

하루 동안 노트에 자신이 실제로 한 일과 그 일에 투입한 시간을 기록해 보시기 바랍니다. 여기에 스마트폰을 들여다보는 시간, 이동 시간, 밥 먹는 시간, 통화하는 시간과 같은 것들을 모두 포함해서 말입니다. 계획이나 생각이 아닌 실제 행동을 기록한 체크리스트 속 자신의 모습은 미래의 내가 떠안아야 할 자산이 됩니다.

그리고 그 목록을 일주일 정도 기록해 보면 충격적인 사실을 발견하게 될 것입니다. 자신의 느낌과 다르게, 중요하다고 생각했던 핵심적인 일에 의외로 많은 시간과 노력을 투자하고 있지 않다는 것입니다. 심지어 스마트폰을 들여다보는 일, 단순한 이동 시간 등, 자기 삶의 목표와 무관한 일들로 많은 시간을 보내고 있는 자신의 모습을 관찰하게 될 것입니다.

　그렇다고 너무 실망할 필요는 없습니다. 한 연구 결과를 소개하겠습니다. 미국 기업의 CEO들을 대상으로 업무의 중요도와 투입 시간에 대한 목록을 만들게 했습니다. 그리고 목록에 적혀있는 중요도와 실제 투입시간을 기록하게 했는데요. 결과는 실망스러웠습니다. 내부 직원이 가장 중요하다고 이야기한 CEO는 정작 내부 직원과 관련된 업무와 프로젝트에 쏟는 시간이 자신의 생각과 달리 턱없이 부족했습니다. 고객 접점이 중요하다고 이야기했던 CEO는 고객 접점에 대한 업무와 프로젝트에 투자하는 시간이 자신이 애초에 기대한 수준에 미치지 못했습니다. 기업을 운영하는 CEO들조차 자신이 생각하고 있던 일의 중요도와 이에 따른 투입 시간 사이에 큰 차이가 나타났습니다.

　이런 인지적 오류는 일반적인 현상입니다. 대부분의 사람들은 중요하다고 생각하는 일을 실제로 중요하게 다루지 않습니다. 적어도 중요성을 나타내는 척도로 투입시간으로 환산하면 그렇습니다. 이렇게 우리가 가지게 되는 느낌과 실제 사이에는 늘 필연적인 차이가 존재합니다. 이를 알아차리고 중요한 것을 중요하게 다루기 위해 의식적으로 노력하고 주의를 기울여야 하는 것이죠.

> "집을 짓는 사람은 건축가가 되고
> 리라를 연주하는 사람은 리라 연주자가 된다.
> 어떤 행동을 하면 그 행동을 하는 사람이 되듯이
> 절제를 행하면 절제하는 사람이,
> 용감한 행동을 하면 용감한 사람이 된다."
> _ 아리스토텔레스

시간을 사용하는 방식이 곧 〈나〉라는 명제에 동의하시나요? 이 제 노트에 기록한 결과가 어찌 되든 일주일 동안 기록한 일과 시간의 목록이 자신이 실제 삶 속에서 중요하게 생각하는 우선순위라는 사실을 받아들일 시간입니다.

만약 일주일 동안 기록한 체크 리스트에서 스마트폰으로 무엇인가 검색하는 일이 가장 많은 시간을 차지한다면 그 사람은 현재 자신의 인생에서 스마트폰으로 검색하는 것을 가장 중요하게 생각하는 사람입니다. 게임을 하는 시간이 가장 많았다면 그 사람은 현재 자신의 삶에서 게임하는 것을 가장 중요하게 생각하는 사람일 것입니다. 체크 리스트에 적혀있는 사실들이 어떤 목록이든 괜찮습니다. 중요한 것은 그곳에 적혀있는 내용이 오늘 나의 정체성을 규정하고 있다는 사실을 기꺼이 받아들일 용기를 내어보는 것입니다. 올바른 문제 정의는 올바른 문제 해법의 지름길입니다. 문제를 분명하게 정의하고 나면 문제를 해결하는 방법도 분명해지기 때문입니다.

▌ "내가 생각하는 나 vs 실제의 나"

인간은 보통 자기 자신에 대한 오해와 착각을 안고 살아갑니다. 심리학에서는 이것을 '편향'이라고 합니다. 보통은 내가 생각하는 나의 모습을 실제의 나라고 생각합니다. 문제는 이 생각이 실제와는 딴판인 경우가 많다는 것입니다.

인간은 스스로에 대해 느슨한 평가 기준을 적용하여 과대평가합니다. 하지만 타인에게는 엄격한 기준을 적용하고 싶어 하는 본능적인 편향이 있습니다. 이 편향은 결국 나는 평균 이상의 지성을 가진 합리적이고 공정하며 편견이 없는 사람이라는 결론에 이르게 합니다. 이 점을 스스로 인지하고 내재된 본능적 편향의 욕구에 거리를 두어 경계해야 합니다. 그렇지 않으면 자칫 삶에서 마주치는 다양한 문제들에 대한 해석 역시 편향적 결론에 이르게 됩니다.

인간은 보통 많이 기대하고 적게 노력합니다. 하지만 적게 기대하고 많이 노력하는 편이 훨씬 더 이롭습니다. 무언가 꿈꾸고 희망하는 이들이 아직까지 목표를 달성하지 못한 이유는 무엇일까요? 자기 능력에 대한 기대는 높은 반면, 실제 필요한 노력은 낮게 평가하는 경향이 있기 때문입니다. 이렇게 자기 능력을 높이 평가하고 과제의 난이도를 낮게 평가하게 되는 이유는 무엇일까요? 대상에 대한 구체적 경험과 지식이 부족하면 상황에 대한 객관적 판단이 불가능해집니다. 이때 막연한 느낌에 의존하게 되는 것입니다.

경험과 지식이 부족하다면 어떻게 해야 할까요? 지금까지 지겨울 정도로 반복했습니다. 바로 매일매일 꾸준히 연습하고 훈련하는 것입니다. 그리고 매일매일 꾸준히 반복하는 것은 의심할 여지 없이 〈나〉라는 존재의 정체성이 됩니다.

"5년, 10년 후 자신의 미래가 궁금하신가요?"

질문을 바꾸면 답이 보입니다.

"오늘 하루, 당신이 실제로 한 일은 무엇입니까?"

4장

차별화
Differentiation

어떻게 자신의 가치를 극대화할 것인가?

17. 1%, 희소성의 법칙

"사람들은 대부분 자신이 1년 안에 할 수 있는 것은 과대평가하고, 10년 안에 할 수 있는 것은 과소평가한다."_ 보도 섀퍼

세상에서 돈을 싫어하는 사람은 없습니다. 이런 이유 때문인지 베스트셀러에는 항상 돈에 관한 책이 절반 이상을 차지하고 유튜브에서도 돈에 관한 영상은 조회수가 높습니다. 물론 저도 마찬가지입니다. 돈은 누구나 원하는 것입니다. 하지만 모두에게 적절하게 분배되지 않는다는 점에서 돈의 가치가 생겨납니다. 즉, 돈의 가치와 매력은 희소성에서 생깁니다. 원하는 만큼 가질 수 없는 돈의 속성이 부각될수록 우리는 돈에 대해 더욱 집착하게 되고 이런 집착은 다시 돈의 희소성을 강화시키죠.

잠깐 돈에 대해 언급하면서 제가 가장 많이 언급한 단어가 무엇인가요? 바로 '희소성'입니다. 돈의 가치는 따로 언급할 필요가 없을 정도로 매우 특별합니다. 그리고 특별한 것은 언제나 희소합니

다. 이것이 돈의 본질입니다. 따라서 돈을 가지고 싶다면 돈과 바꿀 수 있는 특별하고 희소한 무언가를 누군가에게 제공할 수 있을 때 이 둘은 상호 간의 교환가치가 성립합니다.

눈치가 빠른 분은 벌써 파악하셨을 겁니다. 돈은 언제나 돈의 가치보다 특별하고 희소한 것과 교환하는 방향으로 움직입니다. 따라서 돈은 평범함, 무난함과 같은 단어와 어울리지 않습니다. 왜냐하면 평범함, 무난함은 대체로 가치가 움직이는 방향의 반대 지점에 존재하는 것들이기 때문입니다.

흔히 마케팅에서 차별화를 강조합니다. 왜냐하면 차별화를 통해 경쟁우위를 확보하고 이익을 극대화할 수 있기 때문입니다. 차별화란 '가치 있는 다름'을 이야기합니다. 그리고 가치 있는 다름을 품고 있는 상품·서비스는 희소성을 가지게 됩니다. 따라서 모든 브랜드는 가치 있는 다름, 즉 차별화에 목숨을 겁니다. 차별성과 희소성을 가진 것들에 사람들은 지갑을 열고, 그것이 자기 삶에 의미를 부여할 때 마음을 열기 때문입니다.

따라서 '가치'는 차별성과 희소성이 있는 방향으로 자연스럽게 이동합니다. 여기서 우리가 반드시 알아야 할 차별성과 희소성의 기본 공식이 있습니다. 예를 들어 책을 보는 사람보다 책을 쓰는 사람이 차별성과 희소성이 있습니다. 유튜브를 보는 사람보다 유튜브 채널에 영상을 올리는 사람이 차별성과 희소성이 있습니다.

단순히 숫자로 계산해 봐도 글을 쓰는 사람, 유튜브에 영상을 올리는 사람은 글을 읽고 영상을 시청하는 사람보다 적어도 10배 이상은 희소할 겁니다. 자신만의 글과 영상을 콘텐츠로 만든다는 한 가지 사실만으로도 10배의 희소성을 가지게 되는 것이죠. 일단 이렇게 무언가를 시작하는 것만으로도 평범함과 평균을 벗어나 차별화되고 희소성을 가지게 된다는 것입니다.

차별성과 희소성은 가치를 소비하는 과정이 아니라, 가치를 생산하는 과정에서 구축됩니다. 〈기브앤테이크〉에서 강조했듯이 가치 있는 무언가를 줄 수 있는 사람이 되어야 한다는 것이죠. 우리는 그런 사람을 '생산자'라고 부릅니다. 차별성과 희소성은 생산자가 누릴 수 있는 특별한 혜택입니다. 뿐만 아닙니다. 생산자는 가치를 생산하는 과정을 통해 소비자보다 더 많이 배우고, 더 깊이 경험하고, 더 크게 성장합니다.

> "삶이란 자신을 찾는 것이 아니라
> 자신을 창조하는 과정이다."
> _조지 버나드 쇼

"당신의 인생책은 무엇인가요?"

책에 관심있는 사람은 종종 저에게 인생책에 관한 질문을 합니다. 아마 많은 책을 읽는 사람이라면 주변에서 가장 많이 들었을 질문 중 하나일 겁니다. 저는 이 질문을 받을 때마다 항상 같은 답변을 합니다. 그리고 지금까지 제가 직접 쓴 책들을 인생책으로 꼽습니다.

"저의 인생책은 『변하는 것과 변하지 않는 것』, 『브랜드가 되어 간다는 것』입니다."

이렇게 대답하면 처음에는 저를 이상한 사람 쳐다보듯 바라보곤 합니다. 마치 자신의 책에 지나친 애정과 자부심을 가진 나머지, 현실 감각을 잃어버린 작가라고 생각하는 것 같았습니다. 그런데 여기에는 약간의 오해가 있습니다.

인생책이란 무엇일까요?

두말할 필요도 없습니다. 자신의 삶을 가장 크게 변화시킨 책이 인생책 아닐까요? 그러면 어떤 책이 저의 인생에 가장 큰 변화를 불러왔을까요? 그것은 바로 지금까지 제가 읽었던 수천 권의 책이 아니라 직접 쓴 두 권의 책이었습니다. 물론 책을 읽는 소비의 과정은 중요합니다. 이 과정은 글을 생산하는 역량의 초석이 되기 때문입니다. 하지만 제아무리 많이 읽는다(소비) 해도 쓰기(생산)를 시도하지 않는다면 큰 변화는 기대하기 어렵습니다.

아웃풋 하지 않는 인풋은 방향을 잃기 쉽습니다. 무엇이든 인풋이 있으면 아웃풋을 해봐야 합니다. 인풋 한 내용을 자신의 것으로 다시 조합하고 배열했을 때 창조적 쓸모가 생기기 때문입니다. 독서와 글쓰기도 마찬가지입니다. 읽기가 쓰기로 전환될 때 독서의 가치는 높아집니다. 쓰는 사람이 되면 읽는 행위에도 변화가 생기기 때문입니다. 글을 쓰는 것을 염두에 두고 독서하는 사람은 텍스트를 마냥 수동적으로 받아들이지 않습니다. 그냥 읽는 것이 아니라 글쓰기를 염두하여 자신의 생각과 의견을 책의 내용과 견주어 읽습니다. 이때 능동적 사색이 가능한 독서가 시작되는 것입니다.

글을 쓰는 모든 사람에게 인생책이란 자신이 직접 쓴 글이 됩니다. 책을 통해 가장 많이 배우고 성장하는 사람은 책을 읽는 독자가 아니라 책을 쓰는 작가이기 때문입니다. 책을 출간한 작가라면 누구나 비슷한 생각을 할 것입니다. 인생책이라는 질문에 다양한 답을 할 수 있겠지만 실질적으로 자신의 삶을 가장 극적으로 변화시켜 준 책은 바로 자신이 직접 쓴 책일 테니까요.

이렇게 생산자의 정체성으로 책을 읽고 공부하다 보면 삶의 많은 부분이 변화됩니다. 그리고 글을 쓰는 사람이 책을 내는 사람이 되면 어느 순간부터 사람들은 그 사람을 작가라고 부릅니다. 거기에 어느 정도의 '운'이 추가되면 글쓰기는 그동안 생각하지 못했던 경제적 가치 창출로 이어지기도 합니다.

물론 모든 사람이 반드시 책을 내는 작가가 되어야 하는 것은 아닙니다. 하지만 모든 사람은 글을 쓰는 사람이 되어야 할 필요가 있습니다. 생산자가 되어야 한다는 것입니다. 글쓰기는 자기성찰 지능, 즉 메타인지를 높여줍니다. 메타인지는 자신이 아는 것과 모르는 것을 구별할 줄 아는 자기 객관화의 능력이라고 했습니다. 메타인지는 의식적으로 연습하고 훈련할수록 높아집니다. 그런데 글쓰기는 메타인지를 높이는 가장 좋은 방법 중 하나인 것이죠.

따라서 글을 쓰는 사람은 점차 본연의 나와 가까워지게 됩니다. 뿐만 아닙니다. 더 나아가 책을 내는 단계로 나아가면 나 자신을 새롭게 창조하게 됩니다. 반면 글쓰기와 멀어질수록 본연의 나와 점점 멀어지게 됩니다. 자기 자신의 진면목을 미처 발견하기도 전에 잊어버리고 잃어버리게 되는 것입니다.

> **"일단 시작하라.**
> **나중에 완벽해지면 된다."**
> **_ 론 무어**

사실 이것은 책뿐만이 아닙니다. 생산자의 법칙은 모든 분야에 적용됩니다. 게임을 하는 사람보다 게임을 만드는 사람, 음식을 먹는 사람보다 음식을 만드는 사람, 영화를 보는 사람보다 영화를 제작하는 사람, 물건을 사는 사람보다 물건을 파는 사람이 더 성장하고, 더 많이 성취하고, 더 크게 성공합니다. 생산자는 소비자보다 희소성이 있습니다. 따라서 소비자가 아닌 생산자의 관점으로 세상을 바라볼 때 가치가 창출됩니다.

이렇게 희소성의 관점에서 세상을 바라보면 원하는 것을 얻는 방법이 좀 더 분명해집니다. 여러분도 잠시 시간을 내어 '희소성을 통한 가치 창출'의 관점으로 삶을 다시 조망해 보면 어떨까요? 혹시 주변에 희소성을 가진 것들이 잘 보이지 않나요? 그렇다면 이렇게 생각해 보면 어떨까요?

"아침잠을 반납하고 하루를 1시간 일찍 여는 것은 평범한 것입니까? 아니면 희소한 것입니까?"

"매일 30분 정도 명상을 하거나 운동하는 것은 평범한 것입니까? 아니면 희소한 것입니까?"

"하루에 1시간씩 책을 읽는 것은 평범한 것입니까? 아니면 희소한 것입니까?"

"평일 저녁, 친구와의 약속 대신 새로운 것을 배우거나 공부하는 것은 평범한 것입니까? 아니면 희소한 것입니까?"

"패스트푸드와 콜라 대신 샐러드와 물을 선택하는 것은 평범한 것입니까? 아니면 희소한 것입니까?"

"책과 영화를 보고 이에 관한 생각을 글로 정리하는 것은 평범한 것입니까? 아니면 희소한 것입니까?"

"주말에 독서하고 산책하는 것은 평범한 것입니까? 아니면 희소한 것입니까?"

"지금 해야 할 일을 미루지 않고 바로 처리하는 것은 평범한 것입니까? 아니면 희소한 것입니까?"

"집에서 스마트폰을 내려놓고 가족과 대화하는 것은 평범한 것입니까? 아니면 희소한 것입니까?"

　우리 일상에 희소성을 가진 다양한 행위들이 존재합니다. 그런데 여기서 이런 의문을 품는 사람도 있을 것입니다.

　"과연 저런 작고 사소한 것들로 차별성, 희소성을 획득할 수 있을까?"

　맞습니다. 위의 열거한 목록들을 하나하나 떼어보면 그리 대단한 것들이 아닙니다. 어쩌면 평범하고 일상적인 영역에 가까운 행위일 수 있습니다. 그럼에도 불구하고 이를 하나씩 실천해 나갈 수 있다면 상황은 달라집니다. 적어도 1%의 희소성을 가진 사람으로 성장하게 될 것입니다. 30% 희소성의 행동을 10가지로 늘리게 된다면 그 사람은 1% 이상의 차별성과 희소성을 가진 사람이 됩니다. 여기서 다시 가장 중요한 질문을 던져보고 싶습니다.

　"만약 이 모든 것을 5년 동안 하루도 빠짐없이 반복할 수 있다면,
　이것은 평범한 것입니까? 아니면 희소한 것입니까?"

핵심은 바로 이것입니다. 하나하나의 행위를 단편적 시간으로 쪼개어 분절하면 평범할 수 있는 일들이, 긴 시간과 일정한 루틴으로 결합하면 극단적 희소성의 지점에 도달하게 됩니다. 1%의 희소성은 0.1%의 압도적 가치를 가진 특별함으로 변신하게 되는 것입니다.

물론 한 가지 분야에서 특별히 뛰어난 사람이 있습니다. 하지만 그렇다고 반드시 한 가지 특정 분야에서 최고가 되는 것만이 방법은 아니라는 것입니다. 한 분야에 상위 1%가 되기는 어렵습니다. 하지만 한 분야에 상위 30% 정도의 역량을 갖추는 것은 꾸준히 연습하고 훈련하면 얼마든지 가능합니다.

> "매일 작업하지 않고 피아노나
> 노래를 배울 수 있습니까.
> 어쩌다 한 번으로 얻을 수 있는 것은 결코 없습니다."
> _ 톨스토이

어느 한순간에 갑자기 생산되는 희소성은 없습니다. 희소성 있는 무언가는, 희소성 있는 삶과 시간을 견딘 누군가에 의해 만들어집니다. 희소성 있는 하루를 위해 노력하는 삶을 견디지 못하는 사람이 희소성 있는 무언가를 생산할 리 없습니다.

원하는 것을 얻는 방법은 매우 단순합니다. 사실 모두가 이 사실을 알고 있습니다. 하지만 대다수 사람들은 무의식적으로 선택합니다. 올바른 방향을 알지만 편안한 방법을 선택하는 것입니다. 왜냐하면 원하는 것을 얻기 위해 감수해야 할 약간의 불편함보다 당장 편안함을 주는 혜택에 쾌락을 느끼기 때문입니다.

아이러니는 여기서 그치지 않습니다. 이 악순환의 패턴은 습관처럼 반복됩니다. 스스로 연습과 훈련의 고통 대신 후회를 선택하고는 다음번에 또다시 선택의 순간이 오면 또다시 즉각적인 편안함을 선택합니다. 그리고 다시 진실의 순간이 오면 습관적으로 후회하곤 합니다.

당장 자극적인 음식을 먹는 것은 쉬운 일이지만 몸에 좋은 음식을 먹는 것은 힘들고 불편한 일입니다. 당장 친구와 만나 술 한 잔 기울이는 것은 쉬운 일이지만 책을 읽고 시간을 내어 운동하는 것은 힘들고 불편한 일입니다. 잠을 30분 더 자는 것은 쉬운 일이지만, 30분 일찍 일어나 하루 일과를 점검하는 일은 힘들고 불편한 일입니다.

> 원하는 것을 얻는 방법은 정직합니다.
> 고통이 있는 곳에 혜택이 있습니다.
> 그 혜택 중 하나는 희소성입니다.
> 희소성이 지속성을 가지면 가치가 생깁니다.

그럼에도 불구하고 무언가 특별한 방법이 있다고 믿는 사람들, 지름길이 있다고 믿는 사람들이 있습니다. 여기에도 똑같이 적용됩니다. 지름길과 꼼수로 성공하는 방법은 쉬운 일이지만, 바른길을 걷는 것은 지루하고 힘든 일입니다. 특별한 한 방, 기막힌 꼼수, 빨리 쉽게 성공하는 법과 같이 온갖 잡스러운 성공 비법들은 희소성을 위협합니다. 그것들이 제시하는 방법 자체가 대다수 사람이 추구하고 싶어 하는 평범함과 편안함의 영역 안쪽에 있기 때문입니다.

"원하는 것을 얻기 위한 특별한 방법, 또는 비법 같은 것이 있을까요?"

어떤 분야든 작은 성취를 경험해 본 사람들은 이 질문이 우문愚問이라는 것을 바로 알아차릴 수 있을 것입니다. 세상에 특별한 비법, 방법 같은 것은 없습니다. 그냥 하나씩 하는 겁니다. 우직하게 엉덩이 붙이고 집중과 몰입의 태도로 공부하고 일하고 운동하면 됩니다. 이렇게 매일매일 오랜 시간 쌓아나가면, 그 시간에 비례해 성공 확률은 점점 더 높아집니다.

처음에는 무조건 무식하게 앉아 있는다고 일과 공부의 능률이 생길까 하는 의심도 생깁니다. 하지만 일단 이렇게 바보처럼 앉아 있는 시간을 늘리다 보면 하나둘씩 방법을 알아가게 되고 학습과 이해의 속도도 빨라지게 됩니다.

모든 분야가 그렇습니다. 먼저 바보같이 무식하게 엉덩이로 일하는 시기를 겪어보면 스마트하게 일하는 방법도 알게 됩니다. 처음에는 오랜 시간 갖은 시도를 하면서 소위 삽질도 해보고 시행착오를 겪어보는 겁니다. 그러다 보면 효과가 있는 방법을 찾게 되고, 또 한참의 시간이 지나면 효율을 발휘할 수 있게 됩니다. 여기에서 필요한 것이 바로 시간을 축적해 나가는 것입니다.

비효과적, 비효율적 시간을 잘 이겨내는 사람은 시간을 자신의 편으로 만듭니다. 시간이 흐를수록 효과와 효율이 극대화되는 것입니다. 반면에 비효율적 기간을 잘 견디지 못하는 사람은 시간이 지나도 늘 제자리를 맴돕니다. 결과적으로 시간의 축적이 삶의 장애물이 되어버리는 것입니다.

> "나 자신이 글 쓰는 데 소질이 없음을
> 발견하는 데 15년이 걸렸다.
> 하지만 글쓰기를 포기할 수 없었다. 계속 써야만 했다.
> 왜냐하면 그때 이미
> 나는 유명 작가가 되어있었으니까."
> _ 마크 트웨인

누군가에겐 시간이 자산이 되고 누군가에겐 시간이 부채가 되어 자신에게 되돌아옵니다. 주변을 관찰하면 이런 진실을 쉽게 이해할 수 있습니다. 시간을 버티지 못해 포기하고 내려놓는 사람을 만나는 일은 어렵지 않습니다. 하지만 종종 그리 대수롭지 않아 보이는 재주로 시간을 버티고 견디며 지내온 누군가는 끝내 성장하고 성취하는 모습을 목격하게 됩니다.

어떤 사람은 시간을 견디는 힘을 가지고 있고 어떤 사람은 쉽게 그만두고 타협합니다. 그렇다면 각자에게 어찌할 수 없는 운명이라도 있는 걸까요? 아닙니다. 바꿀 수 없는, 미리 정해진 운명 같은 것이 있을 리 없습니다. 모든 사람들에게 똑같이 하루 24시간이 주어졌다는 것이 그 증거입니다. 게다가 매우 공정하게도 우리 모두는 언젠가 마지막 죽음의 순간을 맞이하게 됩니다. 이 얼마나 정직한 운명입니까?

　우리가 매 순간 해왔던 선택, 이를 감행함으로써 발생하게 된
사건이 운명이라는 이름표를 달게 되는 것 아닐까요? 그렇다면
이 운명을 스스로 선택하고 결정할 수 있는 권한과 힘도 우리 안
에 있지 않을까요?

18. 삶은 의사결정의 예술이다

"저는 미래가 어떻게 전개될지는 모르지만, 누가 그 미래를 결정하는지는 압니다."_ 오프라 윈프리

혹시 도스토옙스키의 〈죄와 벌〉이라는 소설 아시나요? 이 소설의 이야기는 주인공인 로쟈가 어느 노파를 살해하면서 시작됩니다. 살해를 저지른 로쟈는 자신이 선택한 행위를 정당화시키기 위해 끊임없이 스스로를 설득하는데요. 결국 소냐라는 여인의 설득으로 자수하는 선택을 하게 되면서 이야기가 마무리됩니다.

또 다른 소설, 톨스토이의 〈안나 카레니나〉라는 소설이 있습니다. "행복한 가정은 모두 엇비슷하고 불행한 가정은 불행한 이유가 제각기 다르다."라는 유명한 문장으로 시작됩니다. 〈안나 카레니나〉는 주인공인 안나가 브론스키와 불륜을 저지르는 선택을 함으로써 일어나는 사건을 그린 소설입니다. 소설이 단지 "결국 둘은 행복하게 살았답니다."라는 이야기로 마무리되었다면 이 작품

이 이렇게 유명해지지는 않았을 겁니다. 결말로 가게 되면 이 둘 사이에 균열이 생기고 주인공인 안나는 기차역에 스스로 생을 마감하는 선택을 하게 됩니다.

〈죄와 벌〉, 〈안나 카레니나〉, 이 소설 속에는 어떠한 사건이 시작되는 공통적인 트리거가 있습니다. 바로 주인공이 특정한 시점에 결정적인 선택을 하게 된다는 겁니다. 사실 모든 소설이 그렇습니다. 누군가의 선택으로 인해 사건이 벌어지고 이야기가 전개됩니다. 소설은 기본적으로 우리의 삶을 모방함으로써 진실을 획득합니다. 그리고 삶과 진실의 공백 사이에 놓인 허위를 고발함으로써 글을 읽는 이의 평온한 일상을 침범합니다. 우리 삶을 압축적으로 포위하는 것입니다.

> **"작품에 권총이 등장한다면 그 권총은**
> **반드시 한 번은 발사되어야 한다."**
> **_ 안톤 체호프**

소설 속 모든 이야기는 개연성을 따르게 되고, 따라서 일어날 일은 일어납니다. 체호프의 법칙에 따라 결말이 개연성을 획득하는 과정에는 그 결말이 될 수밖에 없는 이야기의 장치가 있습니다. 바로 주인공이 무언가를 선택한다는 것이죠. 이것이 사건의 발단이 되는 것입니다. 그리고 그 사이에 놓인 또 다른 선택과 이에 대한 상상은 이야기의 결말을 위한 분명한 복선이 됩니다. 비록 직접적으로 전하지 않지만 행간을 통해 암시하는 것입니다. 따라서 주인공의 모든 선택은 소설의 결말을 충분히 유추해 볼 수 있는 필연성의 근거가 됩니다.

흔히 인생은 B(탄생)와 D(죽음) 사이에 C(선택)로 이루어진다고 합니다. 여기에서 선택이라는 단어는 영화나 소설 속 주인공뿐만 아니라 한 인간의 운명을 결정짓는 근간이 됩니다. 우리는 하루에도 셀 수 없이 많은 의사결정을 합니다. 마치 습관처럼 무심코 내리는 의사결정도 있고 수많은 시간과 숙고 끝에 내리는 의사결정도 있습니다. 인간의 의사결정 시스템에 대해 여러 번 말씀드린 적이 있죠? 이제는 〈시스템1〉과 〈시스템2〉에 대해 익숙하실 겁니다.

우리가 매 순간 선택하는 의사결정과 사고 시스템은 우리 삶의 방향을 결정합니다. 즉 이것이 우리 인생에서 일어나는 사건과 사건 사이를 연결 짓는 단서가 되는 것입니다. 이렇게 삶의 모든 것은 의사결정, 즉 우리가 내리는 선택에 따라 달라집니다. 오늘의 나는 어제의 내가 내렸던 수많은 선택의 결과입니다. 그 결과가 마음에 들던, 마음에 들지 않던, 지금까지 무수히 반복해 온 나의 선택이 나를 지금 이 자리에 서게 한 것입니다. 그러므로 오늘 내가 서 있는 이 자리와 위치는 결코 행운이나 불운의 결과가 아닙니다. 내가 직접 선택한 결과라는 것이죠.

미래도 마찬가지입니다. 오늘 내가 내리는 작은 선택들은 미래를 향해 보내는 신호이자 삶의 복선입니다. 과거의 내가 내린 선택이 현재의 나를 결정짓듯, 오늘의 내가 하는 선택은 미래의 내가 위치할 자리를 결정짓기 때문입니다.

이렇듯 모든 선택은 내 삶의 전부를 결정짓는 운명적 순간이며 결정적 행동입니다. 선택한다는 것은 우리 인생에서 이렇게 중요한 것입니다. 그러면 과연 선택이라는 것은 무엇일까요? 혹시 선택이라는 단어를 다른 사람에게 설명해 보실 수 있나요? 막상 누군가에게 선택이라는 단어를 설명하려면 분명하게 정의하기가 쉽지 않을 겁니다. 왜 그럴까요? 그 이유는 선택이라는 단어에 대해 스스로 분명하게 정의내리고 있지 않기 때문일 겁니다.

선택이라는 단어를 들었을 때 본능적으로 떠오르는 느낌이 있습니다. 바로 무언가를 추가하고 더하는 개념입니다. 그런데 여기서부터 뭔가 잘못되기 시작합니다. 왜냐하면 선택은 무언가를 추가하고 더하는 것이 아니라, 무언가를 빼고 포기하는 것이기 때문입니다. 어떤 의사결정을 할 때 선택의 순간은 선택하지 못한 나머지를 포기해야 하는 것을 의미합니다.

물론 모든 것을 선택하고 추가하면 좋겠지만 이런 선택을 할 수 없는 이유가 있습니다. 바로 '자원의 한정성' 때문입니다. 시간과 돈은 무한정으로 주어지지 않습니다. 따라서 한정된 자원을 효과적, 효율적으로 사용하기 위해서는 무언가를 포기해야 하는 것입니다. 그리고 무언가를 포기한다는 것을 다른 관점으로 보면 '선택한 것에 대한 집중'을 의미합니다.

만약 내가 부자가 되기로 선택했다면, 내가 유튜브 하는 것을 선택했다면, 내가 여행을 가기로 선택했다면, 내가 책을 읽는 것을 선택했다면, 내가 누군가를 만나기로 선택했다면, 그 선택을 위해 반드시 무언가를 포기하고 버리게 되는 '기회비용'이 발생하게 되는 것입니다.

이 사실을 통해 한 가지를 확인할 수 있습니다. 무언가를 선택하면 무언가를 포기하게 됩니다. 이것을 포기함으로써 자신이 선택한 것에 대해 집중할 수 있게 되는 것이죠. 이것을 〈트레이드 오프〉_Trade off 라고 합니다. 얻는 것이 있으면 잃는 것이 있고, 잃는 것이 있으면 얻는 것이 있습니다. 결국 무엇을 버리고 무엇을 얻을지 〈트레이드 오프〉를 이해하는 것은 선택의 출발점이 됩니다.

유명한 일화가 있습니다. 〈좋은 기업을 넘어 위대한 기업〉의 저자인 짐 콜린스는 컨설팅과 콘텐츠 제작 등의 다양한 일을 병행하

어나더레벨

면서 고민에 빠져있었습니다. 이에 경영학의 대가인 피터 드러커에게 조언을 구합니다. 피터 드러커는 짐 콜린스에게 해야 할 일에 관한 리스트가 있냐고 물었습니다. 짐 콜린스는 당연히 그렇다고 했습니다. 그리고 피터 드러커는 다음 질문을 이어갑니다. "그럼 하지 말아야 할 일에 관한 목록은요?" 짐 콜린스는 이 대화를 통해 깨달음을 얻고 컨설팅을 포기하고 자신만의 콘텐츠를 만드는 일에 집중하게 됩니다.

비슷한 사례는 많습니다. 스티브 잡스도 하지 말아야 할 일을 결정하는 것은 할 일을 결정하는 것만큼 중요하다는 말을 남긴 것으로 유명합니다. 우리는 모든 것을 다 선택할 수 없고 원하는 모든 것을 다 가질 수 없습니다. 그래서 우리는 무언가 선택할 때 반드시 다른 무언가를 포기해야 하고, 원하는 것을 얻기 위해 원하지 않는 일을 해야 하는 경우도 생깁니다.

만약 우리 인생에 이런 〈트레이드 오프〉가 존재하지 않는다면 공부와 경험, 그 어떤 지성도 아무런 쓸모가 없을 것입니다. 모든 것을 다 선택하는 것은 이제 막 말을 배우기 시작한 아이들도 할 수 있는 쉬운 결정이기 때문입니다. 하지만 무언가를 선택함으로써 많은 것을 버리고 포기하는 것에는 〈나〉와 〈대상〉에 대한 이해와 통찰이 필요합니다.

포기하는 것을 잘하기 위해서는 먼저 자신이 가지고 있는 삶의 우선순위와 가치를 알아야 합니다. 이것을 모른다면 선택에 대한 본질적인 준거점이 형성되지 않기 때문입니다. 자신의 삶의 우선순위와 가치를 알기 위해서는 다양한 공부와 경험이 필요합니다. 이 과정에서 새로운 목표와 목적이 생겨 기존에 가지고 있던 선택의 준거점이 바뀌거나, 선택 자체를 바꿔버리기도 하는데 이 과정을 인생이라고 부르는 것이 아닐까 합니다. 끊임없이 가치를 선택하고 교환하는 트레이드 오프, 그 자체 말입니다.

그런데 만약 자신의 우선순위와 핵심가치가 없다면 모든 것이 중요해지기 시작합니다. 중요한 일의 목록이 10개까지 늘어나고 동시에 긴급한 일이 펼쳐집니다. 그런데 정말 중요한 일이 10가지가 있다면 이것을 정말 중요한 일이라고 할 수 있을까요? 진실은 그 반대에 가깝습니다. 그 10가지의 목록은 말해 줍니다.

"나는 내 삶에 정말 중요한 우선순위가 무엇인지 모르고 있다."

중요하고 가치 있는 일이란 내가 해야 할 일, 하고 싶은 일, 할 수 있는 일의 10가지 목록 중에서 이를 지우고 또 지워내 마지막으로 남은 한 두 가지를 의미하는 것입니다. 그리고 이것이 바로 진짜 중요한 일이 되는 것이죠. 잠시 책을 덮고 지금 이 질문에 대한 답을 적어보는 것은 어떨까요?

"당신의 삶에서 가장 중요한 우선순위는 무엇입니까?"

물론 무언가를 선택한다는 것, 다시 말해 포기한다는 것은 고통스러운 일입니다. 삶을 조각 작품에 비유하면 어떨까요? 처음에는 커다란 돌덩이 하나였다가, 조각가의 의도대로 이리저리 깎여나가기 시작하죠. 포기하고 버려야 할 부분을 과감하게 깎아내는 것입니다. 이 작업을 수없이 반복하다 보면 작품이 완성됩니다.

그런데 좋은 작품을 완성하는 첫 번째 과정은 조각가의 의도입니다. 자신이 원하는 결과가 무엇인지 머리와 마음속에 분명하게 있어야 하는 것이죠. 그래야만 버려야 할 부분, 다시 말해 돌에서 깎아내야 하는 부분을 정확하게 들춰낼 수 있습니다. 이렇게 우리는 의미 없는 커다란 돌덩이로 왔다가 조각가가 의도한 하나의 작품으로 마무리되는 것입니다.

사람은 나이가 들어갈수록 자신이 하는 선택에 특정한 패턴을 가지게 됩니다. 자기만의 방식과 틀이 생기게 되는 것이죠. 처음에는 이를 선택이라고 하지만 선택이 반복되면 습관이 됩니다. 그리고 이렇게 얻게 된 습관은 그 사람의 사고방식으로 자리 잡습니다. 하나의 세계관이 되는 것입니다. 마지막으로 내가 사용하는 언어, 말투, 행동, 버릇, 식습관, 모든 것은 이 세계관에 맞춰 정렬하게 됩니다.

이유 없이 피는 꽃이 어디 있을까요? 오늘 핀 꽃은 과거 언젠가 내가 심은 씨앗의 결과일 것입니다. 오늘 내가 하는 작은 선택은 나의 습관이 되고, 사고방식이 되고, 그것이 미래가 되고, 그 미래는 나의 운명이 될 것입니다.

인디언 할아버지가 손자에게 말했다.

"인간의 마음은 늑대 두 마리의 싸움터란다.
한 마리는 악이야.
분노, 질투, 탐욕, 적개심, 열등감, 거짓말, 자만심을 일으키지.

다른 하나는 선이야.
평화, 희망, 기쁨, 사랑, 겸허, 친절, 공감, 진실을 만든단다."

소년은 잠시 생각하다 물었다.
"할아버지, 어떤 늑대가 이겨요?"

노인이 조용히 대답했다.
"네가 먹이를 주는 쪽."

_ 앨런 피즈, 바바라 피즈, 『결국 해내는 사람들의 원칙』 중

19. 성공은 극단값에 있다

"모든 사람은 천재다. 그러나 물고기를 나무에 오르는 능력으로 판단한다면 그 물고기는 평생 자신이 멍청하다는 믿음을 안고 살아갈 것이다."_ 알베르트 아인슈타인

만약 가족 중 누군가 위암 수술을 해야 합니다. 하지만 다행히 수술을 통해 종양을 제거하면 완치 가능성이 높은 상태입니다. 다만 제거해야 하는 부위가 수술하기 까다로운 위치에 있어 쉽지는 않다고 합니다.

이런 상황에서 우리는 "어떤 의사에게 수술을 맡길 것인가?"를 선택해야 합니다. 사실 이 질문에 대한 답은 너무나도 명료합니다. 깊이 생각할 필요도 없습니다. 그 분야에서 가장 경험이 많고 수술 성공률이 높은 의사에게 맡겨야 합니다. 우리는 당연히 해당 분야에서 최고의 전문성과 경험을 갖춘 의사에게 수술을 맡기고 싶어 합니다.

여기까지 충분히 동의하실 수 있을 겁니다. 그러면 한 번 더 생각해 보도록 하죠. 위암 분야에서 가장 많은 수술 경험과 이를 토대로 임상 지식을 쌓아온 이 의사는 과연 어떻게 그 분야의 최고 명의가 될 수 있었을까요? 아마 어떤 분야에서 최고 수준의 위치까지 올라간 사람들이라면 비슷할 것입니다. 처음에는 심장, 폐, 대장, 위, 다양한 분야의 지식을 폭넓게 학습합니다. 그리고 특정한 시점 이후에는 선택하게 됩니다. 왜냐하면 시간이라는 자원은 한정되어 있기 때문입니다.

따라서 어떤 분야에서든 오랫동안 연습하고 훈련하다 보면 어느 시점에서는 선택의 순간이 옵니다. 가지고 있는 단점을 보완하고 전체적인 면에서 평균을 유지 할 것인지, 아니면 자신이 강점을 가지고 있는 분야에 집중적으로 투자하여 지금보다 더 높은 수준의 전문가가 될 것인지…

차별화에 성공한 사람들은 자신이 강점을 가진 분야 또는 자신감이 있는 분야를 집중적으로 파고드는 선택을 합니다. 그리고 선택과 집중에 대한 결과, 일반적으로 다양한 분야의 지식이 풍부한 의사들과의 차별화에 성공합니다. 서두에 언급한 상황은 진실의 순간입니다. 그 누구라도 다방면에 어느 정도 유능한 의사보다는 한 분야에서 탁월함을 보이는 의사를 선택하게 됩니다.

이를 병원이나 학교의 범주로 확장해도 마찬가지입니다. 무릎이 아픈 사람에겐 일반 정형외과보다 아무래도 무릎 전문 정형외과에 마음이 끌립니다. 이론적으로 다양한 분야를 넓게 진료하는 일반 정형외과가 더 많은 잠재 고객을 확보할 수 있지만 정작 무릎이 아픈 환자의 입장에서는 이도 저도 아닌 포지션이 되어버리는 것이죠. 건강 문제로 다이어트를 해야 하는 사람들에게는 일반 병원보다 다이어트만 전문적으로 하는 병원이 경쟁우위를 확보합니다.

학교도 마찬가지입니다. 만약 신입생 모집에 어려움을 겪고 있는 어떤 대학이 지금보다 더 많은 신입생을 유치하고 싶다면, 학교의 전체적인 교육 수준을 높이는 것은 도움이 되지 않습니다. 차라리 특정한 분야에 뚜렷한 강점을 가진 하나의 학과를 집중적으로 육성하고 차별화하는 편이 학교의 전체 인지도를 높이는 데 훨씬 유리하겠죠.

경영·마케팅 분야에서 이런 사고방식과 전략은 보편적 상식입니다. 멀리 갈 것도 없습니다. 이런저런 메뉴를 다 잘한다고 홍보하는 음식점은 대체로 뭐하나 압도적으로 뛰어난 메뉴가 없을 가능성이 높습니다. 반면에 메뉴에서 선택의 여지가 거의 없다시피한 전문 음식점의 경우, 그 하나가 다른 음식점에서 경험할 수 있는 평균적 맛의 기준을 뛰어넘는 경우가 많습니다.

사랑에 빠질 때도 마찬가지입니다. 우리가 누군가를 만나 사랑에 빠질 때, 우리는 결코 상대방의 단점이 적다는 이유로 사랑에 빠지지 않습니다. 수많은 단점에도 불구하고 상대방이 가지고 있는 강력한 매력 하나 때문에 사랑에 빠지게 됩니다.

상황이 이런데도 우리는 쉽게 평균의 함정에 빠집니다. 끊임없이 자신과 타인을 비교하며 스스로를 평균에 맞추려고 노력합니다. 평범해지기 위해 몸부림치는 것입니다. 그냥 각자 타고난 본성대로 살아가기만 해도 특별해질 텐데, 오히려 평범해지려고 노력하고 애쓰고 있는 것입니다. 이렇게 평범함을 위해 시간과 노력을 쏟아붓고 비범하고 특별한 삶을 원하는 것은 난센스입니다. 모든 아웃풋은 인풋 한대로 나오기 때문입니다.

> "당신이 이리저리 휘둘리는 한 가지 이유는
> 자기 자신으로부터 도망치고 있기 때문이다."
> _ 데이비드 브룩스

'다양한 항목에서 평범해지기', '한 가지 항목에서 비범해지기', 둘 중 무엇이 더 쉽고 무엇이 더 어려울까요? 여기서 트레이드 오프_Trade off가 적용됩니다. 얻는 것이 있으면 잃는 것이 있고, 잃는 것이 있으면 얻는 것이 있다고 했었죠?

물론 버리지 않고, 포기하지 않고 모두 다 취할 수 있다면 좋겠지만 자원은 한정되어 있습니다. 특히 시간이라는 자원이 그렇습니다. 우리는 시간의 사용 방향을 선택함으로써 무언가를 얻고 무언가를 포기합니다. 이는 결과적으로 한정된 자원인 시간을 어떤 방향으로 사용하느냐에 따라 누가 더 차별화된 경쟁력을 갖게 되느냐와 직접적으로 연결됩니다.

오늘 내가 서 있는 위치는 지금까지 자신이 해왔던 선택, 즉 시간의 사용 방향이 가리키고 있던 목적지입니다. 특별한 사람이란 어떤 사람일까요? 지금까지 특별한 선택을 해온 사람이 특별한 사람이 됩니다. 비범한 선택을 해왔던 사람은 비범한 사람이 되고 평범한 선택을 한 사람은 평범한 사람이 될 뿐입니다.

'단점 보완 vs 장점 향상'

이 선택에서 대다수의 사람은 장점을 향상시키는 방향보다 그 노력으로 단점을 보완하는 선택을 합니다. 자신의 약점을 인정하거나 허용하지 않기 때문입니다. 이 때문에 자신의 약점에 대한 고민은 많이 하지만 자신이 가지고 있는 장점과 강점은 그만큼 진지하게 생각하지 않습니다. 결과적으로 생각의 방향이 자신의 약점을 향하는 것입니다.

모든 사람은 본래의 취약점이 있습니다. 그리고 모든 사람은 타고난 본성 안에 담긴 강점과 장점이 있습니다. 저는 아직 단 한 번도 장점과 강점이 없는 사람을 본 적이 없습니다. 그리고 단 한 번도 약점과 단점을 가지고 있지 않은 사람을 본 적이 없습니다.

약점도 강점도 없는, 평범한 인간이 되려는 모든 시도와 노력을 포기하길 권합니다. 그것은 불가능한 목표입니다. 바람직하지도 않습니다. 약점은 있지만 강점이 더 큰 사람이 되려는 의지와 훈련이 그 사람을 특별한 존재로 만들어 줍니다. 같은 시간과 노력을 들인다면, 장점이 선명하게 드러날 수 있는 선택을 해야 한다는 것입니다. 물론 서두에 언급한 의사의 경우 위암 치료에 관련된 이해의 폭을 확장하기 위해 심리학이나 기타 다른 분야를 공부할 수 있지만, 이 역시 장점을 분명하게 하기 위한 단점의 보완이어야 할 것입니다.

차별화를 위해 추구해야 할 답은 정해졌습니다. 무조건 열심히 노력하는 것이 아닙니다. 자신이 가지고 있는 잠재력, 그중에서도 강점에 집중해야 한다는 것입니다. 사람들이 말하는 "나쁘지 않다."는 사실 가장 나쁜 것입니다. 오히려 "좋다.", 혹은 "나쁘다."로 분명하게 평가되는 편이 낫습니다. 호불호가 분명하다는 것은 뚜렷하게 차별화된다는 뜻입니다. 사람들은 이도 저도 아닌 평균적이고 평범한 것에 대해 굳이 비판하거나 언급할 필요성을 느끼지 못합니다. 더 큰 문제는 평균적이고 평범한 것을 좋아하거나 열광하지도 않는다는 것입니다. 그냥 별다른 느낌이 없는거죠.

성공은 평균의 영역 바깥쪽에 존재합니다. 성공은 언제나 예외적인 것입니다. 따라서 평균값이 아닌 극단값을 추구해야 합니다. 예외적인 생각, 예외적인 행동, 예외적인 시도가 예외적인 결과를 도출합니다. 만약 이에 따른 결과가 좋지 않아도 상관없습니다. 이것은 결과적으로 좋은 것입니다. 평균적인 생각, 평균의 행동, 평균적 노력으로 얻을 수 있는 것은 평균적 결과입니다.(참고로 대부분의 도전과 시도는 평균적으로 실패합니다)

"너 자신이 되라.
타인은 이미 차고 넘친다."
_ 오스카 와일드

만약 지금 이 책을 읽고 있는 독자의 생물학적 나이가 비교적 젊다면 더욱 그렇습니다. 극단값을 취하고, 높은 위험을 감수하고, 기대할 수 있는 최상의 결과를 위한 선택과 도전을 해야 합니다. 안전한 도전, 평균의 결과보다 차라리 제대로 부러져보고, 완벽하게 실패하고, 철저하게 무너져보는 경험이 장기적으로 훨씬 더 가치 있습니다. 그러면 자신의 강점과 약점이 무엇인지 정확하게 파악하는 데 도움이 됩니다. 메타인지가 높아진다는 것입니다. 하지만 그저 단순한 흥미와 호기심의 정도로 이리저리 안전한 곳을 기웃거리는 것은 시간만 낭비하기 쉽습니다.

지금까지 자신의 강점을 바탕으로 선택할 수 있는 극단값을 취해야 한다고 했습니다. 물론 자신의 강점과 장점이 바로 떠오르지 않을 수 있습니다. 이런 경우, 오히려 자신이 가지고 있는 단점이 지금 서 있는 장소와 규칙, 역할, 시간, 위치를 달리하는 순간 오히려 장점이 될 수 있습니다. 생각의 방향을 바꿔보는 것입니다.

누군가에게 고집이 세다는 단점은 그 고집의 방향을 바꾸는 순간 의지력이 강한 사람으로 변모될 수 있습니다. 감정적으로 예민하다는 단점은 특정한 업무에서 섬세하다는 장점이 될 수도 있습니다. 사교성이 부족하다는 평가를 받는 사람은 오히려 혼자 있는 시간이 많다는 장점을 활용하여 더 깊어지고 성공할 가능성이 높은 사람이 될 수 있습니다.

하지만 지금까지 이야기했듯 많은 사람들이 자신의 강점을 더 향상시키는 것보다 단점을 보완하는 데 더 많은 시간을 사용합니다. 관점 자체를 부족함에 초점을 맞추고 이를 평균의 수준으로 맞추려고 노력합니다. 똑같은 시간과 노력을 해야 한다면 굳이 그렇게 해야 할 필요가 있을까요?

얼마 전에 취업을 준비하는 분들을 대상으로 강연을 마치고 질문을 받았습니다. 모두 취업을 준비하면서 고민이 많다는 겁니다.

"제 전공과 가고 싶은 회사의 직무가 다른데 괜찮을까요?"
"토익 점수가 낮은데 괜찮을까요?"
"학벌이 좋지 않은데 가능할까요?"
"나이가 많은데 괜찮을까요?"

온통 자신이 가지고 있지 않은 것들과 자신의 부족한 부분을 중심으로 괴로워하고 있었습니다. 그래서 저는 지금 자신이 가지고 있는 것에 집중하라고 대답해 주었습니다. 부족한 점과 약점이 아닌 강점과 장점에 기반하여 전략을 세우라고 말입니다. 마찬가지입니다. 우리는 우리가 가지고 있지 않은 것에 관심이 많습니다. 자연스럽게 우리가 이미 가지고 있는 것에 주의를 기울이지 않게 됩니다. 가지고 있는 강점과 감사할 일이 훨씬 더 많은데도 우리는 우리가 더 가지지 못한 것에만 정신을 집중합니다. 그리고 나는 부족하고 불행한 사람이라고 생각합니다.

> "나는 신발이 없음을 한탄했는데
> 길에서 발이 없는 사람을 만났다."
> _ 데일 카네기

이미 가지고 있는 강점에 집중하세요. 그리고 자신의 사소한 강점을 소중하게 여기시길 바랍니다. 지금 자신에게 주어진 강점과 장점은 어쩌면 스스로 너무 익숙한 나머지, 당연하다고 여겨질 수 있습니다. 자신이 이미 가지고 있는 것에 대해 진정 감사한 마음을 가질 수 있을 때 그 강점도 온전히 볼 수 있게 됩니다.

사소한 하루, 사소한 존재가 있을까요?
어제 죽은 이가 그토록 그리던 오늘, 그리고 당신입니다.

20. 인간을 인간답게 만드는 것

"하루하루는 결코 알 수 없는 것들을 한 해 한 해가 알려준다." _ 랄프 왈도 에머슨

우리를 움직이게 만드는 동기부여의 본질이 있습니다. 그것은 바로 쾌락입니다. 우리는 기본적으로 이 쾌락의 버튼을 누르고 보상받는 것에 최적화 되어있습니다. 쾌락에는 두 가지가 있습니다. '즉각적 쾌락'과 '지속 가능한 쾌락'입니다. 즉각적 쾌락은 말 그대로 어떤 행위에 바로 뒤따르는 쾌락입니다.

예를 들어 맛있는 음식을 먹을 때 즉각적으로 쾌락이 느껴집니다. 그리고 가지고 싶은 물건을 구매할 때 즉각적으로 쾌락이 느껴집니다. 잠을 더 자고 싶을 때, 잠을 자는 것 또한 바로 쾌락을 느낄 수 있는 방법입니다. 게임을 할 때, 술을 마실 때, 담배를 피우는 것도 마찬가지입니다. 그 행동을 하는 순간 즉각적으로 보상받습니다.

우리가 즉각적인 쾌락을 느끼는 것들에는 공통점이 있습니다. 바로 우리의 본능을 자극한다는 것입니다. 그런데 이 본능이라는 것은 사실 동물적 특성에 가깝습니다. 즉각적인 쾌락은 깊이 생각할 필요가 없고 별도의 의식적인 노력이 필요없습니다. 그냥 본능의 지시에 따르기만 하면 얻을 수 있는 것입니다.

하지만 이와 반대되는 쾌락이 있습니다. 즉각적 쾌락을 지연시킴으로써 얻을 수 있는 지속 가능한 쾌락입니다. 동물적 본능(시스템1)으로 얻을 수 있는 것이 즉각적인 쾌락이라면 지속 가능한 쾌락에는 의도적인 이성의 개입(시스템2)이 필요합니다. 인간과 동물의 가장 큰 차이점이 무엇일까요?

인간은 즉각적·본능적 쾌락을 미룰 수 있는 능력이 있습니다. 우리는 이것을 〈절제〉와 〈인내〉라고 표현합니다. 당장 배고픈 동물이 먹을 것을 눈앞에 두고 인내하고 절제하는 것을 상상하기는 어렵습니다. 하지만 인간은 눈앞에 먹을 것을 두고 참을 수 있습니다. 심지어 이를 넘어 절식과 단식을 통해 다이어트까지 할 수 있는 존재입니다.

그런데 사실은 인간의 과거도 동물과 크게 다르지 않았습니다. 수렵, 채집, 사냥한 식량을 먹고 나면 또 하루를 살기 위해 그 행동을 반복했습니다. 당장 오늘 내일의 생존이 보장되지 않는 불투명

어나더레벨

한 상황에서 본능 말고는 달리 추구할 수 있는 것들이 없었습니다.

하지만 어느 순간 역사에 농업, 산업, 과학 등의 혁명이라 불리는 다양한 사건들이 생기고 난 뒤부터 상황이 바뀌기 시작합니다. 비로소 문명과 문화가 태동하기 시작하는 겁니다. 이때부터 게임의 규칙이 바뀌기 시작합니다. 그중에서도 역사적으로 가장 의미 있는 변화의 시발점은 아마 농업일 겁니다.

농업을 통해 채집, 수렵, 사냥 등으로 얻을 수 있는 식량의 총량보다 훨씬 더 많은 것을 얻을 수 있다는 것을 알게 된 것입니다. 심지어 단순히 필요한 식량을 소비하는 것을 넘어 저장할 수 있을 정도로 생산할 수 있게 된 것입니다. 이에 따라 먹을 것, 즉 식량에 대한 사고와 시간적 개념이 하루 단위에서 6개월, 1년 주기로 크게 변화하기 시작했습니다.

이렇게 인류가 여러 차례의 혁명적 변화를 거치면서 형성된 문명과 문화적 특질이 있습니다. 바로 시간과 공간의 개념입니다. 시간적으로 우리는 오늘 하루가 아닌 30년, 40년 뒤 노후를 미리 걱정하는 수준에 이르렀습니다. 공간적으로 지구는 물론이고 우주를 이야기하는 것도 전혀 낯설지 않은 시대에 살고 있습니다. 우리가 예측할 수 있는 혹은 미리 염두에 두어야 할 시간과 기간이 길어지다 보니 미래가 중요해졌습니다.

따라서 오늘 일어나는 일이, 혹은 오늘 내가 선택한 일이 미래에 어떤 영향을 미치게 될지 상상하는 능력이 중요해진 것입니다. 또한 상상을 통해 그려본 미래의 모습을 실현하기 위해 오늘의 생각과 행동을 제한해야 할 필요성도 생기기 시작했죠. 여기서 한 가지 문제가 발생합니다. 그동안은 본능적 쾌락을 따르는 것이 생존에 도움이 되었습니다. 하지만 생존의 법칙이 서서히 바뀌기 시작한 것입니다.

　시간이 흘러 세상의 규칙은 본능적 쾌락을 적극적으로 추구하는 행위가 오히려 개인의 생존 가능성과 유전자의 지속 가능성을 위협하는 방향으로 진화됩니다. 결국 우리가 본능적으로 떠올리는 생각과 행동들은 대부분 우리의 미래 가치를 희생하는 결과로 이어집니다. 따라서 눈앞에 놓인 쾌락과 욕망을 그대로 좇는 사람이 있다면 그것이 아무리 사회적 합의의 틀 안에서 행해지는 것일지라도, 현대적 의미의 적극적 자유와 권리를 달성하기 어렵게 됩니다. 여기에는 물론 경제적 자유도 포함됩니다. 뿐만 아니라 적극적 자유와 권리를 잃게 되는 순간 우리는 스스로 본능과 쾌락에 굴복하여 쉽고 편한 길을 선택하게 됩니다.

> "노예가 노예로서의 삶에 너무 익숙해지면
> 놀랍게도 자신의 다리를 묶고 있는 쇠사슬을
> 서로 자랑하기 시작한다.
> 어느 쪽의 쇠사슬이 빛나는가. 더 무거운가 등,
> 그리고 쇠사슬에 묶여있지 않은
> 자유인을 비웃기까지 한다.
>
> (중략)
>
> 놀랍게도 현대의 노예는 스스로가
> 노예라는 자각이 없다.
> 뿐만 아니라 그들은 노예인 것을 스스로의
> 유일한 자랑거리로 삼기까지 한다."
> _ 리로이 존스

하지만 변화에 적응하고 본능적 쾌락에 의한 선택을 의심해 본 사람들은 미래의 가치와 자유를 선택합니다. 즉각적 쾌락과 보상 대신 인내와 절제, 고통을 선택하는 것입니다. 그 시간에 운동을 하거나 일을 더 하는 사람들이 있습니다. 과연 이들이 쾌락의 즐거움을 몰라서 그렇게 하는 것일까요? 아닙니다. 단지 이들은 순간적 쾌락을 멀리하고 절제와 훈련을 통해 지속가능한 쾌락, 즉 미래 가치를 좇기 때문입니다.

지금 이 순간 추구해야 할 행동의 준칙을 현재의 쾌락에 두지 않는 것입니다. 이들이 상상하는 시간의 단위는 5년, 10년 후에 맞춰져 있습니다. 그 결과 지속 가능한 수준의 쾌락을 위해 연습하고 훈련하고 인내하고 절제합니다. 이렇게 지속 가능한 쾌락을 추구하는 사람들의 의사결정과 행동의 기준은 명료합니다.

지금 당장 선택해야 할 의사결정과 행동이 5년, 10년 후 지속 가능한 쾌락을 주는 행위라면 기꺼이 그렇게 합니다. 결코 순간적이고 일시적인 쾌락을 위해 지속 가능한 질적 쾌락을 포기하지 않습니다. 놀라운 것은 이런 질적 쾌락이라는 목적을 추구하다 보면, 그 과정에서 겪어야 하는 훈련과 고통의 경험에서 즐거움의 면모를 발견할 수 있게 된다는 것입니다.

우리는 하루에도 수십 번씩 '쾌락의 수준'을 결정해야 하는 순간을 경험합니다. '잠을 잘 것인가, 운동을 갈 것인가.', '친구를 만날 것인가, 책을 읽을 것인가.', '일을 할 것인가, 시간을 때울 것인가…'

사실 지속 가능한 쾌락을 위해 무엇을 선택해야 할 지를 모르는 사람은 없습니다. 그럼에도 불구하고 순간적인 쾌락을 선택하는 사람들이 있습니다. 더욱이 자신이 어떤 선택을 했는지에 대한 사실을 인지하지도 못하는 사이 본능적으로 순간적인 쾌락을 선택하는 경우가 많습니다. 왜냐하면 이것이 우리에게 너무나도 자연스럽고 익숙하기 때문입니다.

뇌는 우리에게 익숙하고 편안한 것을 자동적으로 선택하도록 유도합니다. 의식적 생각을 배제함으로써 원시 시대에 생존 가능성을 높이고 에너지 사용을 최소화하는 〈시스템1〉이 있기 때문입니다. 그리고 이런 뇌의 특성에서 비롯되는 〈현상 유지 편향〉이 나타납니다.

그런데 만약 '성공할 것인가, 실패할 것인가?'를 선택할 수 있는 자유가 주어진다면 이를 주저하는 사람이 있을까요? '부자가 될 것인가, 가난하게 살 것인가?' 이 둘 중 하나를 선택하라는 질문 자체가 어리석은 것 아닐까요? 그렇지만 우리는 이를 뻔히 알면서도 본능적으로 후자의 선택을 합니다.

"왜 그런 선택을 할까요?"

〈시스템1〉이 주는 익숙함과 편안함, 즉각적인 쾌락을 포기하지 못하기 때문에 자발적으로 선택합니다. 문제는 대부분 이것을 자신이 선택하고 있다는 인지조차 하지 못합니다. 인생에서 매일같이 벌어지는 수많은 선택들이 미래의 자기 삶에 끊임없이 신호를 보내고 있는데도 말입니다. 미래의 나는 오늘의 내가 하는 선택으로 만들어집니다. 그리고 내가 선택한 즉각적인 쾌락의 배설물은 시간의 물줄기를 따라 커다란 삶의 바다를 만나게 됩니다.

인간에게 자유란 무엇일까요? 동물은 자신에게 주어진 본능에 따라 행동할 때 가장 자유롭다고 할 수 있습니다. 왜냐하면 바로 이 점이 동물을 가장 동물답게 만드는 특성이기 때문입니다. 하지만 동물에게 진정한 의미의 자유라는 표현을 사용할 수 있을까요?

사실 진정한 자유는 동물에게 주어지지 않습니다. 왜냐하면 동물에겐 본능을 참는 것과 참지 않는 것 사이를 선택할 능력이 없기 때문입니다. 이들에겐 본능적 쾌락이 따르는 한 가지의 행동 규칙만 있을 뿐입니다. 그렇다면 이것은 자유가 아닙니다. 오히려 속박에 가깝습니다. 그래서 동물의 자유는 인간의 자유와 본질적으로 차이가 있습니다.

하지만 인간은 쾌락의 수준을 스스로 선택할 수 있는 자유가 있습니다. 그리고 이 선택을 할 수 있는 능력이 인간을 존엄한 존재로 정의할 수 있게 만드는 추동이 됩니다. 한 마디로 인간은 마땅히 선택해야 할 무언가를 선택함으로써 인간다워지는 것이 아니라, 이를 선택하지 않겠다는 적극적인 의지가 담긴 부작위를 통해 인간다워지는 것입니다.

본능 대신 지성을 발휘하고 감정 대신 이성의 힘을 전제로 본능과 다른 선택을 하는 것입니다. 그리고 이를 선택할 수 있는 힘이야말로 동물의 자유와는 다른, 인간만이 누릴 수 있는 본질적 자유입니다.

> **"자기 규율은 자유의 한 형태이다.
> 게으름과 무기력으로부터의 자유이며,
> 다른 사람들의 기대와 요구로부터의 자유이며,
> 나약함과 공포 그리고 의심으로부터의 자유이다."**
> _ 데이비드 브룩스

우리는 종종 자유에 관한 진실의 순간을 맞이합니다. 하루에도 수십 번, 매일 벌어지는 수많은 작은 선택의 순간은 자유에 관한 '진실의 순간'입니다. 이 찰나의 순간에 내리는 선택이 반복되고 축적되면 숙명이 됩니다. 누군가는 동물과 다를 바 없는 순간적 쾌락을 선택할 것이고 누군가는 인간의 존엄성을 표상하는 자유를 선택할 것입니다. 작은 것은 곧 큰 것이 됩니다. 그랜드 카돈의 책에 이런 문장이 있습니다.

"성공은 당신의 의무이자 사명이며 책임이다."

성공이라는 단어를 자유로 바꿔보고 싶습니다. 자유는 나 스스로에 대한 의무이자 사명이며 책임입니다. 만약 당신이 매일매일을 순간적인 쾌락이 아닌 지속 가능한 쾌락, 즉 미래 가치를 선택한다면 어떤 일이 생길까요? 그리고 그 선택을 단 1년이라도 꾸준히 추구한다면, 결국 진정한 자유와 성공을 얻게 되지 않을까요?

"자유는 당신의 의무이자 사명이며 책임입니다."

21. 절제보다 절단이 쉽다

"자제력은 단기적인 전략이지, 장기적 전략은 아니다. 우리는 한 두 번쯤 유혹에 저항할 수 있겠지만 매번 자신의 욕구를 무시하는 의지력을 끌어올릴 수는 없다. 올바른 행동을 하고 싶을 때마다 의지를 새로이 투입하지 말고 자신의 에너지를 환경을 최적화하는 데 더 써라. 이것이 자제력의 비밀이다." _ 제임스 클리어

저는 소위 독수리 타법이라고 하는 기술을 사용했습니다. 어린 시절 컴퓨터를 접하거나 정식으로 배울 형편이 되지 못했기 때문에 비교적 늦은 나이에 컴퓨터를 접했습니다. 이런 이유로 정식의 키보드 사용법을 배우지 못했지만 그래도 괜찮았습니다. 독수리 타법은 느리다는 사람들의 선입견과 다르게 저는 그 속도가 제법 빨랐기 때문입니다. 그래서인지 굳이 양손을 사용하여 키보드를 두드리는 정석의 방법을 배울 필요성을 느끼지도 못했습니다.

그런데 가끔 곤란한 경우도 있습니다. 혼자 있을 때는 괜찮지만, 가끔 다른 누군가 옆에 있을 때는 왠지 모르게 독수리 타법이 창피하게 느껴졌습니다. 그러다 보니 주변에 사람이 있을 때는 일부러 키보드 대신 마우스로 다른 일을 하는 척하는 경우도 생기곤

했죠. 이런 소소한 불편이 있긴 해도 웬만큼 빠른 수준의 타자 속도였습니다. 저를 잘 아는 사람은 제가 키보드를 두드리는 모습이 독수리가 아니라 폭격기 같다며 이를 폭격기 타법이라고 이야기하기도 했습니다.

그 당시는 폭격기 타법이라는 칭호를 오히려 자랑스럽게 생각했던 것 같습니다. 이 때문에 이를 바꿔야겠다는 생각보다는 기존의 것을 유지하려는 마음이 더 컸습니다. 늘 그렇듯이 변화하겠다는 의지보다는 기존의 것을 안전하게 유지하려고 하는 본능의 힘이 더 강한 법이니까요.

그런데 하나둘씩 참았던 문제가 터지기 시작했습니다. 저는 책을 많이 읽는 편입니다. 1년에 200권 이상은 꾸준히 읽습니다. 이렇게 살아온 지 어림잡아 이제 20년 정도 됩니다. 언제부터인지 책을 읽을 때 기억하고 싶은 부분들을 제가 좋아하는 만년필로 밑줄을 그어 표시하는 습관이 생기기 시작했습니다.

새로운 책을 읽을 때마다 각기 다른 만년필과 다양한 색상의 잉크로 마음속으로 기억하고 싶은 문장에 밑줄을 긋는 것은 일종의 독서 의식이 되었습니다. 그리고 그다음부터는 밑줄 친 문장을 따로 정리해 둬야겠다고 생각했고, 노트에 옮겨 적기 시작했습니다. 그리고 마지막으로는 이를 노트북에 기록합니다.

그런데 여기서부터 불편함이 시작됩니다. 제가 직접 생각한 문장을 컴퓨터로 옮길 때는 이 독수리 타법이 문제가 되지 않습니다. 왜냐하면 어느 정도 키보드 자판 위치에 대한 감이 있고, 어차피 중간중간 키보드의 위치를 확인하면서 타자를 치기 때문입니다. 하지만 책에 있는 문장을 보면서 이를 키보드를 통해 컴퓨터로 옮겨 적을 때는 큰 문제가 되었습니다. 키보드의 문자 위치 확인하랴, 책의 문장 확인하랴, 정신이 없었던 것이죠.

이것은 정말 불편하고 비효율적인 일이었습니다. 책을 읽고 난 뒤 밑줄 친 문장을 옮겨 적을 생각을 하면 숨이 막힐 정도였죠. 급기야 아예 웬만하면 책에 밑줄 치는 것을 자제하기에 이르렀습니다. 목적과 수단이 바뀌어버린 것입니다. 꽤 오랜 시간 동안 이런 문제와 불편함에도 개선의 의지보다는 기존의 습관을 유지하고자 하는 관성의 힘은 더 크게 작용했습니다. 변화가 주는 장기적 효과보다는 비효율이 주는 당장의 편안함을 선택했던 것이죠.

그런데 어느 날 갑자기 변화해야겠다고 결심했습니다. 물론 이렇게 비효율적인 방식을 유지하면 하루하루의 안온함을 얻을 수 있습니다. 하지만 이런 선택의 결과가 조금씩 쌓이다 보면 감당해야 할 일상의 모순이 삶 전체를 위험에 빠뜨릴 수 있다는 사실도 모르지 않았습니다. 그런데도 변화는 쉽지 않았습니다. 결심은 매번 은근한 타협으로 이어지곤 했습니다.

한번은 진짜 독하게 마음먹고 결심했습니다. 독수리 타법과 확실한 결별을 하기로 말입니다. 그리고 당장 한컴타자연습을 켰습니다. 처음 며칠 동안 기본적인 타자 연습을 하면서 자판의 위치를 익혔습니다. 처음에는 각 자음과 모음마다 사용해야 하는 손가락이 다르다는 것이 적응하기 어려웠습니다. 하지만 열심히 연습하니 어느 정도 쓸만한 타수 정도는 달성할 수 있게 되었습니다. 그렇게 저는 매일 조금씩 시간을 내어 타자 연습을 했습니다.

매일 꾸준히 노력했습니다. 그 노력의 결과, 드디어 저는 습관을 변화시키는 데 성공했습니다. 열심히 노력하고 훈련하면 원하는 변화를 이룰 수 있다는 사실을 경험하게 된 것입니다.

* * *

… 만약 이야기가 이렇게 순탄한 과정과 예상한 결과로 쉽게 마무리될 것 같았으면 이렇게 글을 쓰고 있을 이유도 없을 겁니다. 저는 정말 최선을 다해 열심히 노력했습니다. 그리고 변화의 의지도 충분했습니다. 아마 우리 모두가 경험하는 문제일 것입니다. 단순히 자신이 하는 노력과 의지만으로 모든 문제를 해결할 수 있다면 얼마나 좋을까요? 하지만 노력과 의지로 해결할 수 있는 문제가 있는 반면, 종종 많은 노력보다는 어떤 노력과 의지를 발휘해야 하는지를 정확히 아는 것이 문제 해결에 도움이 될 때가 있습니다.

어나더레벨

> "습관이라고 하는 괴물은 악습에 대한 감각을
> 죄다 먹어버리지만
> 또한 천사와 같은 일면도 있어 항상 점잖고
> 착한 행동을 하게 되면
> 처음에는 어색한 옷 같아도 어느새 몸에
> 어울리게 해준답니다."
> _ 셰익스피어, 『햄릿』 중

키보드 타이핑 방식을 변화시키지 못하는 문제의 원인은 단순했습니다. 오래된 습관은 다시 원래의 모습으로 되돌아가려고 하는 관성이 있습니다. 몰입해서 글을 쓰다 보면 나도 모르게 원래 나에게 더 편안했던 옛날 습관, 독수리 타법이 불쑥 튀어나왔습니다. 특히 마음이 급해지거나 갑자기 쓰고 싶은 글이 머릿속에 잔뜩 생각이 날 때면 어김없이 원래의 습관으로 돌아가게 되었던 것입니다.

새로운 습관이 내재화되지 않았던 것입니다. 더구나 그때까지는 아직 새롭게 익힌 정식의 키보드 사용법보다 원래 나에게 더 익숙한 독수리 타법의 입력 속도가 더 빨랐습니다. 손가락이 어디로 갈지 몰라 갈팡질팡할 때면 답답하고 급한 마음에 무의식적으로 기존의 방식을 답습했습니다. 더구나 이런 패턴은 계속해서 반복되었습니다. 이런 식으로는 기존의 습관을 바꾸는 데 실패할 것이 뻔해 보였습니다.

저는 드디어 실패가 반복되는 이유를 생각하기 시작했습니다. 문제의 근본적인 해결책이 필요했기 때문입니다. 장기적으로 보면 시간이 걸리고 불편하더라도 정식의 타이핑을 제대로 익히면 독수리 타법보다 더 빠르고 효과적일 것이 분명했기 때문입니다. 고심 끝에 특단의 조치를 내리기로 했습니다. 반복되는 실패의 원인을 한 번 더 생각해 보니 나의 의지와 노력의 문제도 있었지만, 키보드라는 환경에도 문제가 있었습니다.

일반적인 키보드에는 당연히 한글이 적혀 있습니다. 그런데 이 한글이 적혀있는 키보드를 사용하다 보니 급할 때 독수리 타법을 사용할 수 있게 되는 것입니다. 반대로 키보드에 한글이 적혀있지 않은 영문 키보드를 사용하면 독수리 타법을 사용하고 싶어도 사용할 수가 없는 것이죠.

문제를 일으키는 원인을 근본적으로 제거하기로 했습니다. 환경을 바꾸기로 한 것이죠. 당장 가지고 있던 모든 노트북을 중고로 판매하고 새로운 노트북을 구매했습니다. 물론 한글이 적혀있지 않은 영문 키보드 버전의 노트북으로 별도의 주문을 했습니다.

이렇게 정식의 타이핑을 강제하는 환경으로 바꾸고 나니, 더 이상 독수리 타법을 사용하고 싶어도 사용할 수가 없었습니다. 독수리 타법이 더 많은 시간과 오타가 발생했기 때문입니다.

그때 이후로 저는 독수리 타법을 사용한 적이 없습니다. 물론 집과 작업실에 있는 키보드들도 모두 처분하고 영문 전용 키보드로 바꾸었습니다. 그렇게 행동을 강제할 수밖에 없는 환경을 만들어 놓으니 스스로 의지를 발휘할 필요도, 절제력을 발휘하기 위한 노력 같은 것도 필요 없게 되었습니다. 덕분에 지금도 양손을 사용하여 피아노 치듯 능숙하게 자판을 두드리고 있습니다.

선택할 수 있는 대안을 없애버리니 오히려 마음도 편안해지더군요. 조금 느리고 때로 답답하더라도 키보드를 입력할 수 있는 방법이 양손을 다 사용하는 정식의 키보드 사용법밖에 없으니 타자 속도도 점점 늘었습니다. 그렇게 몇 달이 지났습니다. 결국 속도도 제법 빨라지고 무엇보다 책에 밑줄 친 문장을 옮겨 적을 때 정말 편했습니다.

제가 키보드 타이핑 습관을 변화시킨 경험을 통해 크게 배운 것이 있습니다. 자신이 가지고 있는 의지력과 절제력은 분명한 임계점이 존재한다는 것입니다. 무언가를 의식적으로 통제하는 것에는 많은 정신적·신체적 에너지가 소모됩니다. 따라서 자신의 의지와 절제를 무한하게 발휘할 수 있는 사람은 없습니다. 우리 체력에 한계가 있듯이 의지와 절제를 발휘하기 위한 정신적 근육에도 분명한 한계점이 있기 때문입니다. 그런데 우리는 때로 자신의 의지력과 자제력의 빈곤을 탓하며 자책하곤 합니다.

물론 의지와 절제력을 발휘하는 것은 좋지만 이에 전적으로 의존해서는 안 됩니다. 이것이 모든 문제를 해결해 주는 것은 아니기 때문입니다. 오히려 의지와 절제력의 힘은 정해진 총량이 있다는 사실을 이용하는 것이 중요합니다. 물론 의지와 절제력에 대한 정신적 근육의 정도는 사람마다 다릅니다. 연습과 훈련을 통해 향상시킬 수 있지만 한계도 존재합니다. 이를 깨달은 사람은 자신의 의지와 절제에 대한 전적인 믿음을 가지기보다, 되도록 그것을 발휘할 필요가 없는 환경과 시스템을 만드는 것에 집중합니다. 환경과 시스템을 통해 의지력과 절제력의 힘을 절약하고 여분을 남겨놓는 것입니다. 그리고 이것이 정말 필요한 순간, 더 중요하고 가치있는 일에 사용하는 것이죠.

저는 독수리 타법을 고치기 위해 처음에는 의지력과 절제력을 사용했지만 결국은 실패했습니다. 그래서 키보드를 정식으로 타이핑해야만 하는, 어쩔 수 없는 강제적인 환경(시스템)으로 바꾸었습니다. 이 일을 경험한 후에 얻게 된 '생각'과 '사고방식'을 삶의 전반에 폭넓게 적용했습니다.

　　　　　　　　　　　　　　　　　　　　어나더레벨

한번은 TV 보는 시간이 아깝다는 생각이 들었습니다. 그래서 집에 있던 TV를 아예 없앴습니다. 자기 전에 스마트폰을 보는 습관을 고치고 싶었습니다. 그래서 아예 스마트폰을 다른 방에 두고 잠을 잤습니다. 이렇게 하니 더 이상 TV를 볼 수 없었고, 스마트폰을 확인하고 싶어도 그냥 자는 편이 더 편하기 때문에 자동으로 습관이 고쳐졌습니다.

　집에서 먹는 안 좋은 음식, 특히 라면 먹는 습관을 고치고 싶었습니다. 그런데 집에 라면을 사두고 먹고 싶은 욕구를 참는 것보다 아예 처음부터 라면을 집에 사다 놓지 않는 것이 습관을 고치는 데 더 효과적이라는 것을 알게 되었습니다. 뿐만 아닙니다. 배달음식을 끊기 위해 배달 앱 회원 탈퇴를 하고 앱을 지웠습니다. 아예 원인을 제거하거나 절차를 복잡하고 귀찮게 만들어 일종의 행동 장벽을 쌓는 것입니다.

　다른 경우도 생각해 볼까요? 만약 누군가 술, 담배를 끊고 싶다면 어떻게 해야 할까요? 술, 담배를 앞에 두고 절제와 인내심을 발휘하는 것은 결국 실패할 전략입니다. 정말 이것들을 끊고 싶다면 술, 담배를 하게 만드는 상황과 장소, 그리고 환경을 조심해야 합니다. 쉽게 말해 술, 담배를 하는 친구를 만나지 않는 편이 절제력과 인내심보다 훨씬 더 나은 선택이 될 것입니다. 나쁜 습관을 고치고 싶다면 먼저 그 습관을 반복하게 만드는 근본적인 환경과 시스템을 바꿔야 하는 것이죠.

자신의 인내력과 절제력을 시험하지 마세요. 인간이라면 누구나 마찬가지일 겁니다. 우리 인내력과 절제력에는 한계가 있습니다. 의지력이 아닌 환경과 시스템을 이용하면 원하는 것을 이루는데 훨씬 더 큰 도움이 됩니다. 그리고 먼저 시행착오를 겪어 본 사람들은 한결같이 말합니다.

"절제보다 절단이 쉽습니다."

22. 복조리 파는 아저씨

"성공의 전략은 간단하다. 최대한 집적 거려라." _ 나심 탈레브

영하 12도의 추운 아침이었습니다. 주차장에서 카페까지 100미터 남짓도 되지 않는 짧은 거리였지만 이 시간이 마치 남극 횡단으로 느껴질 정도였습니다.

재빨리 따뜻한 온기가 있는 카페로 뛰어들었습니다. 그리고 커피를 주문한 뒤 평소와 다름없이 책을 읽었습니다. 잠시 어깨를 펴고 주변을 살펴봤습니다. 50대 중반쯤으로 보이는 아저씨가 큰 가방을 메고 지나가고 있었습니다. 가방은 가득 차 있었고 손에는 복조리를 들고 계셨습니다. 알고 보니 복조리를 판매하시는 아저씨였습니다.

카페 안으로 들어와 테이블을 돌아다니며 판매를 권유하는 일이 결코 쉬운 일이 아닙니다. 저는 진심으로 대단하다는 생각과

한 편으로는 존경의 마음이 들었습니다. 추운 날씨에 고생하신다는 생각이 들어 복조리를 구매하려고 지갑을 뒤졌습니다. 그런데 지갑에 현금이 5만 원권 하나밖에 없다는 것을 확인했습니다.

하나를 구매하고 거스름돈을 받으면 되지만, 그날따라 왠지 다른 생각이 들었습니다. 가지고 있는 현금 전부를 복조리 구매하는 데 사용하고, 만나는 사람들에게 하나씩 선물하면 좋겠다 싶었습니다. 그렇게 마음먹고 5만 원을 테이블 위에 올려놓고 차례를 기다렸습니다.

제가 있었던 카페는 규모가 큰 편이었습니다. 눈앞에 보이는 테이블만 20개 남짓이었습니다. 주위를 살펴보니 복조리 아저씨가 보였습니다. 복조리를 파는 아저씨가 테이블에 앉아있는 사람에게 다가갔습니다. 아마 그 손님은 복조리를 구매할 마음이 없었던 모양입니다. 손을 들어 올려 죄송하다는 완곡한 거절의 표시를 했습니다. 그리고 복조리 파는 아저씨는 두 번째 테이블로 이동했습니다.

두 번째 테이블의 사람들은 대화가 한창 진행 중이었습니다. 대화 사이를 뚫고 들어가 복조리 구매를 권하는 일은 제가 봐도 쉽지 않아 보였습니다. 아니나 다를까 복조리 아저씨도 같은 생각인 듯했습니다. 다가서다 멈칫하고는 발걸음을 물렸습니다. 그래도 앞으로 무려 10개가 넘는 테이블이 남아있었습니다. 아직 판매할

어나더레벨

수 있는 기회는 많이 남아 있었죠. 더구나 이제 곧 확실한 매출의 순간이 다가오고 있었습니다. 다른 손님들이 얼마나 복조리를 구매할지 모르지만 적어도 이곳에서 복조리를 파는 아저씨의 결말은 해피엔딩이 분명했습니다.

그런데 갑자기 전혀 예상하지 못한 일이 일어났습니다. 두 번째 테이블에서도 판매하지 못한 복조리 아저씨는 더 이상 다른 테이블은 돌아보지도 않고 체념한 듯 밖으로 나가셨습니다. 돌발 상황이 발생한 것입니다. 차례가 오기만을 기다리고 있었던 저는 구매할 기회를 놓치고 말았습니다.

물론 제가 밖으로 나가 적극적으로 구매할 수 있었지만 그날은 그렇게까지 하지는 않았습니다. 그 이유는 저도 잘 모르겠습니다. 저는 하고 있던 작업에 다시 몰두했습니다. 시간이 어느 정도 지나고 무심코 책 속에 한 문장을 마주쳤습니다. 그 순간 엉뚱하게도 문득 복조리 아저씨가 떠올랐습니다.

> "난 평생 결정적 순간을 카메라로 포착하길 바랐다.
> 그러나 인생의 모든 순간이 사실 결정적 순간이었다."
> _ 앙리 까르띠에 브레송

어쩌면 나도 내가 인식하지 못하는 순간, 이런 작고 사소한 행운을 무심코 흘려보내지 않았을까 하는 생각이 들었습니다. 끝까지 걸어가 보지도 않고 포기했던 순간들이 떠올랐습니다. 그리고 스스로를 위로하는 차원에서 이렇게 말했던 것 같습니다.

'나는 정말 운이 없는 사람이구나.'
'오늘은 참 운이 없는 날이구나.'

위대한 사진작가의 표현대로 인생의 결정적 순간은 매일 반복됩니다. 느슨한 생각이 있을 뿐 허술한 순간은 없는 것이죠. 때문에 우리는 자신이 가지고 있는 시야의 허점을 삶의 허점이라 여깁니다. 다시 한번 생각해 봤습니다. 늘 언젠가 다가올 결정적인 순간을 기다리고만 있었던 것은 아닌지 되짚어보았습니다.

그런데 이것은 나 혼자만의 문제가 아니었습니다. 생각해 보니 의외로 많은 사람들이 저 두 번째 테이블 앞에서 멈추고 발걸음을 돌린다는 사실을 알게 되었습니다. 저 두 번째 테이블이 바로 대부분의 사람이 두려워하는 성공의 진입 장벽이었던 것입니다. 하지만 그 장벽을 넘어서는 순간, 이미 성취한 사람들이 이야기하는 행운이 기다리고 있는 것입니다.

누군가가 저에게 목표를 성취하는 방법에 관해 물었습니다. 불과 몇 년 전까지만 해도 저는 그다지 크게 기대할 것 없는 사실상 백수였습니다. 할 일을 찾아야 했기에 처음에는 뚜렷한 의도와 목적 없이 실패 경험을 통해 배우고 느낀 점을 글로 옮겨 적기 시작했습니다. 할 수 있는 것이 그것 말고는 딱히 생각나는 것이 없었으니까요. 그리고 그 글을 SNS에 올리고 수많은 출판사의 문을 두드렸습니다.

그 결과 수십 번 넘게 거절을 당했고 그 과정에서 좌절은 물론 자존감이 밑바닥까지 떨어졌습니다. 문은 쉽게 열리지 않았습니다. 그런데 바로 그다음 문이 열리더군요. 38번째 정도가 돼서 말입니다. 아마 38번째 문이 안 열렸어도 그다음 문을 또 열어봤을 겁니다. 왜냐하면 저에겐 제가 할 수 있는 선택의 여지가 없었고 그만큼 절실했기 때문입니다. 그렇게 38번 실패한 책의 원고가 세상 밖으로 나와 서점의 매대에 진열되었습니다. 책이 서점에 진열된 지 며칠이 지났습니다. 순식간에 베스트셀러가 되어있었습니다.

그야말로 자고 일어나니 인생이 달라졌습니다. 기적 같은 일이 일어난 것입니다. 그 이후에는 수많은 기회가 저절로 찾아왔습니다. 다행히도 저는 그 기회를 놓치지 않았습니다. 그리고 그다음 책은 첫 책보다 더 큰 성공을 하게 되었습니다. 종종 이런 일을 가능하게 하는 비법을 물어보시는 분들이 있습니다. 하지만 아무리 생각해도 원하는 것을 성취하는 특별한 비결 같은 건 떠오르지 않았습니다.

저는 사실 지능이 그리 높지 않습니다. 그렇다고 딱히 특별한 재능이 있는 것도 아닙니다. 책을 쓰고 있지만 글을 잘 쓰는 편은 아닙니다. 대부분의 작가와 같이 글을 쓰는 재주가 뛰어났다면 지금처럼 이렇게 고통받고 괴로워하지 않겠죠. 운동도 마찬가지입니다. 나름의 방식으로 노력하지만 아무래도 타고난 운동신경은 아닌 것 같습니다. 하지만 저에게는 한 가지 강력한 무기가 있습니다.

"끝까지, 집요하게."

비록 타고난 재능이나 특출한 능력은 없지만 저는 무엇이든 목표를 정하면 포기하지 않고 끝까지 집요하게 물고 늘어집니다. 그리고 그 일이 끝까지 완료될 때까지 포기하지 않고 합니다. 물론 이렇게 해도 대부분의 일은 처음 생각했던 기대와 의도대로 되지 않습니다. 하지만 그럼에도 불구하고 다시 시도하고 집요하게 도전합니다. 그러면 전보다 아주 조금 더 나아집니다. 이런 과정을 반복하면서 하나씩 기대했던 결과와 비슷해지는 것입니다. 비록 느리지만 조금씩 앞으로 걷는 것이죠. 그러면 뜻대로 되지 않던 것들이 조금씩 움직이기 시작합니다.

어나더레벨

저는 힘든 환경, 어려운 상황 속에서도 끝까지, 집요하게 하는 사람입니다. 아마 그게 아니었다면 (3년째 나를 괴롭히고 있는) 이 책도 진작에 포기했을 것입니다. 마음속으로는 이미 수백 번도 더 원고를 집어던졌습니다. 물론 지금도 여전히 그만두고 싶다는 생각이 듭니다. 글을 쓸 때마다 넘을 수 없는 큰 벽에 부딪히는 듯한 생각이 들기 때문입니다.

하지만 제가 할 수 있는 유일한 한 가지, "끝까지, 집요하게"만큼은 그만두지 않았습니다. 그래서 지금까지 그냥 그렇게 해왔던 겁니다. 그런데 세상에는 "끝까지, 집요하게" 하는 사람이 생각보다 드물다는 사실을 알게 되었습니다. 되려 너무나도 쉽게 포기하고, 쉽게 지치고, 쉽게 불평하고, 따라서 쉽게 실패합니다.

언젠가 굉장히 충격적인 사실을 깨달았습니다. 무언가를 끝까지 집요하게 할 수만 있다면, 그것을 특별히 잘하거나 열심히 할 필요가 없다는 것입니다. 어차피 99%의 사람들은 적당한 시점이 되면 알아서 포기합니다. 사실상 제대로 된 경쟁이 거의 이루어지지 않습니다. 따라서 지금 알고 있는 것을 실행하고 시도하고, 성공이든 실패든 결과를 낼 수 있을 때까지 계속해야 합니다. 끝까지 집요하게 하는 것만으로도 삶의 기적은 반드시 일어납니다.

원하는 것을 성취하는 방법은 복잡하지 않습니다. 새로운 일과 도전을 감행할 때, 어느 시점이 되면 힘들고 포기하고 싶은 생각이 드는 순간이 있습니다. 그런데 그 시기는 누구나 엇비슷합니다. 그리고 엇비슷한 그 정도에서 적당히 멈추고 온갖 사소한 변명으로 흐지부지 일을 마무리합니다.

'멈추고 싶은 순간, 포기하고 싶은 순간' 딱 그 시기가 왔을 때, 그때부터가 기회의 시작이라는 마음으로 하면 의외로 쉽습니다. 이것은 제가 지금까지 경험한 불변의 법칙입니다. 어느 분야든 마찬가지입니다. 그 일이 끝날 때까지, 끝까지, 집요하게 하는 것만으로도 특별해질 수 있다는 것입니다.

> "신들이 그동안 네게 무수히 많은 기회를 주었는데도
> 너는 그 기회를 단 한 번도 받아들이지 않고
> 얼마나 오랫동안 이런 일들을
> 미루어 왔었는지 기억해 보라."
> _ 마르쿠스 아우렐리우스

만약 복조리 파는 아저씨가 두 번째 테이블이 아닌 마지막 테이블까지 "끝까지, 집요하게." 했었다면 어땠을까 하는 상상을 해보게 됩니다. 누군가 기대하고 있는 모든 기회의 문은, 그것을 기대

하는 모두에게 열려있습니다. 단지 열려있는 문이 몇 번째 문인지 모를 뿐입니다. 방법은 한 가지입니다. 직접 열어보고 확인하는 수밖에 없는 것입니다.

우연한 행운을 '기대할 권리'는 누구에게나 있습니다. 하지만 행운을 '요구할 권리'는 그 두 번째 테이블 다음에 놓인 자리로 이동하는 사람에게만 허용됩니다. 우리가 행운이라고 이야기하는 우연은, 그 행운을 향해 끝까지 집요하게 마지막 문의 손잡이까지 모두 열고 그 속을 향해 걷고 뛰는 순간, 필연이 됩니다.

우리가 끝까지 집요하게 시도하고 포기하지 않는 이상 행운은 시간문제라는 겁니다. 혹시 누군가는 '역시 나에겐 운이 따라주지 않는구나.'라고 생각할지 모릅니다. 하지만 아닙니다. 운이 따라주지 않았던 것이 아니라 그것을 보고 있지 않았던 것입니다. 지금 바로 눈앞에 행운이 놓여 있습니다. 물론 행운을 움켜쥐는 것과 그냥 지나치는 것은 전적으로 당신의 선택입니다.

p.s.
며칠 후 똑같은 장소에서 다시 복조리 아저씨를 만났습니다.
하지만 이날도 복조리 아저씨는 여전히 운이 좋지 않았습니다.

5장

관점의 전환
Change

생각을 바꾸면 운명이 바뀐다.

23. 삶의 무기력 탈출하기

"사람들은 시간이 모든 것을 바꾸어 준다고 말하지만, 실제로는 당신 자신이 모든 것을 바꾸어야 한다." _ 앤디 워홀

3년이라는 시간 동안 아버지는 투병 생활을 이어가셨습니다. 그 사이 나는 나 자신과 점점 멀어져 갔습니다. 언제부터라고 할 것 없이 조금씩, 아주 조금씩 나는 나 다운 모습과 활력을 잃어가고 있었습니다. 사경을 헤매는 가족의 모습을 지켜볼 수밖에 없는 모든 이들의 마음이 크게 다르지 않을 겁니다.

삶과 죽음의 문턱 사이에서 힘겨운 사투를 벌이고 있는 아버지의 모습을 지켜보며 삶이란 무엇인지, 왜 살아야 하는지에 대한 질문을 던질 수밖에 없었습니다. 그리고 이런 질문이 일상을 지배하는 시간이 길어질수록 삶에 대한 허무와 회의가 엄습하곤 했습니다. 도무지 삶의 이유를 찾기 어려웠습니다. 하루에도 수십 번, 틈만 나면 혼자 중얼거리곤 했습니다.

"인생이란 무엇일까?"

그사이 저는 아버지와 이별하게 되었습니다. 어찌 보면 예고된 이별이었지만 막상 이별의 순간이 분명해지자, 스스로 어떤 상황이 닥치더라도 흔들리지 않겠다고 다짐했던 마음은 쓸모를 잃게 되었습니다. 마지막 인사를 제대로 나눌 시간조차 없었습니다. 단 1초도 말입니다. 생각보다 너무 빠르고 갑작스러운 이별이었습니다. 아버지의 호흡기를 떼는 마지막 순간, 태어나 처음으로 아버지의 귀에 속삭였습니다. '그동안 고생하셨다고, 그래도 사랑했다고.' 마지막 숨이 멈추는 순간까지 얼굴을 비비며 말했습니다. 부디 그 말을 듣고 가셨길 바랄 뿐이었습니다.

아버지의 장례를 치르고 난 뒤, 저는 아무것도 하지 않았습니다. 아무 생각도 하고 싶지 않았고, 누구와도 만나고 싶지 않았고, 하고 싶은 것도 없었습니다. 만약 이런 상태를 무기력이라고 한다면 저는 완벽하게 무기력한 상태였습니다.

준비하고 있던 신간의 원고 작업은 완전히 중단되었습니다. 흘러가는 시간과 세월을 그저 바라보기만 했습니다. 그리고 점점 무기력한 감정과 느낌이 생각과 행동을 지배하기 시작했습니다. 어느새 나는 진짜 무기력한 사람이 되어있었습니다.

하지만 다시 일어서야 했습니다. '아무것도 할 수 없을 것 같은 감정과 기분…' 무기력은 감정과 기분을 먹고 자랐습니다. 그런 기분에 빠져있는 한, 무기력의 잠재력은 점점 더 크게 자라나 현실을 위협할 것이 분명해 보였습니다. 저에게는 남아있는 가족이 있었습니다. 그리고 그 가족을 지켜야 할 의무가 있었습니다. 어떻게든 무기력한 기분, 이 감정에서 벗어나야만 했습니다.

무기력한 생각에 빠져 있으면 무기력한 행동을 하게 됩니다. 무엇보다 무기력은 삶의 통제권을 잃게 만드는 효과가 있습니다. 무기력에 빠져있는 사람은 삶의 무기력함으로 인해 스스로 삶의 통제권을 내려놓습니다. 누가 시키지 않아도 자신의 무기력함을 확인시키기 위해 스스로 삶의 통제권을 내려놓고는 '역시 나는 무기력해.'라는 만들어진 진실을 확인하게 되는 것이죠. 이에 따라 또다시 무기력해지는 상황을 직면하고 삶의 통제권을 포기하게 되는 것입니다.

여기에 작은 단서가 있습니다. 무기력에서 탈출하기 위해서는 결국 삶의 통제권을 되찾아야 한다는 것입니다. 무기력이 만들어지는 과정이 있다면, 반대로 삶의 통제권에 대한 느낌을 되찾는 과정도 있을 것입니다. 조던 피터슨의 책에서 이런 내용의 글귀를 읽은 기억이 납니다.

"인생을 바꾸고 싶다면 방 청소부터 해라!"

저는 이것이 삶의 통제력에 대한 본질을 잘 표현한 문장이라고 생각합니다. 찬물 샤워가 도움이 된다는 사람도 있습니다. 저마다 방법은 다르지만, 무기력을 경험하고 이를 극복해 본 사람들은 하나같이 말합니다. 아무리 거창한 무엇이라도 그 시작은 아주 작은 행동을 통해 가능하다는 것입니다.

무기력도 마찬가지입니다. 아주 작고 사소한 행동 하나를 동력 삼아 조금씩 변화해 나가는 것입니다. 그러므로 지금 무기력에 빠져있는 사람이 있다면, 자신의 거창하고 원대한 다짐과 의지로 해결하려고 해서는 안 됩니다. 단 한 번에 큰 변화를 기대했다가는 더 큰 삶의 무기력에 빠지기 쉽습니다.

무기력은 단순한 문제가 아닙니다. 또한 복잡한 문제에는 대개 많은 시간이 필요합니다. 따라서 한 번에 큰 에너지를 사용하기보다는 천천히 조금씩 문제를 해결해 보는 것이죠. 먼저 아침에 정해진 시간에 일어나는 것입니다. 몇 시라도 좋습니다. 하지만 평소 일어나는 시간보다 1분이라도 더 일찍 일어나 보는 것입니다. 이 과정에서 삶의 통제권을 발휘해 보는 것입니다.

그리고 먼저 일어난 1분의 시간을 이용해 무엇인가 해보는 겁니다. 1분 명상도 좋고, 1분 운동도 좋고, 책 한 페이지를 읽는 것도 좋습니다. 무엇보다 자신의 의지로 삶의 통제권을 가지고 있다는 감정과 기분을 되찾는 것이 중요합니다. 무기력에 빠지게 된 역순으로 말이죠.

저도 그랬습니다. 일단 밖에 나가 잠깐씩 걷는 것부터 시작했습니다. 그다음으로는 자전거를 타고, 다시 책을 읽기 시작하고 그 다음에는 달리기를 시작했습니다. 이런 행동이 조금씩 익숙해지고, 친숙해지다 보니 점점 나아지게 되었습니다. 무언가에 대해 긍정적인 감정을 느껴본 것이 너무 오랜만이었습니다. 무기력에 빠지면 대상에 대한 감정이 점점 사라지기 때문입니다. 열정, 사랑, 공감 따위의 감정뿐만 아니라 식욕, 소유욕과 같은 욕구도 덩달아 희미해지는 것입니다.

그런데 의도적으로 몸을 움직이고, 억지로 행동을 강제하다 보니 잃어버렸던 감정과 감각이 점차 되살아나기 시작했습니다. 어둠은 빛을 이길 수 없다는 말이 실감되었습니다. 무기력은 자전거와 달리기를 이기지 못했습니다. 시간이 지나자 저는 달리기와 자전거, 그리고 책과 다시 한번 사랑에 빠지게 되었습니다. 이들과 전보다 더 특별한 관계를 맺게 된 것이죠. 그리고 달리기와 자전거를 통해 알게 되었습니다. 나는, 나와 나의 삶을 사랑하고 있다는 사실 말입니다.

내가 사랑한 것들이 나를 살려냈습니다. 모든 시작은 아주 작고 사소한 행동 하나였습니다. 따라서 비록 작은 행동이라 할지라도 삶의 통제권에 대한 감정과 느낌을 경험하는 것이 중요합니다. 도미노 하나는 자신보다 1.5배 큰 것을 넘어뜨릴 수 있습니다. 5cm의 크기로 시작해 1.5배씩 커진 도미노는 31번째가 되면 에베레스트산보다 높은 크기가 됩니다. 그리고 57번째가 되면 지구에서 달까지의 거리보다 더 큰 도미노가 되죠.

작은 성공 하나가 더 큰 행동의 방아쇠가 되는 것입니다. 그리고 조금씩 더 많은, 작은 행동을 반복하면 이전보다 조금 더 불편한 행동으로 옮겨볼 수 있는 자신감도 생깁니다. 이렇게 서서히 삶의 통제권을 되찾게 되는 것입니다. 그러니 부디 작은 행동 하나의 힘을 과소평가하지 않길 바랍니다. 더욱이 무기력이 빚어내는 순간적 감정의 속삭임에 휘둘리지 않길 바랍니다.

> "내 비장의 무기는 아직 손안에 있다.
> 그것은 희망이다."
> _ 나폴레옹

물론 모든 것을 자신의 노력과 의지로 통제할 수 있는 것은 아닙니다. 삶에는 우리가 직접 통제할 수 없는 일들이 있습니다. 주식 차트, 날씨, 교통 체증이 그렇습니다. 그리고 원하는 직업을 갖고, 원하는 일을 하고, 원하는 만큼의 돈을 버는 일 역시 우리가 결과를 전적으로 통제할 수 없는 일입니다. 단지 확률을 높여가기 위한 작은 노력을 할 수 있을 뿐입니다.

따라서 처음에는 과정과 결과를 확실히 통제할 수 있는 작은 일에 집중해야 합니다. 그리고 작은 통제의 영역이 넓어지게 되면 점차 확률을 높이는 행동을 하는 방향으로 삶의 통제권의 범위를 넓혀가야 합니다. 만약 하고 싶은 일이 없다면 지금 당장 할 수 있는 작은 일을 찾으면 됩니다. 삶의 무기력에 빠져있다면 방 청소하고, 집 밖에 나가 조깅하고, 찬물로 샤워하고, 잠깐 시간을 내어 책을 읽는 행동 등을 능동적으로 선택해야 합니다.

빈도를 높이면 확률이 높아집니다. 작은 행동을 선택하는 실행의 빈도가 높아지면 원하는 결과에 대한 확률이 높아지는 것입니다. 작고 사소한 의지를 반복하다 보면 어느새 삶의 통제권을 찾게 되어 자존감을 회복하고 자신감이 생기게 됩니다. 자신이 생각하고 마음 먹은대로 삶의 모든 부분을 자신의 뜻대로 움직일 수 있는 의지를 가진 사람은 없습니다. 성공한 사람들을 만나고 수천권의 책을 통해 관찰했지만 아직까지 그런 사람을 들어본 적이 없습니다. 결국 아무리 크고 위대한 일도 그 출발은 아주 작고 사소한 일에서부터 시작하게 되는 것입니다.

이 과정에 익숙해지다 보면 범위를 넓혀 '삶의 통제권'을 '운의 통제권'의 수준으로 높여볼 수 있습니다. 사회에서 또는 인생에서 성공한 사람들은 모두 운이 좋다고 말합니다. 여기서 운의 개념을 해석하는 것은 자신의 경험, 사고방식의 폭과 깊이에 따라 그 의미가 달라집니다. 그 경험을 해석하는 능력에 따라 누군가는 한 사람의 운이 로또 같다고 생각할 것이며, 누군가는 한 사람의 운이 반복 가능한 루틴이라고 생각할 것입니다.

모든 '운'의 뒷면에는 반드시 사소한 '일'의 축적이 있습니다. 그 때문에 삶의 통제권에 대한 수준이 높아지면, 운(불운)이라는 요소의 개입 수준은 점점 낮아지게 됩니다. 사소한 좋은 '일'을 축적하고 쌓아갈수록 '운'이라는 변수가 상수로 작용하게 됩니다. 따라서 지금 당장 할 수 있는 작은 행동을 선택하고 자신의 삶을 순간의 기분과 감정이 아닌 스스로에 대한 의무와 책임에 맡겨야 하는 것입니다.

이런 일은 당장 어렵습니다. 처음에는 몸을 먼저 움직여 생각과 기분을 일으킵니다. 그리고 이것이 익숙해지면 나중에는 생각하는 대로 행동하고 움직이는 것도 가능하게 됩니다. 지금은 결과에 대해 직접 통제할 수 있는 아주 작고 사소한 일과 행동을 해보는 겁니다. 그러면 이 작은 성과를 통해 삶의 통제권에 대한 감각을 익혀나갈 수 있습니다.

하고 싶은 일이,

할 수 있는 일이 되려면,

해야 할 일이 있습니다.

삶을 적절하게 통제하고 있다는 근거가 차곡차곡 쌓이고 자신의 행동에 믿음을 가지면 목표가 생깁니다. 목표가 생기면 더 많이 행동하게 되고, 행동이 반복되면 능동적인 통제력이 생깁니다. 이런 느낌이 자기 신뢰와 주인 의식을 만들어주게 되는 것입니다.

잊지 마세요. 삶의 무기력은 우리들의 아주 작은 행동 앞에 무기력합니다. 누군가 무기력이라는 긴 터널을 지나고 있을지 모릅니다. 오랜 시간이 걸려도 괜찮습니다. 조금씩, 아주 작게라도 몸과 마음을 이동시켜보세요. 절대로 희망을 잃지 않길 바랍니다. 당신이 내는 작은 빛 하나가 거대한 어둠을 이깁니다.

"생각보다 많은 것을 바꿀 수 있습니다.
생각보다 더 많은 힘이 우리 안에 있기 때문입니다."

24. 방 안의 코끼리에 관하여

"돈이 중요하지 않다고 말하는 사람은 돈이 없는 사람이다. 부자들은 돈의 중요성을 알고 있다. 우리 사회에서 돈이 차지하는 자리를 알고 있다. 반면에 가난한 사람들은 무의미한 비교를 일삼으며 자신들의 경제적 무능을 입증한다. '돈보다 사랑이 중요한 거야' 이렇게 되지도 않는 반박을 한다. 이게 무슨 비교 거리가 되는가? 어이가 없다. 팔이 중요하냐, 다리가 중요하냐, 묻는 것과 마찬가지 아닌가. 당연히 둘 다 중요하다."_ 하브 에커

혹시 〈방 안의 코끼리〉라는 말을 들어보셨나요? 모두가 암묵적으로 알고 있는 사실에 대해 좀처럼 누구도 먼저 이야기를 꺼내지 않는 주제나 문제들을 〈방 안의 코끼리〉라고 합니다. 마치 방 안에 거대한 코끼리가 들어와 있어 코끼리의 존재를 모를 수가 없는데, 모두 이 거대한 코끼리를 눈앞에서 보고 있으면서 마치 못 보는 척, 안 보는 척 하는 것입니다.

사람들은 자칫 이야기를 꺼냈다가 반대 의견에 부딪혀 불편한 상황에 직면하거나 비난받을 것을 염려합니다. 때문에 방 안의 코끼리 문제는 일종의 성역이 됩니다. 특히 돈과 가난이라는 주제, 종교와 정치에 관한 문제는 방 안의 코끼리가 되기 십상입니다. 물론 방 안의 코끼리도 순기능이 있습니다. 그것은 바로 문제 삼

지 않으면 문제가 되지 않는다는 것입니다.

모든 사회는 궁극적으로 정의를 표방합니다. 그럼에도 불구하고 그 안에는 어쩔 수 없는 다양한 모순과 부조리를 품고 있습니다. 이때 사람들이 함부로 그 모순과 부조리를 고발하지 못하도록 스스로 입을 닫고 생각을 멈추게 만드는 장치가 바로 거대한 코끼리입니다.

이런 과정을 통해 하나의 결론에 도달합니다. "좋은 게 좋은 거다."라는 겁니다. 이 말은 쉽게 이해하기 어려운 복잡한 사회와 인간관계를 질서 정연하게 유지해 주는 놀라운 발명품입니다. 우리가 어떠한 모순과 부조리를 경험하거나 목격했을 때, "좋은 게 좋은 거다."라는 말은 상황을 아주 손쉽게 정리해 주기 때문입니다. 이보다 마법 같은 말이 있을까요?

이것뿐만 아닙니다. 우리가 어릴 때부터 자주 듣고 자란 말들이 있습니다. 구체적으로 누가 어디서 어떤 의도로 이런 이야기를 했는지 모릅니다. 하지만 특정 메시지에 자주 노출되면 그 메시지는 친숙해집니다. 그리고 익숙한 메시지는 사람들에게 보편적인 진실로 받아들여지게 됩니다. 우리가 미처 의심할 틈도 없이 사회 문화적 힘에 의해 암묵지의 진리로 순수하게 받아들여지는 것입니다.

저는 어릴 때부터 주식 투자는 패가망신의 지름길이라는 암묵지의 지식을 주입받으며 자랐습니다. 그 때문에 주식이나 부동산 등의 투자는 무조건 나쁜 것인 줄 알았습니다. 하지만 시간이 지나고 보니 투자를 하는 사람이 아니라 투자를 하지 않는 사람이 가난해진다는 것을 알았습니다.

분수에 맞게 살아야 한다는 말을 듣고 자랐습니다. 시간이 지나고 보니 분수에 맞는 생각과 행동만 하다 보면 분에 넘치는 행운과 기쁨은 제거된다는 사실을 알게 되었습니다. 늘 지금보다 조금 더 주제넘은 희망과 꿈을 안고 살아갈 때 성장도 있고 성취도 있는 것입니다.

겸손해야 한다는 말을 듣고 자랐습니다. 그런데 자신을 스스로 낮추며 살아간다면 누가 나를 높여줄 수 있을까요? 겸손은 자신을 낮추어도 무방할 만큼의 충분한 능력과 위치에 있는 사람이 하는 것이라는 사실을 알게 되었습니다. 그게 아니라면 반대로 자신의 장점을 드러내고 적극적으로 알려야 하는 것입니다. 함부로 겸손해지려고 했다가는 되려 자신의 가치를 낮추게 됩니다.

어른들의 말을 잘 듣고 공경하라는 말을 듣고 자랐습니다. 하지만 공경하지 못할만한 어른도 얼마나 많은가요? 어른들의 말이라고 무조건 잘 듣고 공경해야 할 필요는 없습니다. 이보다는 자신보다 한참 어리더라도 성숙한 인격을 갖춘 사람을 공경해야 하는 것이 옳다는 것을 알게 되었습니다.

부자가 되려면 절약하고 저축하고 아껴야 한다는 말을 듣고 자랐습니다. 그런데, 나중에 알고 보니 돈을 아끼면 아낄수록, 저축하면 저축할수록 실제로는 더욱 가난해진다는 사실을 알게 되었습니다. 현실에서는 그 반대입니다. 과감하게 투자하고 실패와 위험을 관리할 줄 아는 방법을 터득한 사람이 부자가 되는 것입니다.

좋은 학교 들어가서 좋은 직장에 들어가는 것이 성공이라는 말을 듣고 자랐습니다. 시간이 지나고 나니 좋은 직장이 중요한 것이 아니라 스스로 가치 있는 사람이 되는 것이 더 중요하다는 사실을 알게 되었습니다. 세상에 널려있는 것이 직장 아닙니까?

참 이상한 일입니다. 그동안 우리가 자주 듣고 자란 말들을 생각해 볼까요? 어쩌면 풍요로운 삶을 사는 방법이 아니라 평생 열심히 일하면서 가난해지는 방법을 배움과 미덕으로 배우고 자라온 것은 아닐까요? 누가 왜 어떤 의도로 그런 이야기를 해준 것인지 모르겠습니다. 특히 돈에 관한 이야기가 그렇습니다.

돈은 교환 수단이기도 하지만 동시에 표현 수단입니다. 가치를 표현하는 수단 중 돈만큼 쉽고 편리한 판단을 가능하게 만들어 주는 것은 드뭅니다. 편의점에서 음료수를 사 먹을 때, 우리가 1,500원을 지불하는 것은 그 음료수가 1,500원의 돈보다 더 가치 있다는 것을 표현하게 됩니다. 누군가 명품 가방을 구입하는 데 700만 원을 지불했다면 이 사람은 700만 원보다 명품 가방이 더 가치 있다는 사실을 돈을 통해 표현하고 있는 것입니다. 그리고 자기 가족을 위해 사용하는 돈을 아깝다고 생각하는 사람은 없습니다. 왜냐하면 돈의 가치보다 가족의 가치를 더 중요하게 생각하기 때문입니다.

자본주의 사회에서 돈과 시간은 가치의 척도입니다. 누군가 무언가에 대해 가치 있다고 여긴다면 그 사람은 반드시 그 대상에 돈과 시간을 사용하게 됩니다. 물론 이것이 전부는 아닙니다. 하지만 일부는 분명한 사실입니다. 돈과 시간, 사람의 마음은 결코 독립적으로 움직이지 않습니다. 만약 상대방의 말과 행동이 다를 때는 행동만 보면 됩니다. 누군가 돈과 시간을 사용하는 곳에 마음이 있습니다. 그리고 돈과 시간을 사용하는 행동 패턴을 보면 그 사람이 중요하게 생각하는 가치가 무엇인지 단번에 알아차릴 수 있습니다.

> "은행원들이 모이면 예술 이야기를 하고
> 예술가들이 모이면 돈 이야기를 한다."
> _오스카 와일드

상황이 이런데도 어릴 때부터 "황금 보기를 돌같이 하라."라는 식의 교육을 받고 자란 사람들은 돈에 대한 도덕적 알레르기를 앓고 살아갑니다. 하지만 돈을 버는 사람은 돈을 좋아하고 사랑합니다. 이와 반대로 돈이 부족한 사람은 항상 돈은 나쁜 것, 저급한 것으로 취급하죠. 심지어 부자와 성공한 사람들을 혐오하기도 합니다. 돈은 끊임없이 순환합니다. 돈은 자연스럽게 돈을 좋아하고 사랑하는 사람에게 흘러갑니다.

애초부터 돈을 좋아하지 않는 척, 점잖은 채 하는 사람에겐 기회가 주어지지 않는 것입니다. 대신 돈의 가치를 폄하하고 탐욕의 상징으로 여기는 사람은 부 대신 지적 우월함, 고상함과 같은 자아도취의 무기를 얻게 됩니다. 하지만 실제로 얻게 되는 것은 삶의 모순과 부조리입니다.

돈은 좋은 것입니다. 돈은 경험 확장의 도구입니다. 따라서 돈은 기본적으로 가치 있는 것입니다. 돈은 삶의 기쁨과 행복을 지켜주는 안전망이 되어주기 때문입니다. 반대로 돈이 없으면 나쁜 상황에 빠질 가능성이 커집니다. 그리고 나쁜 상황과 나쁜 환경은 거기에 속해있는 사람을 나쁜 사람으로 둔갑시킵니다. 어떤 상황에서도 여유와 미소를 잃지 않는 누군가의 성품은 인격으로 표현될 수 있습니다. 하지만 그 인격의 일부는 통장 잔고의 여유에서 나옵니다. 당장 오늘의 삶이 어렵고 힘든 상황에 처한 사람이 여유와 미소를 유지하기란 어려운 일이기 때문입니다.

  물론 돈보다 중요한 것도 많습니다. 하지만 돈보다 중요한 것을 지키기 위해서는 대개 돈이 필요합니다. 따라서 돈만큼 중요한 것도 드뭅니다. 뿐만 아닙니다. 부자는 가난한 사람들에 비해 훨씬 더 도덕적이고 윤리적인 행동을 합니다. 범죄를 저지를 가능성도 낮을 뿐만 아니라, 좋은 부모가 되고 더 많이 베풀고 나누며 살아갑니다. 가난한 사람은 부자보다 참을성이 없고 인내와 절제력이 부족하며 다소 폭력적인 행동과 감정적인 말을 내뱉습니다. 이것은 부와 가난에 관한 연구 결과의 일부입니다. 부자는 부자라는 환경 덕분에 좋은 사람이 될 가능성이 높다는 것입니다.

  여기서 정말 중요한 것이 있습니다. 가난의 원인이 단지 이들이 참을성이 없고 인내와 절제력이 부족해서가 아니라는 것입니다. 진실은 그 반대입니다. 바로 인내와 절제가 부족하여 가난한 것이 아니라 가난하기 때문에 인내와 절제력이 부족하게 되는 것입니다. 왜냐하면 절제와 인내도 근육과 같이 한계가 있기 때문입니다. 이런 이유 때문에 가난한 사람은 기울어진 운동장에서 경쟁하게 됩니다. 가난한 사람이 가난한 이유는 가난해서라는 겁니다. 하지만 만약 부자도 가난한 상황에 놓인다면 가난한 사람과 비슷한 정도의 인내와 절제를 발휘할 가능성이 높습니다.

> **"돈 벌기는 예술이고, 일하는 것도 예술이며,
> 좋은 사업은 최고의 예술이다."**
> _ 앤디 워홀

그렇다면 이 쳇바퀴를 벗어나기 위한 출발점은 무엇일까요? 근본적으로 돈이라는 대상을 긍정적으로 생각하고 진심으로 사랑하는 것입니다. 그리고 무언가를 사랑하기 위해서는 그 대상에 대해 잘 알아야 합니다. 따라서 돈에 관해서도 공부해야 한다는 것입니다. 알아야 이해하고, 이해해야 존중하게 되고, 존중해야 사랑할 줄 알게 되는 것이니까요.

돈에 관한 이야기를 불편하게 느끼는 분들도 계실 겁니다. 물론 세상에는 돈보다 중요한 가치가 많습니다. 돈은 행복을 위한 수단이지 목적이 아니기 때문입니다. 하지만 돈이라는 수단의 중요성 역시 전적으로 부정하기는 쉽지 않을 것입니다. 왜냐하면 이 또한 사실이기 때문입니다. 이렇게 불편하면서도 공감되는 양가감정이 든다면 이 글은 성공입니다. 이것이 바로 〈방 안의 코끼리〉이기 때문입니다.

지금까지 〈방 안의 코끼리〉에 관한 느낌을 전달하려고 하다 보니 의도적으로 돈을 강조하여 이야기했습니다. 충분한 설명이 되었는지 모르겠습니다. 우리는 우리도 모르게 학습된 암묵지의 합의를 통해 일종의 성역을 만들어 놓습니다. 그리고 이를 모른 척하고 언급하지 않습니다. 일종의 사회화되는 것입니다. 마치 벌거벗은 임금님 이야기처럼 눈앞에서 벌거벗은 임금님을 보고도 누구도 먼저 나서서 이를 이야기하지 않는 것처럼 말입니다.

중요한 것을 알면서도 알지 못하는 것, 위험한 것을 보고도 위험하다고 외치지 않는 것, 〈방 안의 코끼리〉를 보고 침묵하는 사람이 잃게 되는 것은 결국 자기 자신의 이익과 평화입니다. 여러분의 방 안에 있는 코끼리는 무엇입니까? 만약 코끼리를 발견했다면 소리 질러야 합니다. 그러지 않다가는 코끼리 발에 밟혀 다치기 십상입니다.

못 본 척하지 마세요.
모르는 척하지 마십시오.

'아픔'보다 '불편'을 선택하는 편이 훨씬 더 낫습니다.

25. 혼자 있는 시간의 힘

"다른 사람이 주는 편안함을 물리치고 스스로 서라. 네가 스스로 바르게 서야 하고, 남의 도움을 받아 서거나, 남이 너를 바르게 세우게 해서는 안 된다." _ 마르쿠스 아우렐리우스

#1

몇 년 만에 지인을 만나 서로에 대한 근황을 묻고 대화를 나눴습니다. 지인은 만나자마자 대화의 시작부터 자신의 인맥에 관한 이야기를 시작합니다. 그중에서도 특히 사회적으로 어느 정도 지위가 있거나 부를 이룬 사람들과 자신이 얼마나 친한지 자랑하기 시작합니다. 자신이 누구를 만났고, 만나보니 그 사람은 어떻고, 얼마나 대단한 사람인지를 강조하면서 뿌듯해하는 것 같았습니다.

시간이 지날수록 이야기를 듣는 것이 힘들어졌습니다. 물론 인맥을 이야기하는 것이 나쁜 것은 아닙니다. 하지만 아쉬운 마음이 들었습니다. 수십 분에 걸쳐 인맥 이야기를 하는 동안 그는 정작

자기 자신에 관한 이야기는 한마디도 하지 않았기 때문입니다. 그의 인맥 이야기도 흥미롭지만, 그에 못지않게 저는 그의 삶도 궁금했습니다. 저는 한참 고개를 끄덕이며 이야기를 듣다가 더 이상 참지 못하고 질문했습니다.

"그동안 너는 어떻게 지냈어?"

흔히 인맥을 쌓는 것에 대해 긍정적인 의미로 받아들이는 경우가 많습니다. 그래서인지 인맥이 좋은 사람이 성공한다는 명제는 별다른 거부감 없이 받아들여집니다. 그런데 우리가 쉽게 착각하는 것이 있습니다. 바로 '인과관계'와 '상관관계'입니다. 예를 들어 "인맥이 좋은 사람이 성공한다."라는 말은 인맥이 좋다는 원인이 성공이라는 결과를 만들어내는 것을 의미합니다. 이것이 바로 '인과관계'입니다. 그런데 실제로는 인맥이 좋아서 성공하는 것이 아니라 성공했기 때문에 인맥이 좋은 경우가 일반적입니다. 즉 인맥은 성공과 깊은 상관관계가 있지만 인과관계는 아닌 것입니다.

어느 정도 사회적 위치에 도달하여 성공의 반열에 올라가면 인맥은 자연스럽게 좋아집니다. 왜냐하면 그만큼 자신을 필요로 하는 사람이 많아지기 때문입니다. 따라서 가치 있는 사람이 되면 인맥은 자연스럽게 따라옵니다. 하지만 인맥 수집에 집중하는 사람들은 이 순서가 바뀝니다. 문제 정의를 거꾸로 하기 때문입니다.

잘못된 문제 정의는 잘못된 문제 해결 방식으로 이어집니다. 인맥에 집중하는 이들은 스스로 가치 있는 사람이 되는 것에 집중하는 것이 아니라, 가치 있는 사람처럼 보이는데 많은 에너지를 쏟습니다. 성공한 사람들이 많은 인맥을 가지고 있으니, 자신도 인맥이 있으면 성공할 거라는 생각을 갖는 것입니다.

인맥은 자신의 가치 위에 쌓는 것입니다. 인맥 위에 쌓아 올린 가치는 인맥과 함께 사라집니다. 그리고 시간이 지나면 밝혀지게 됩니다. 결국 끝까지 나 자신을 지켜주는 것은 화려한 인맥과 주변 여건이 아니라 스스로 증명한 자신의 가치라는 것입니다.

그렇다고 인맥이 쓸모없다는 것은 아닙니다. 다양한 인맥을 형성하여 많은 사람과 교류하는 것은 일과 삶을 위해 큰 도움이 됩니다. 단 이것은 나 자신의 가치가 분명할 때만 이롭습니다. 관계의 균형이 맞지 않으면 심리적·정서적으로 상대방에게 끌려다니게 됩니다. 따라서 무리하게 타인에게 의존하고 의지하려는 시도를 할 때 스스로의 자존감과 자기 신뢰는 상처받게 됩니다. 본질적으로 삶의 질이 낮아지는 것입니다.

우리가 삶을 통해 추구하는 궁극적인 지향점은 지속 가능한 행복입니다. 좋은 인맥을 쌓으려고 노력하는 것도 결국 행복을 위한 하나의 목표일 뿐입니다. 목표는 목적을 위해 봉사하는 것이 옳습니다. 하지만 주객이 전도되면 스스로의 마음이 궁핍해집니다. 그리고 이를 보상하기 위해 자신을 포장하거나 과시하려는 마음이 더 커집니다. 이를 통해 자존감을 회복하려고 하는 것입니다.

> **"물건은 이용하고 사람을 사랑하라.**
> **반대로 하지 마라."**
> _ 존 파웰

이 과정을 통해 주변에는 과시와 포장에 쉽게 현혹되는 사람들이 모여 또 다른 인맥을 형성하게 됩니다. 그리고 이런 과시욕을 이용하고 싶어 하는 사람들이 접근합니다. 결과적으로 삶의 수준과 관계의 질은 더욱 낮아집니다. 과시와 포장에 흥미를 느끼는 이들의 수준이 높을 리 없습니다. 또한 화려한 인맥을 자랑함으로써 본연의 자기보다 더 큰 존재로 보이고 싶은 욕망에 이만한 먹잇감도 없습니다.

인맥의 핵심은 가치교환입니다. 물론 필요에 의한 관계는 우리가 추구하는 진정한 관계가 아닐 수도 있습니다. 그런데 바꿔 생각해 보면 필요에 의한 관계가 아닌 것이 오랫동안 유지되는 경우가 흔할까요? 그것도 인맥이라는 이름표가 붙여지는 관계에서 말입니다. 누군가에게 필요한 존재가 되는 것은 가치 있는 일입니다. 그리고 쓸모와 쓸 때가 있다는 것은 유익한 것이죠. 따라서 나 스스로 가치를 쌓고 이로 인해 다른 사람이 나를 자신의 인맥으로 소개하고 싶게 만들 수 있을 때, 진짜 인맥 쌓기가 시작됩니다.

혹시 '나는 왜 인맥이 부족할까?' 왠지 불안한 마음에 이런 모임, 저런 모임을 기웃거리면서 인맥 쌓기에 마음을 쏟고 계신가요? 시간을 사용하는 방법을 바꾼다면 훨씬 더 좋은 결과가 있을 것입니다. 〈나〉라는 존재의 크기와 깊이가 커지는 만큼 이에 걸맞은 사람이 인맥으로 머물게 됩니다. 시간이 지나면 결국 비슷한 가치를 주고받을 수 있는 사람들끼리 남게 되는 것이죠.

가치 있는 사람이 되는 것이 먼저,
인맥을 쌓는 것은 그다음입니다.

#2

"빨리 가려면 혼자 가고, 멀리 가려면 함께 가라."

이것은 아프리카 코사족의 속담입니다. 아마 이 말에 대부분 동

의하실 겁니다. 등산을 해본 사람은 압니다. 산에 올라가는 속도
는 저마다 다릅니다. 그 때문에 산을 잘 타는 사람과 그렇지 않은
사람이 같은 속도로 올라가기는 쉽지 않습니다. 이럴 때는 보통
속도가 빠른 사람이 느린 사람의 걸음에 맞춰 배려하곤 합니다.
조금 늦더라도 함께 산을 오르는 것입니다. 그리고 우리는 이런
모습을 일과 삶에 비유하며 하나의 클리셰를 만들어 냅니다.

　물론입니다. 더 멀리 가려면 함께 가는 것이 중요합니다. 단, 여
기에는 한 가지 조건이 있습니다. 누군가와 함께 멀리 가려면, 먼
저 함께하는 이들의 속도가 현저하게 차이 나서는 안 된다는 점입
니다. 만약 히말라야를 등반할 수 있는 능력을 갖춘 사람이 동네
뒷산도 힘들어하는 사람과 함께 산을 오른다면 어떻게 될까요?
이 둘의 등반 속도는 동네 뒷산을 오르는 사람의 수준에 맞춰지게
될 것입니다.

　혼자서도 빨리 갈 수 있는 사람들이 함께 갈 때 멀리도 갈 수 있
습니다. 이때 서로가 가진 능력이 시너지를 발휘할 수 있게 됩니
다. 힘들 때 작은 도움을 주고받으며 위기 상황을 넘기기도 하고,
어려울 때 끌어주면서 더 먼 길을 손쉽게 갈 수 있게 되는 것이죠.
따라서 함께 멀리 가려면 먼저 스스로의 힘으로 빨리 걷는 사람이
되어야 합니다. 그리고 빨리 걷는 사람이 되려면 천천히 걷는 연
습부터 시작해 봐야 합니다. 혼자 걷기가 익숙해지면 그다음에는

비슷한 속도를 가진 사람들과 함께 가면 됩니다. 그리고 나면 나보다 조금 더 빠른 사람들과 함께 갈 수도 있는 것이죠.

스스로의 힘으로 산을 올라가 본 적 없는 사람이 갑자기 큰 산을 빠른 속도로 등반하는 것은 불가능합니다. 제아무리 유능한 셰르파도 등산을 대신해 주지 않습니다. 산은 스스로의 힘으로 올라가야 하는 것입니다. 이를 남에게 의존하거나 의지해서는 안 되는 것이죠. 결국 자신이 낼 수 있는 최고 속도를 내본 경험이 있는 사람이 느린 사람과도 함께 걸을 수 있는 여유도 생깁니다.

그 때문에 혼자 걷는 능력과 속도는 중요합니다. 빨리 갈 수 있다면 외롭더라도 혼자 가야 합니다. 스스로의 힘으로 빨리 가 본 경험을 해본 사람이 '멀리 가려면 함께 가라'는 말의 본질도 깨닫게 됩니다. 그런데 우리는 종종 혼자 가야 하는 외로움에 대한 두려움을 느낍니다. 이로 인해 함께 간다는 명목으로 자기 삶의 운전대를 타인에게 맡기는 경우가 많습니다.

유명한 투자 전문가가 어떤 종목을 추천하느냐에 따라 해당 기업의 주가가 미친 듯이 날뛰는 현상은 어렵지 않게 찾아볼 수 있습니다. 미디어에서 쇼닥터가 홍보하는 영양제에 대해 스스로 결정하고 판단하려고 하지 않습니다. 심한 경우는 무엇을 하고 어떻게 살아야 하느냐에 관한 질문마저 스스로 생각하고 결정하려 하지 않습니다. 이를 전적으로 남에게 의지하고 의존하려고 합니다. 왜냐하면 그것이 안전하고 편안하다고 느끼기 때문입니다.

물론 잘되면 다행입니다. 하지만 일이 생각대로 되지 않았을 경우 책임은 누가 져야 하는 것일까요? 결국 모든 책임은 주인이 져야 합니다. 하지만 스스로의 힘으로 선택할 용기와 의지가 부족한 사람은 자신에게 면책 특권을 발휘함으로써 자기 삶으로부터 점점 소외되곤 합니다.

삶의 모든 선택과 책임은 자기 자신에게 있습니다. 주인으로서 권리를 내어주지도 말고 선택에 따르는 책임 역시 남에게 돌리지 말자는 것입니다. 선택, 권리, 책임, 이를 스스로 관리하는 과정에는 배움이 있습니다. 원하는 것을 얻는 때 느껴지는 만족감만큼, 시행착오를 경험할 때 감수해야 하는 어려움도 길게 보면 든든한 자산이 됩니다. 이런 삶의 태도를 통해 우리는 우리가 가지고 있는 잠재력을 온전히 발휘할 수 있게 됩니다.

만약 큰 병을 진단받았다면 지금 눈앞에 있는 의사의 의견을 존중하고 신뢰해야 합니다. 하지만 동시에 다른 전문가의 의견을 함께 구함으로써 더 나은 선택을 위한 가능성을 높여야 합니다. 전적으로 의존하고 의지하기보다는 전문가의 지식과 서비스를 이용하고 활용해야 한다는 것입니다.

사업을 할 때 다른 사람과 동업이 쉽지 않은 이유는 무엇인가요? 각자의 강점을 이용하려는 마음보다 서로에게 의지하고 의존하려는 마음이 앞서게 되면 일을 그르치게 됩니다. 회사를 창업하는 것도 마찬가지입니다. 비즈니스를 성장시키려면 유능한 인재를 채용하는 것이 중요합니다. 하지만 유능한 인재를 채용하기 위해서는 전제 조건이 필요합니다. 자기 자신이 먼저 유능한 대표가 되어야 하는 것이죠. 무능한 리더와 함께 일하고 싶어 하는 유능한 인재는 존재하지 않습니다.

모든 일과 삶의 근본은 스스로 생각하고, 스스로 선택하고, 스스로 행동하고, 스스로 책임질 수 있는 '자립 능력'에 있습니다. 마찬가지로 삶에 어떤 문제가 있다면 가장 먼저 해야 할 일은 대상에 의지하고 의존하는 것이 아닙니다. 스스로 이용할 수 있는 것들을 활용하여 직접 문제를 해결하는 능력을 키우는 것입니다.

"의존하지 마십시오. 이용하십시오."

이용하는 것과 의지하고 의존하는 것 사이에는 큰 차이가 있습니다. 주인은 이용하지만, 하인은 의존합니다. 주인은 자신이 선택하고 스스로 책임지지만, 하인은 타인의 선택을 따르고 그를 원망합니다. 다시 말하지만, 주인은 스스로 선택하고 스스로 책임집니다. 타인과 전문가의 조언은 단지 참고하고 이용하는 것입니다.

삶이라는 산에 오를 때 가장 먼저 생각해야 할 것은 무엇일까요?

> 스스로의 힘으로 하는 것이 먼저,
> 함께 하는 것은 그다음입니다.

#3

지난여름, 어느 교수님의 연구실을 방문한 적이 있습니다. 문에 들어서자마자 책장 한쪽에 다음과 같은 문구가 눈에 띄었습니다.

> "알면 사랑한다."

시간이 한참 지난 후에도 이 단순한 말이 머릿속에 맴돌았습니다. 알면 사랑한다는 말이 참 멋지다는 생각이 들었습니다. 그런데 이 말의 의미를 뒤집어 보면 메시지의 의미가 좀 더 분명하게

어나더레벨

전달되는 것 같습니다.

▎ "모르면 사랑할 수 없다."

우리가 사랑하는 모든 것은 우리가 잘 알고 있는 것입니다. 잘 모르는 것을 사랑할 수는 없기 때문입니다. 우리는 아는 것들 가운데 좋아하게 되고, 좋아하는 것들 가운데 사랑하게 됩니다. 모든 사랑의 시작이 대상에 대해 알고자 하는 마음에서 비롯되는 것입니다.

어떤 음악을 사랑하는 사람은 먼저 그 음악을 집중하여 들었을 것입니다. 아마 한 번이 아니라 수십 번, 수백 번, 우리가 좋아하는 음악을 들을 때 그러하듯 반복하여 귀를 기울였을 것이 분명합니다. 아마 시끄러운 소리로 가득 찬 장소에서 음악을 감상하는 사람은 없을 겁니다. 외부의 소음이 없는 고요한 정적이 흐르는 공간, 그것이 아니라면 적어도 외부의 소음을 차단하는 노이즈 캔슬링 헤드폰을 착용하고 음악을 감상하겠죠.

어떤 그림을 사랑하는 사람은 그 그림을 사랑하기까지 그림은 물론 화가의 일대기를 섭렵하며 지식을 쌓았을 것입니다. 그리고 그 그림이 루브르 박물관에 있다는 사실을 머릿속에 담아두고는, 평생에 한 번은 그 장소를 찾아가 직접 그 아우라를 경험할 것이 틀림없습니다. 그 순간이 되면 그 그림을 앞에 두고 한참 생각에 잠겨 이를 뚫어져라 관찰할 것입니다. 마치 다른 사람은 미처 발견하지 못하는 그림의 이면을 홀로 발견한 눈빛으로 말입니다.

어떤 음악, 어떤 그림을 사랑하는 마음을 가질 때 우리는 기꺼이 그렇게 합니다. 외부의 소음을 차단하고, 깊은 생각에 잠기고, 대상을 자세히 관찰하고, 고요한 시간과 공간 사이로 대상에 몰입하고 집중하는 것입니다. 왜 그렇게 할까요? 많이 알수록 깊이 생각할수록 더 풍부하게 사랑할 수 있게 되기 때문입니다. 대상을 이해하려는 시도와 노력을 통해 말입니다.

이와 같은 과정을 〈나〉와 〈삶〉에 적용해 보면 어떨까요?

좋아하는 음악을 듣는 것만큼 자기 내면의 속삭임에 귀 기울이고 계신가요? 그래서 나 자신에 좀 더 몰입하고 집중하게 되었나요? 좋아하는 그림을 바라보듯 경이로움에 가득 찬 눈빛으로 자신의 삶을 관찰하고 계신가요? 그래서 삶을 더 풍부하게 사랑할 수 있는 계기가 되었나요?

아마 쉽지 않을 겁니다. 세상은 기본적으로 평균과 평범 그리고 순간적인 안정과 쾌락을 외치는 메아리로 가득 차 있기 때문입니다. 소음을 차단하고 음악에 집중해야 합니다. 고요한 정적 가운데 홀로 하는 사색은 〈나〉를 성장시키고 〈삶〉을 성숙시킵니다. 예컨대 의지하고 의존할 대상을 찾는 대신 스스로 자신의 삶에서 고독을 선택한 사람은 결코 자기 삶으로부터 고립되지 않습니다. 이렇게 〈나〉와 〈삶〉에 대한 집중이 시작할 때, 그때야 비로소 날것의 〈나〉를 발견하게 되고 본연의 〈삶〉을 통찰할 수 있게 됩니다. 잃어버린 개성을 되찾게 되는 것이죠.

우리는 저마다 개별성과 특수성을 가지고 태어납니다. 자기만의 색깔이 있다는 겁니다. 그런데 하나의 색이 다른 모든 색과 섞이면 그 색은 결국 검은색으로 수렴하게 됩니다. 각자 뚜렷한 색을 가지고 태어난 사람들도 자기만의 색을 지키려는 노력을 하지 않으면 모두 검은색이 되는 것입니다.

아마 검은색이 아니었을 겁니다.
당신의 색이 원래부터 검은색이었을 리 없습니다.

"당신의 색은 무엇인가요?"

혹시 알고 계신가요?

본래의 나는 어떤 색깔을 가지고 있는 사람인지,

그 색은 언제 그리고 무엇 때문에 변질되기 시작했는지…

26. 성공한 사람들의 거짓말

"가장 높은 곳에 올라가려면 가장 낮은 곳에서부터 시작하라." _ 푸블릴리우스 시루스

이미 자신이 원하는 것을 성취한 사람들은 하나같이 다음과 같은 조언을 합니다.

"마음의 여유를 가져라."
"긍정적인 생각을 하라."
"사소한 것에도 감사하라."
"먼저 베풀어라."
"상대방의 입장에서 생각하라."

소위 성공한 사람들이 건네는 이와 같은 조언을 반박하기란 쉽지 않습니다. 이미 자신의 영역에서 어느 정도 위치까지 올라간 사람들이 직접 겪어보고 하는 이야기이기 때문입니다. 그리고 그

말은 대체로 맞는 이야기입니다. 자신의 분야에서 꾸준히 성장하고 성과를 내기 위해서는 마음의 여유, 긍정적인 사고방식, 감사의 마음, 배려 등의 덕목이 필요합니다. 그런데 문득 저의 지난 과거를 생각해 보니 마음속에서 여러 가지 의문이 싹트기 시작했습니다.

'한 번이라도 마음의 여유가 있었던 적이 있었을까?', '긍정적인 생각을 하고 베푸는 마음을 가졌을까?' 아무리 생각해도 아닌 것 같습니다. 하루하루 생존하며 살아내기도 바쁜데 마음의 여유라니! 아마 당시 이런 말을 들었다면 배부른 소리 하지 말라며 화를 냈을지도 모릅니다.

그러면 이제는 조금 마음의 여유가 생겼을까요? 여전히 아닌 것 같습니다. 제 마음속에는 아직 해야 할 일, 하고 싶은 일, 잘하고 싶은 일에 대한 생각들로 가득 차 있습니다. 사소한 것에 대한 감사의 마음도 마찬가지입니다. 돌이켜보니 저는 사소한 것에 대한 감사보다 사소한 것에 대한 분노가 더 많았던 것 같습니다. 먼저 베풀겠다는 마음은커녕 나 혼자 1인분의 삶을 감당하기도 쉽지 않았던 것 같습니다. 당연히 상대방의 입장을 먼저 생각하는 것은 언감생심焉敢生心이었죠.

그런데 성공한 사람들은 이렇게 불가능해 보이는 일들에 대해 입을 모아 권고합니다. 물론 머리로는 이해가 됩니다. 그것이 옳다는 것도 알고, 바람직한 방향일 것이라는 짐작도 갑니다. 그런데 마음대로 되지 않습니다. 그럼에도 불구하고 이제 다른 누군가에게 조언을 건네는 입장이 되어보니, 성공한 사람들이 전하는 이야기의 맥락이 무엇인지 조금은 알 것 같습니다.

가장 먼저, 자신의 힘으로 성공을 이룬 사람들은 다른 사람의 성공을 진심으로 돕고 싶어 합니다. 이것은 순수한 욕구입니다. 특히 자신과 비슷한 환경에서 어려움을 겪으면서도 고군분투하는 이들을 보면 물심양면으로 도움을 주고 싶어 합니다. 또한 이미 경제적으로 성취를 이룬 사람들의 마음속에는 경제적 성취를 넘어서는 존경의 욕구가 있습니다. 가치있는 사람으로 기억되고 싶고 많은 이들에게 사랑받고 싶은 것입니다. 따라서 이들은 우리에게 좀 더 소중한 사람이 될 수 있도록 자신의 경험과 지혜를 아낌없이 나눕니다.

그런데 한 가지 문제가 있습니다. 성공한 사람들이 진심으로 조언해 주는 마음은 알 것 같습니다. 그런데 과연 성공한 사람들은 정말 자신이 다른 사람에게 조언하는 방식 그대로 실천하고 행동했을까요? 정말 그렇다면 그들은 모두 성인군자라도 된다는 것일까요?

그럴 리 없습니다. 그들은 성인군자도, 생각만큼 완벽한 사람도 아닙니다. 보통의 사람들과 똑같이 때로 무기력하고, 때로 나약한 그저 한없이 평범한 사람일 뿐입니다. 세상에 특별한 사람은 없습니다. 특별한 노력이 있을 뿐입니다.

저의 책을 읽은 독자분께서 메일이나 메시지를 통해 일과 삶의 고민을 털어놓는 경우가 있습니다. 이에 저는 이미 성공한 사람들이 하는 조언과 다를 바 없는 비슷한 답변을 할 때가 있습니다. 그때 그 당시에 나 자신도 하지 못했던 생각과 행동을 조언하는 것입니다. 이것은 오류에 가깝지만, 여기에는 나름의 이유가 있습니다. 이런 오류를 범하는 이유는 몇 가지로 나눠볼 수 있을 것 같습니다.

1. 시행착오에 대한 회고의 마음

이상적인 것과 현실적인 것 사이에는 언제나 간극이 있습니다. 따라서 인간은 그 사이에서 꾸준히 타협합니다. 하지만 시간이 지나면 타협으로 감행하지 못했던 이상향을 아쉬워하게 됩니다. 때문에 누군가에게 의견을 내고 조언할 때는 자신이 하지 못했던 것들에 대한 회한의 마음을 담아 전하게 됩니다. 자기 과거에 대한 아쉬움을 상대방의 오늘에 투영시키는 것입니다. 여기에는 조언을 구하는 상대방이 나와 같은 실수와 시행착오를 반복하지 않길 바라는 마음이 있습니다.

2. 사후 인지 편향

성공한 사람들 역시 그 자리에 올라가기 전까지는 여유보다 조급함, 감사보다 분노의 감정이 앞서는 경우도 많았을 겁니다. 현재의 내가 하고 있는 생각과 사고방식, 그리고 과거의 내가 했던 생각과 사고방식은 다릅니다. 이것은 어쩌면 당연합니다. 기존의 나와 결별하지 않고서는 새로운 나를 만날 수 없기 때문입니다. 어려움을 딛고 성공한 사람이라면 과거 어려움을 겪었던 그와, 이를 극복한 현재의 그는 다른 생각과 다른 행동을 하는 것이 자연스럽습니다.

어떤 경우 이 둘이 전혀 다른 사람이라고 해도 이상하지 않을 정도로 극단적인 차이가 나는 경우도 있습니다. 그리고 이미 성공한 위치에 오른 사람이라면, 그 위치에 한 발짝 가까워질 때마다 자신의 생각과 사고방식을 끊임없이 수정하였을 것입니다. 그렇게 긴 시간 수정하여 업그레이드된 사고방식을 가진 현재의 내가 과거의 나를 회상하고 평가하면 귀인 오류가 생깁니다. 예를 들어 성공한 후 갖게 된 감사의 마음을 과거의 나에게도 적용하여 "감사의 마음을 가진 덕분에 성공했다."와 같은 인지 편향의 오류를 일으키는 것입니다.

사실 이러한 오류는 일상에서 굉장히 흔합니다. 사람들은 과거 가장 힘들었던 시기를 가장 좋았던 시절로 기억하는 경우가 많습니다. 그런데 정작 힘들었던 그 시절에 나는 정말로 '아, 힘드니까 정말 좋다.' 이렇게 생각했을까요? 아닙니다. '힘드니까 정말 좋다.'가 아니라, '힘들어 죽겠다.'가 진실에 가까울 것입니다.

인간은 체계적인 오류를 범하는 존재입니다. 마찬가지로 이미 성공한 시점과 성공한 위치에서 보는 사건과 사물에 대한 시선과 시각은 과거 그때의 관점과 다릅니다. 따라서 이미 성공한 사람들이 건네는 조언은 진심과 선의가 담긴 메시지일지언정, 지금 자신이 처한 상황과 현실에 적용하면 오히려 자괴감과 열패감에 더 괴로워질지도 모릅니다.

오늘 어떤 한 분야의 장인이라고 불리는 사람들의 장인정신은 사회의 귀감이 되곤 합니다. 그런데 잊지 말아야 할 것은 사실 그가 오랜 시간 뛰어난 상인이었기 때문에 오늘날 장인이 될 수 있었다는 사실입니다. 상인으로 살아남지 못한 장인은 사라집니다. 시작부터 장인은 없다는 것입니다. 모든 장인은 상인의 단계를 거칩니다. 종종 자신은 시작부터 장인이라는 주장을 하는 사람들이 있을 뿐입니다.

따라서 지금까지 이 책에서 이야기한 내용과 성공한 사람들의 말, 자기계발서에서 회자되는 수많은 조언에 권위를 부여할 필요는 없습니다. 더욱이 이러한 조언과 제안에 전적으로 의존하기보다 자신의 상황과 쓸모에 맞게 이용하는 것이 중요합니다. 여기서 어떤 이론과 주장에 관해 옳고 그름을 따지는 것은 의미가 없습니다. 그저 각자의 성향에 적합한 방식을 꾸준히 적용하고 실험하면서 효과가 있는 방법을 찾으면 그뿐입니다.

글을 쓰는 작가, 글을 읽는 독자, 우리가 여기서 하는 모든 행위의 목적은 단 하나입니다. 바로 독자의 성장입니다. 그러면 작가도 함께 성장할 수 있습니다. 저 역시 그 생각 하나로 여기까지 글을 썼습니다.

3. 상황과 맥락의 차이

모든 사람이 처한 상황은 제각기 다릅니다. 일례로 똑같이 배가 아프더라도 어떤 사람은 장염 때문에, 어떤 사람은 과식으로, 어떤 사람은 충수염(맹장)으로 증상이 발현될 수 있습니다. 이에 배가 아픈 모든 사람에게 소화제를 준다고 모든 배 아픈 사람들이 고통에서 탈출하는 것은 아니라는 것입니다.

우리에게 잘 알려진 마시멜로 실험이 있습니다. 이 실험에서는 아이에게 마시멜로 1개를 주고 15분 동안 마시멜로를 먹지 않고 참으면 마시멜로 2개를 주겠다는 제안을 합니다. 그리고 그 결과 15분을 참고 2개를 받아 내는 그룹과 마시멜로를 참지 못하고 바로 먹어버리는 그룹 간의 차이를 추적하여 관찰한 실험입니다. 결과는 우리가 아는 대로입니다. 먹고 싶은 욕구를 잘 참아내고 인내하여 15분 후 마시멜로 2개를 받아내는 아이들이 나중에 성장하여 사회적으로 성공할 확률이 더 높았습니다.

> "누구든 남을 비판하고 싶을 때면
> 언제나 이 점을 명심하여라. (중략)
> 이 세상 사람이 다 너처럼 유리한 입장에
> 놓여 있지는 않다는 것을 말이다."
> _ 스콧 피츠제럴드, 『위대한 개츠비』 중

그런데 이 실험에는 오류가 있습니다. 다시 살펴보니 마시멜로를 먹고 싶은 욕구를 잘 참아낸 아이들과 그렇지 않았던 아이들 사이에는 처해진 환경과 상황의 큰 차이가 존재했습니다. 마시멜로를 잘 참아낸 아이들은 이 실험이 아니더라도 마시멜로를 먹고 싶을 때 언제든지 이를 먹을 수 있는 상황과 환경에 놓여 있었습니다. 하지만 마시멜로를 참지 못했던 아이들은 그렇지 않은 환경과 맥락이었다는 사실입니다. 쉽게 말해 부모의 경제적 상황이라는 변수에 따라 아이들의 절제와 인내력은 달라집니다.

  이렇게 무언가 참고 견디고 인내하는 능력은 주어진 상황과 맥락에 따라 얼마든지 달라질 수 있습니다. 수차례 언급했습니다. 인내와 절제력은 인간이 무한하게 발휘할 수 있는 능력이 아닙니다. 여기에는 처한 환경과 상황에 따른 가소성의 개념이 적용됩니다.

  개인마다 발휘할 수 있는 절제와 인내의 총량이 있습니다. 이를 소진하면 더 이상 인내와 절제를 사용하기 어려워지는 것이죠. 게다가 절제와 인내를 발휘해야 하는 환경과 그럴 필요가 없는 환경이 있습니다. 이 두 가지 변수에 따라 결과는 달라집니다. 그리고 결과에 더 큰 영향을 미치는 것은 개인이 발휘할 수 있는 절제와 인내의 총량이 아니라 상황과 환경입니다.

  언제든지 먹을 수 있는 아이 vs 그렇지 않은 아이
  평소 참을 필요가 없던 아이 vs 늘 참아야만 했던 아이

  위와 같은 이유로 이 둘을 똑같은 준거점으로 평가하고 쉽사리 결론 내서는 안 되는 것입니다. 우리가 성공한 사람들의 조언을 받아들일 때도 마찬가지입니다. 이미 성공한 사람들은 여유가 있습니다. 사소한 것에도 감사할 줄 알고, 먼저 베풀고, 상대방의 입장에서 생각합니다. 이것은 누구나 지향해야 할 점입니다. 하지만

이것은 지향점일 뿐입니다. 누구나 지금 처한 상황에서 그런 여유와 배려의 모습을 보여줄 수 있는 것은 아닙니다. 우리가 간과해선 안 될 것이 있습니다.

"인격은 통장잔고에서 나옵니다."

사람들의 말이나 책에서는 어떨지 모르겠습니다. 하지만 실제 삶을 경험해 보니 그렇습니다. 결코 이를 가볍게 생각할 수 없습니다. 결혼하고 아이를 낳아 기르면 이 문제는 더 크게 다가옵니다. 따라서 자본주의 사회에서 환경과 맥락을 제공하는 통장 잔고의 문제를 제외한 채, 절대적 기준으로 누군가의 생각과 행동을 재단하거나 평가하는 것은 공정하지 못합니다. 이것은 마치 가난한 집안에서 자라 마시멜로를 마음껏 먹지 못했던 아이들에게 절제와 인내가 부족하다는 결론을 내리는 것과 마찬가지입니다.

넉넉한 경제적 사정을 가진 사람은 그렇지 않은 사람보다 시간적으로 여유롭습니다. 또 시간적인 여유로움은 마음을 여유롭게 합니다. 게다가 이들은 일상에서 불필요한 절제와 인내를 사용해야 하는 경우가 많지 않습니다. 이 때문에 정말 필요한 순간과 상황에서 절제와 인내력을 사용합니다.

그러므로 경제적 여유를 가진 사람은 쪼들려 사는 사람보다 자기 자신을 더 효과적으로 효율적으로 통제합니다. 따라서 누군가의 훌륭한 인격은 그가 가지고 있는 상황과 맥락의 절정일 수 있고, 누군가의 부족한 배려와 인내는 그가 처한 상황과 맥락의 맹점일 수 있습니다.

정리하면 성공한 사람들이 모든 사람의 상황과 맥락을 고려하여 조언을 건넬 수는 없습니다. 더욱이 그들이 전하는 이야기에는 체계적 오류가 포함되어 있습니다. 지금 누군가 '나에겐 왜 성공한 사람들의 조언이 적용이 안 될까?', 이런 생각을 하는 사람도 있을 겁니다. 하지만 그럴 필요는 없습니다.

꼭 감사할 필요는 없습니다.

어쩌면 마음속에 있는 분노와 미움이 더 큰 힘이 될 때가 있을 겁니다. 나중에 여유가 생기면 감사의 마음으로 조금씩 생각과 사고방식을 수정해 가면 됩니다. 그리고 틀림없이 성공으로 가는 길목에서 나를 응원하는, 나를 위해 애쓰는 수많은 사람에 대한 감사와 이로 둘러싸인 환경이 보이기 시작할 겁니다. 지금은 자기 자신만 생각하면 됩니다. 당신을 사랑하는 모든 사람들도 그렇게 하길 바라고 있을 겁니다.

꼭 긍정적인 생각을 할 필요는 없습니다.

부정적인 상황에서 부정적인 생각이 먼저 떠오르는 것은 당연합니다. 긍정적으로 생각하려는 의도와 노력이 중요한 것이지 긍정적인 생각 자체가 핵심은 아닙니다. 부정적인 마음의 상태를 있는 그대로 알아차리는 것만으로도 충분합니다. 긍정적인 생각과 긍정적인 마음이 행복한 상태를 유지하는 데 도움이 된다는 사실만 잊지 않으면 됩니다.

꼭 마음의 여유를 가질 필요는 없습니다.

여유로운 마음보다 치열한 마음의 상태가 성장을 위해 더 큰 도움이 될 수도 있습니다. 한 가지 확실한 것이 있습니다. 10년 뒤 성공한 당신은 분명 현재의 치열했던 자기 자신을 향해 '그 시절 참 아름다웠다'라고 말할 것입니다. 그러니 나 자신에 대한 여유와 상대방에 대한 배려가 부족하다는 이유로 상심하거나, 자책할 필요는 없습니다. 그때 할 수 있는 최선과 지금 할 수 있는 최선의 의미는 다릅니다. 중요한 것은 오늘 나에게 주어진 상황과 맥락의 한계 속에서 최선을 다하고 노력하는 것입니다.

꼭 먼저 베푸는 사람이 될 필요는 없습니다.

도움이 필요하다면 먼저 도움을 요청할 수 있는 용기 있는 사람이 되어야 합니다. 가족, 친구, 연인, 직장... 자신의 성장과 목적을 달성하기 위해 필요한 모든 도움을 요청하세요. 생각보다 많은 사

람이 나를 돕기 위해 기꺼이 손을 내밀 것입니다. 먼저 자신을 일
으켜 세우는 것이 중요합니다. 그다음 이를 잊지 않고 돌려주는
사람이 되면 됩니다.

꼭 이렇게 할 필요는 없습니다.

외부의 조언은 단지 참고하면 됩니다. 지금 이 글도 마찬가지입
니다. 저의 경험과 생각, 사고방식은 제가 겪어온 시간과 사건을
배경으로 만들어진 상황과 맥락의 단면 속에서만 정답입니다. 따
라서 다른 사람에게는 정답이 아닐 수 있습니다. 단지 행복한 삶
에 관한 의견과 조언, 그리고 더 나아가 세상을 자신의 행복을 위
한 도구로 활용하는 것이 중요합니다.

> **"누군가 꽃을 꺾을 수는 있지만
> 봄을 빼앗을 수는 없다."**
> _파블로 네루다

사람은 모두 자기만의 계절, 자기만의 시대가 있습니다. 꼭 무
엇이 어떠해야 하는 것은 없습니다. 오늘 다른 누군가의 계절이
봄이라고 해서 오늘 당신의 계절도 반드시 봄이어야 하는 것은 아
닙니다. 봄이 온다는 것을 믿고 기다리는 사람에게 봄은 반드시

찾아옵니다. 제아무리 온통 눈으로 뒤덮인 땅일지라도, 그 안에 숨어있는 봄의 기운을 막을 수는 없는 노릇입니다. 따라서 오지 않는 봄에 대해 자책하거나 스스로를 책망해서는 안 됩니다. 그것은 결코 당신의 탓이 아니기 때문입니다. 아직 때가 되지 않았을 뿐입니다.

> 더 이상 의심의 여지가 없습니다.
> 지금 당신의 봄이 오고 있기 때문입니다.

북극성 이야기

"당신이 훗날 인생을 되돌아보았을 때, 당신이 매 순간을 소중히 보내기로 마음먹고 마치 지금이 내게 허락된 시간의 전부인 양 온 힘을 다해 즐기기로 결심한 날이 바로 오늘이라면 좋겠다." _ 오프라 윈프리

오늘도 카페에 앉아 글을 쓰고 있습니다. 밖에는 눈이 내리고 있습니다. 벌써 몇 번의 겨울이 지났는지 모릅니다. 책을 기획하고 완성하는 데, 총 5년의 세월이 걸렸습니다. 그동안 많은 것이 변했습니다. 개인적으로는 정서적으로 정신적으로 큰 변화를 맞이한 시간이었습니다. 지난 5년 동안 저의 삶뿐만 아니라 독자 여러분들의 삶도 많은 변화가 있었을 거라고 생각합니다.

1년 전 겨울이었습니다. 제주의 바닷가였습니다. 날은 제법 쌀쌀했고 하늘에는 짙은 어둠이 내려앉았습니다. 저는 운이 좋게도 그곳에서 귤 농사를 짓고 있는 어느 시인을 만날 수 있었습니다. 우리는 편편한 돌 위에 앉아 바다를 바라보았습니다. 저는 마침 글과 삶에 관한 고민을 안고 있었던 때라 시인에게 질문했습니다.

"가끔 제가 쓴 글과 저의 삶이 서로 일치하지 않는다는 생각이 들 때가 있습니다."

그러자 시인은 고개를 끄덕이며 바로 대답하는 대신 손가락으로 하늘의 북극성을 가리키면서 말했습니다.

"저기 하늘에 북극성을 보세요. 우리는 비록 저곳에 도달할 수 없지만 북극성은 우리에게 방향을 잃지 않도록 길잡이 역할을 해주죠. 작가는 자신의 마음속에 있는 북극성을 잃지 않으려고 노력하는 것이 중요해요."

잊을 수 없는 밤이었습니다. 시인이 들려준 북극성 이야기는 저에게 큰 위안이 되었습니다. 물론 저의 마음을 알아챈 시인이 위로의 의미로 들려준 이야기라는 것을 알았음에도 말입니다.

누구나 책에 쓰인 글을 읽을 때 작가의 삶을 상상하기 마련입니다. 그리고 작가의 삶이 그가 쓴 글과 크게 다르지 않을 거라는 기대를 안고 책을 읽습니다. 작가의 삶과 그의 글은 불가분의 관계이기 때문입니다. 따라서 작가의 삶에는 그가 사용한 단어와 문장에 대한 책임이 따릅니다.

그 때문에 이렇게 자기계발과 성장에 대한 이야기를 하는 것이 참으로 부담스럽게 느껴졌습니다. 멋지게 꾸민 글만큼 멋진 삶을 살고, 덧붙인 형용사의 개수만큼 삶으로 이를 증명해야 하기 때문입니다. 이에 제 나름대로는 덜어내고 덜어내어 최대한 꾸밈없고, 과장하지 않기 위해 노력했습니다. 물론 그래도 여전히 미흡한 점이 있을 겁니다. 하지만 혹여 제가 살고 있는 삶 이상의 문장과 표현이 있다면 지금부터는 글과 삶 사이에 놓인 공백을 채우는 데 더 큰 노력을 기울일 것입니다.

그럼에도 불구하고 이 책에는 제가 직접 경험하고 삶에서 실천하여 실제 도움이 되었던 내용만을 담았습니다. 어떤 독자는 책의 본문 사이에 놓인 문장을 읽고 자신의 속마음을 들킨 듯한 느낌을 받는 경우도 있을 것입니다. 제가 독자의 속마음을 어떻게 이리도 자세하게 묘사할 수 있었을까요? 부끄럽고 민망한 속마음의 진원지는 사실 모두 저의 경험에서 비롯된 이야기입니다. 그저 제가 겪었던 실수와 어리석은 시행착오를 이 책을 읽은 독자들이 다시 겪지 않길 바라는 마음으로 작업을 했습니다.

이 자리에서 독자에게 도움이 되는 책을 쓰고 싶다는 말이 얼마만큼 진정성 있게 전달될지 모르겠습니다. 하지만 작업하는 내내 한 가지 질문에 몰두하였습니다. "이 내용이 과연 독자에게 도움을 줄 수 있을까?" 수천 번 넘게 같은 질문을 반복했습니다. 이에 따라 책 출간 과정에서 저의 실제 경험보다 너무 앞서거나, 외부의 평가에 대한 집착과 욕심이 담긴 글은 모두 제외하였습니다. 그리고 무엇보다 훗날 제 아이들에게 꼭 들려주고 싶은 이야기만 선별하여 엮었습니다.

이 책은 오른쪽 길을 걷는 삶의 여정에 관한 이야기입니다. 누군가 두 갈래 길에서 잠시 방향을 잃었을 때, 이 책의 한 문장이 그의 마음속에 북극성으로 빛날 수 있길 소망합니다.

정말 너무나도 힘들었던 작업이었습니다. 그럼에도 불구하고 책은 완성하는 것이 아니라 그저 내려놓을 뿐이라는 말이 이제 막 실감이 납니다. 오늘 제가 가진 역량으로 할 수 있는 일은 여기까지인 것 같습니다.

저에게 글을 쓸 수 있는 용기와 기회를 허락해주신 독자 여러분들께 진심으로 감사의 마음을 전합니다. 저에게 주어진 모든 기적의 순간이 여러분 덕분입니다.

귀한 시간 내주셔서 감사합니다.

2024년 1월
강민호 드림

어나더레벨 _ 두 갈래 길

1판 4쇄 인쇄 2024년 2월 19일
1판 1쇄 발행 2024년 3월 2일

지은이 강민호

발행인 강민호
편집 박선이
마케팅 턴어라운드
디자인 디스커버
제작 예림인쇄

펴낸곳 (주)턴어라운드
브랜드 인생책
주소 경기도 성남시 분당구 정자일로177, C-2812
등록 2018.04.10 제2018-000106호
전화 02-529-9963
이메일 turnbook@naver.com
www.taround.kr

@강민호, 2024
ISBN: 979-11-90276-05-4 (03190)